电子商务类专业
创新型人才培养系列教材

U0734487

电子商务
运营管理

慕课版 | 第2版

陈道志 / 主编

焦小源 / 副主编

人民邮电出版社

北 京

图书在版编目（CIP）数据

电子商务运营管理 ：慕课版 / 陈道志主编.
2版. -- 北京 ：人民邮电出版社，2025. --（电子商务
类专业创新型人才培养系列教材）. -- ISBN 978-7-115
-65866-1

Ⅰ. F713.365.1

中国国家版本馆 CIP 数据核字第 2025HL6273 号

内 容 提 要

本书以项目的形式介绍电子商务运营管理的相关知识，包括认识电子商务运营管理、电子商务平台的入驻与运营、电子商务的物流及支付管理、电子商务的客服管理、电子商务的营销推广、跨境电子商务的运营管理、直播电子商务的运营管理、旅游电子商务的运营管理和农产品电子商务的运营管理等内容。本书在讲解知识的同时，还配有丰富的案例及拓展资源，以帮助读者更好地理解并提升应用能力，使读者能尽快掌握所学内容。

本书既可作为应用型本科院校和高等职业院校电子商务、市场营销等电商运营相关课程的教材，也可供电子商务从业人员及有志于学习电子商务相关知识的社会人士参考使用。

◆ 主　　编　陈道志
　　副 主 编　焦小源
　　责任编辑　恭竟平
　　责任印制　王　郁　彭志环

◆ 人民邮电出版社出版发行　　　北京市丰台区成寿寺路 11 号
　　邮编　100164　电子邮件　315@ptpress.com.cn
　　网址　https://www.ptpress.com.cn
　　三河市兴达印务有限公司印刷

◆ 开本：787×1092　1/16
　　印张：13.75　　　　　　　　　2025 年 1 月第 2 版
　　字数：342 千字　　　　　　　 2025 年 7 月河北第 2 次印刷

定价：54.00 元

读者服务热线：(010)81055256　印装质量热线：(010)81055316
反盗版热线：(010)81055315

党的二十大报告指出，"培养造就大批德才兼备的高素质人才，是国家和民族长远发展大计"。在当今信息化、数字化的时代，电子商务已经成为推动社会经济发展的重要力量，不断塑造着新的商业模式和消费习惯，电子商务运营管理的作用也日益凸显。为适应时代和电子商务领域的变化，培养更多具备电子商务运营管理能力的人才，我们对《电子商务运营管理（慕课版）》进行修订改版，编写了《电子商务运营管理（慕课版 第 2 版）》。

相较于第 1 版，第 2 版采用项目任务式结构，删除了电子商务的安全防范、工业电子商务的运营与管理等内容，更新了案例和陈旧知识点，新增电子商务支付管理、直播电子商务运营管理，以及电子商务在智能客服、智慧旅游等新领域的应用等内容。

本书具有以下特点。

（1）**情景贯穿全书**。本书以某高校电子商务专业的学生张晓晨学习与体验电子商务运营管理的相关知识为主线，通过电子商务运营管理中的各种场景引入各项目教学主题，并将情景贯穿全书，旨在让读者了解相关知识点在实际工作中的应用，做到理论与实践相结合。

（2）**任务驱动，实践性强**。本书采用项目任务式结构，围绕张晓晨学习电子商务的相关知识开展各项任务活动，一步步讲解电子商务的运营管理活动，将重点放在实际操作上，以增强读者的实践能力，且每个任务的末尾都安排了"任务实训"板块，以进一步提升读者的操作能力。

（3）**案例丰富**。本书每个项目开始均以真实的品牌案例导入，让读者可以通过案例对该项目所要讲解的重点内容有一个直观的了解。另外，本书更新了电子商务运营管理的相关案例，案例涵盖不同行业、不同规模的电子商务企业或品牌，旨在提高读者对知识的理解与掌握程度。

（4）**素养培育**。本书不仅在项目首页设置"素养目标"板块，还在项目的讲解中设置了"素养提升"板块，强调电子商务从业人员的职业道德和职业操守，有助于培养读者遵纪守法、诚实守信的良好品格，提升读者的职业道德素养和文化自信。

（5）**知识拓展**。本书设置了"专家指导"小栏目，补充与正文有关的内容，使读者能够更全面地掌握该领域的知识。此外，本书还对书中的知识点进行了说明、补充和扩展，并结合视频讲解本书的知识要点和相关操作，这些内容读者可直接扫描二维码查看和学习。

（6）**配套资源丰富**。本书提供精美的 PPT 课件、教学大纲、教学教案和题库软件等教辅资源，用书教师可在人邮教育社区（www.ryjiaoyu.com）搜索本书书名进行下载。

本书由北京联合大学的陈道志任主编，北京国联视讯信息技术股份有限公司的人力资源总监焦小源任副主编。尽管编者在本书的编写与出版过程中力求精益求精，但由于水平有限，书中难免存在疏漏和不足之处，恳请广大读者批评指正。

编 者

2024 年 12 月

目录 Contents

目录
Contents

PART 01

项目一
认识电子商务运营管理

张晓晨是某高校电子商务专业的一名学生，为积累电子商务运营管理的实践经验，她参加了一项电子商务创业实践项目。张晓晨明白，虽然她对电子商务有一定的了解，但要将这些知识应用到实际操作中，还需要有更加系统和全面的研究。另外，张晓晨深知要想成为一名优秀的电子商务运营者，不仅需要具备敏锐的市场洞察力、扎实的专业技能和出色的团队协作能力，还需要不断学习和创新。因此，她开始努力提升自己的各项技能和素养，力求在实践中不断成长和进步。

知识目标
- 了解电子商务的定义和特点。
- 熟悉电子商务运营管理的内容。
- 熟悉电子商务运营管理的发展。
- 掌握电子商务运营管理岗位的职责。

技能目标
- 能够采取有效措施防范电子商务安全风险。
- 具备电子商务运营管理的能力和素养。

素养目标
- 增强安全意识，善于识别和防范安全风险。
- 树立爱岗敬业、脚踏实地的工作态度。

📖 引导案例

淘宝网是我国非常有影响力的综合购物网站，致力于打造全球首选网络零售商圈，由阿里巴巴集团（以下简称"阿里巴巴"）于2003年5月创办。淘宝网是典型的C2C网站，为买卖双方提供网上信息交流的平台，以及交易的一系列配套服务。

淘宝网的发展推动了我国电子商务的发展，加快了电子商务发展历程中的支付电子化、通信及时化和交易信用化。2003年10月，淘宝网推出第三方支付工具——支付宝，通过"担保交易模式"解决在线交易的信任问题，极大地提升了交易安全性，为平台的快速发展奠定了坚实的基础。2004年6月，淘宝网推出淘宝旺旺，将即时通信工具和网络购物结合起来，使消费者可以一边网上购物，一边与商家沟通。2005年2月，支付宝推出全额赔付制度。这些措施都加快了电子商务发展历程中的支付电子化和通信及时化。2009年7月24日，淘宝网"诚信自查系统"上线，推进了我国电子商务发展的交易信用化。

同时，QuestMobile的数据显示，截至2024年3月，淘宝网的月活用户达9.28亿人。随着用户数量的增加，淘宝网开始实施"用户为先"的战略。2024年4月22日，淘宝网宣布88VIP（阿里巴巴会员体系中的一种等级，用户在成为88VIP后，可以享受购物、娱乐等多方面的尊贵权益）正式推出会员无限次退货包运费。5月6日，88VIP权益再升级，用户可用积分兑换现金红包。5月14日，阿里巴巴公布的最新财报指出：我们正对具有价格竞争力的商品供应、客户服务、会员体系权益和技术等领域加大战略性投入，旨在提升用户体验，从而提高消费者留存率，并提升购买频次。2024年5月，在周年庆活动中，淘宝网推出为超百万消费者免单活动。另外，2024年"6·18"期间，淘宝网还升级了价格保障，让消费者简单买、放心买。后续还推出了活动商品包邮、提供运费险、商品应为现货等服务，持续升级消费者购物体验。

从淘宝网的发展不难看出，淘宝网凭借其创新的商业模式和卓越的用户体验，成为消费者购物的首选平台之一。当下，电子商务行业的发展如火如荼，作为该行业的相关从业人员，需要具备敏锐的市场洞察力，深入且系统地掌握电子商务运营管理的相关知识，持续不断地学习和创新。

任务一　初识电子商务运营管理

随着互联网技术的成熟和经济的不断发展，电子商务应运而生，不仅革新了传统商业模式，还全方位地渗透到人们的日常生活中，成为连接消费者与商品、商家的桥梁，深刻影响着人们的生活习惯与消费行为。

一、电子商务的定义和特点

电子商务通常是指在全球各地广泛的商业贸易活动中，在互联网开放的网络环境下，基于客户端/服务端应用方式，买卖双方不谋面地进行各种商贸活动，实现消费者的网上购物、商户之间的网上交易和在线电子支付，以及开展各种商务活动、交易活动、金融活动和相关综合服务活动的一种新型商业运作模式。

电子商务作为一种新的商业运营模式，具有一些明显的特点。

（一）虚拟性

电子商务是科学技术与信息技术发展的产物，是一种虚拟的数字化信息经济，能够提供更加方便、快捷的经营方式，降低商家的经营风险。

（二）便捷性

电子商务为消费者提供便利的信息获取途径，消费者足不出户就能浏览各种信息并完成商务活动。同时，随着消费者需求的变化，电子商务的交易流程也变得更加便捷，如提供小额免密支付、先用后付等服务。

（三）开放性

电子商务打破了地域限制，使得全球范围内的交易成为可能。消费者可以随时随地通过互联网进行购物、交易，接受商家的服务，实现全球市场的互联互通。

（四）自动化

电子商务通过自动化的订单处理、支付系统和物流配送，大大提高了交易效率。消费者可以快速完成订单，而商家也能更高效地管理库存和订单等。

（五）智能化

在先进技术的助力下，电子商务实现了更高级别的智能化服务，如智能客服系统基于自然语言处理技术解决消费者的问题，提供个性化的商品推荐等。

（六）低成本

电子商务无须支付实体店面租金，可以通过自动化和智能化管理减少人力、物力投入，通过优化供应链和采购流程，从而降低成本，使商品价格更具竞争力。

二、电子商务运营管理

电子商务的运营和管理都围绕着电子商务的目标展开，如提升消费者体验、促进商品销售和品牌推广。通过不断的运营优化和管理创新，电子商务企业能够不断提升自身的竞争力，实现可持续发展。

（一）电子商务运营

电子商务运营围绕电子商务平台的日常管理、营销和推广等一系列活动展开，旨在提高平台运营效率、促进商品销售和品牌推广等。电子商务运营主要包括店铺运营、流量运营、商品运营和活动运营4个方面。

1. 店铺运营

电子商务中的店铺运营主要是指网店运营，主要运营工作是网店的内容建设与维护，其目标是提升网店的曝光度和吸引力，使潜在消费者能够轻松找到网店，并进行购物转化。店铺运营主要涉及以下工作内容。

（1）商品管理。包括商品上下架、调整商品价格和库存、管理商品分类等。

（2）页面设计和优化。设计店铺首页、商品详情页等，优化页面布局、图片、文字等。

（3）订单处理。核对订单信息、修改订单价格、跟踪订单状态等。

（4）**数据监控**。日常销售数据、流量数据、转化率等关键指标的监控与分析。

（5）**店铺优化**。根据数据分析结果，不断优化店铺布局、商品展示、购物流程等，提升消费者购物体验。

2. 流量运营

流量运营的目的是通过各种渠道吸引更多的潜在消费者，提高店铺的访问量和转化率。流量运营主要包含以下工作内容。

（1）**搜索引擎优化**。通过优化关键词、内容或建立外部链接，提升店铺在搜索引擎结果中的排名。

（2）**广告投放**。通过搜索引擎、社交媒体或电子商务平台等渠道投放广告，精准吸引流量。图 1-1 所示为某品牌在搜索引擎中投放的广告。

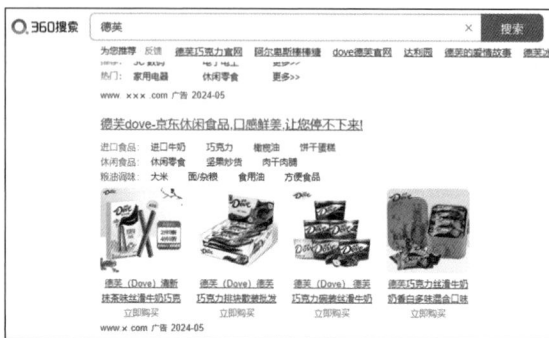

图 1-1 某品牌在搜索引擎中投放的广告

（3）**社交媒体营销**。在微博、微信、抖音等社交媒体平台开展营销活动，引导流量至店铺。

（4）**内容营销**。通过高质量的内容，包括文章、视频、图片等吸引潜在消费者。

3. 商品运营

商品运营聚焦于商品线的管理与优化，其目标是确保商品满足消费者的需求，以提升商品的竞争力和盈利能力。其主要包含以下工作内容。

（1）**商品选品**。根据市场需求、竞争情况和自身定位，选择合适的商品销售。

（2）**商品定价**。根据成本、竞争对手价格等因素确定商品价格。

（3）**商品推广**。通过广告、促销、社交媒体推广等手段，提高商品的知名度和曝光率。

（4）**商品反馈**。收集消费者的反馈，持续改进商品。

4. 活动运营

活动运营是通过策划和执行各种促销活动、营销活动等，以刺激消费、增加消费者黏性或提升品牌形象。其主要包含以下工作内容。

（1）**活动策划**。通过深入了解目标市场、消费者需求及竞争对手的动态，策划具有吸引力和创新性的活动方案，包括活动时间、活动内容、活动奖品等。

（2）**活动推广**。通过广告、社交媒体等手段，推广活动。

（3）**活动开展**。按照策划方案执行活动，确保活动顺利进行并达到预期效果。

（4）**活动复盘**。总结和分析活动效果，包括参与度、销售额等。

电子商务的促销和营销活动较为丰富，如每年定期举办的"6·18""双十一""双十二"促销活动及周年庆活动。图 1-2 所示为淘宝在周年庆举办的免单活动和其他促销活动。

图 1-2　淘宝活动

（二）电子商务管理

电子商务管理是指为实现商业目标，对企业的生产经营活动进行的计划、组织、指挥、协调和控制等一系列活动。电子商务管理包括战略管理、资源管理、风险管理、客户关系管理和供应链管理 5 项内容，如图 1-3 所示。

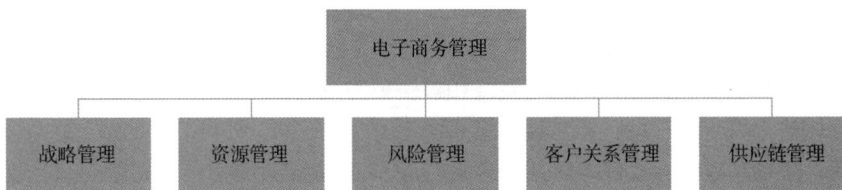

图 1-3　电子商务管理

1. 战略管理

战略管理是指对一个企业或组织在一定时期内全局的、长远的发展方向、目标、任务、政策及资源调配做出的决策和管理活动，包括企业在完成具体目标时对不确定因素做出的一系列判断，以及企业在环境检测活动的基础上制定的战略等。

2. 资源管理

资源管理又分为人力资源管理和物力资源管理。人力资源管理是指通过招聘、甄选、培训和薪酬管理等管理形式，有效利用组织内外的相关人力资源，满足组织当前及未来发展的需要，保证组织目标实现与成员发展最大化的一系列活动。物力资源管理是指对企业生产经营所需的物资、设备进行计划、采购、使用和节约等组织和控制，这关乎企业生产经营的正常连续进行和流动资金的管理。

3. 风险管理

风险管理是企业用以降低风险的消极结果的决策过程，基于风险的识别、估测和评价工作，选择与优化组合各种风险管理技术，对风险实施有效控制并妥善处理风险所致损失，从而以最小的成本获得最大的安全保障。

4. 客户关系管理

客户关系管理是企业为提高核心竞争力，利用相应的信息技术及互联网技术来协调企业与客户在销售、营销和服务上的交互，从而提升其管理方式，向客户提供创新式的、个性化的客户交互和服务的过程。其最终目标是吸引新客户和保留老客户，以及将已有客户转为忠实客户，并增加商品的市场份额。

5. 供应链管理

供应链是由供应商、制造商、仓库、配送中心和渠道商等构成的物流网络。供应链管理是指使供应链运作最优化，以最小的成本，令供应链从采购开始到满足最终消费者的所有过程。供应链管理通过协调企业内外资源来共同满足消费者的需求，把供应链上各环节的企业看作一个虚拟企业同盟，把任意一个企业看作虚拟企业同盟中的一个部门时，同盟的内部管理就是供应链管理。只不过同盟的组成是动态的，可以根据市场需要随时发生变化。

三、电子商务运营管理的安全防范

2024年5月，网经社电子商务研究中心发布《2024年4月中国电子商务用户体验与投诉数据报告》，报告显示，消费者在网络消费中面临着网络欺诈、网络售假、霸王条款、虚假促销、信息泄露等问题。因此，如何有效防范这些风险，保障电子商务运营的安全，成为亟待解决的问题。

（一）电子商务运营管理的安全威胁

电子商务运营管理面临着诸多的安全威胁，其既影响消费者，又影响网络和交易过程。

1. 消费者隐私

电子商务活动的交易过程中，离不开消费者个人信息的广泛收集和使用。消费者的个人信息作为一种有价值的资源，面临着泄露和被侵犯的风险。

（1）信息泄露。电子商务平台会收集消费者的个人信息，如姓名、地址、联系方式、支付信息等。如果这些信息没有得到妥善的保护，就有可能被不法分子通过黑客攻击等手段获取，导致隐私泄露。

（2）隐私侵犯。部分商家可能未明确告知消费者信息收集的内容、使用范围，或擅自收集其他非必要的信息，从而侵犯消费者的知情权和选择权。另外，消费者的信息还可能被出售给第三方，导致消费者的隐私权被侵犯。

2. 网络安全

网络安全是电子商务活动顺利开展的基石。然而，随着网络技术的不断进步，网络攻击、恶意软件、网络钓鱼等安全威胁也日益增多。

（1）网络攻击。电子商务平台可能遭受黑客攻击，如 DDoS（Distributed Denial of Service，分布式拒绝服务）攻击、SQL（Structured Query Language，结构化查询语言）注入、跨站脚本攻击等，这些攻击可能导致网站服务中断或数据被篡改。

（2）恶意软件。消费者在浏览电子商务网站时，其设备可能会遭遇恶意软件的感染，如木马、病毒等，这些恶意软件可能会窃取消费者数据或破坏消费者的使用设备。

（3）网络钓鱼。不法分子可能会通过虚假网站、欺诈邮件等，冒充合法的电子商务平台，诱使消费者泄露个人隐私信息。

3. 交易信用

电子商务交易既便捷又高效，然而由于电子商务交易的虚拟性，交易信用的缺失制约着电子商务的进一步发展。

（1）交易欺诈。电子商务交易中存在销售虚假商品或提供虚假服务等欺诈行为，损害消费者利益。

（2）**虚假评价**。一些不良商家可能会通过刷单、刷好评等手段操纵商品、物流或服务的评价，误导消费者。

（3）**交易抵赖**。买卖双方可能在交易完成后否认自身的责任或义务，如消费者否认收到商品而要求退款，商家否认发错货等，从而破坏交易信用体系。

（二）电子商务运营管理安全的防范措施

更好地规避风险，确保电子商务的健康发展，需要国家机关、商家和消费者共同努力。

1. 国家机关

国家机关需要维护良好的电子商务市场环境，并发挥积极的宣传引导作用。

（1）**完善法律法规**。制定和完善电子商务相关法律法规，规范电子商务交易行为，保护消费者权益，为电子商务安全提供法律保障。近年来，我国不断加强有关法律法规的建设，如《中华人民共和国数据安全法》和《中华人民共和国个人信息保护法》的出台，为数据安全和个人信息保护提供了坚实的法律基础，促进了电子商务的健康发展。

（2）**加强监管**。建立健全电子商务监管体系，通过设立专门机构加强对电子商务市场的监督与管理，及时发现和处理违法违规行为，维护市场秩序。

（3）**开展宣传教育**。开展面向公众的电子商务安全意识教育活动，提高消费者的风险识别能力和网络安全意识。

2. 商家

商家作为电子商务活动的参与方，应该自觉维护电子商务交易市场的公平、公正和合法性。

（1）**加强网络安全防护**。商家可以部署高效的防火墙，过滤未经授权的访问和恶意流量。同时，商家还可以建立入侵检测和预防系统，及时识别并阻止潜在的网络攻击。

（2）**建立安全管理制度**。建立健全安全管理制度，明确各级人员的安全职责、权限和工作流程，包括制订和实施合适的访问控制措施，确保只有授权人员才能访问敏感信息。

（3）**采用各种安全技术**。综合运用各种安全技术可以有效提升电子商务交易的安全性。例如，数据加密技术能防止合法接收者之外的人获取机密信息；数字签名技术可以确保信息的完整性和真实性，防止信息被篡改或伪造。

（4）**提供网络安全培训**。商家应定期为员工提供网络安全培训，帮助他们了解常见的网络威胁和攻击手段，并定期进行安全演练，使员工在实践中掌握应对电子商务风险的方法。

3. 消费者

消费者应当积极主动地采取各项防范措施，确保自身权益在电子商务交易中不受侵犯。

（1）**增强安全意识**。消费者要增强风险防范意识，不轻易点击来源不明的链接或下载附件。同时，还要关注官方安全提示和最新安全资讯，了解最新的网络诈骗手段。

（2）**保护个人信息**。消费者在电子商务交易中，要注意保护个人信息，特别是身份证号、银行账号等信息。另外，还要定期修改密码，使用复杂的密码组合并启用多重认证。

素养提升

网络空间是亿万民众共同的精神家园，维护网络安全是每个网民的责任。党的二十大报告也明确要求，"健全网络综合治理体系，推动形成良好网络生态"。作为网民，我们应当自觉增强网络安全意识，遵法守法，并积极宣传网络安全防范措施。

任务实训　探索电子商务运营管理的内容

为确保电子商务创业实践项目的顺利完成，张晓晨打算先深入了解电子商务运营管理的内容，以便更好地执行项目。

【实训要求】

综合运用多种方法全面了解电子商务运营管理的内容。

【实训步骤】

（1）通过网络、图书馆、学术资源数据库等渠道，查阅电子商务运营管理的相关研究成果，深入了解电子商务的含义、发展、运营模式等，加强对电子商务运营管理的基础认识。最后将搜索结果填写在表1-1中。

表1-1　电子商务运营管理搜索结果

渠道	资料来源	了解的内容
示例：到图书馆查阅相关书籍	示例：《电子商务概论（第4版）》	示例：①商务与电子商务的联系与区别；②电子商务的概念模型

（2）阅读下面的案例，了解苏宁的发展历程、业务模式、运营策略等，总结电子商务企业运营管理的经验，并回答案例下方的问题。

苏宁创办于1990年，最初是一家传统的电器实体企业，主要经营家电和3C（计算机、通信和消费类电子产品的统称）产品，一度发展势头良好。然而，电子商务的崛起及市场环境的变化使得苏宁在2010年面临销售下滑的困境。

在这样的背景下，苏宁决定转型，推出苏宁网上商城，开始尝试线上销售。最初，苏宁的转型策略主要是将线上作为线下的补充，而非全面转型。2012年，苏宁提出"去电器化"的品牌发展战略，增加图书、百货、日用品类的销售。2012年9月，苏宁变更品牌名称，正式去掉"电器"二字；同年，苏宁全资收购母婴平台"红孩子"，正式向全品类经营扩展。

2013年年初，苏宁打造了线上线下多渠道融合、全品类经营、开放平台服务的业务形态，并实行线上线下同品同价。2014年，苏宁成立独立的物流公司，还调整组织架构，启用一批具备互联网运营背景的高管。2017年，苏宁提出"智慧零售"大发展战略，以全新的智慧零售模式推动线下零售业的发展，利用大数据、人工智能等技术对用户数据进行挖掘、分析和运用，打造线上线下融合的场景化购物体验。2023年，苏宁重点构建"苏宁易家广场+苏宁易家旗舰店+苏宁易购城市旗舰店+苏宁易购标准店"店面矩阵，加速推进家电、家装、家居、多元服务业态融合。

① 苏宁的发展过程是怎样的？

② 为了向电子商务方面转型，苏宁做出了哪些努力？

③ 苏宁的变化体现了电子商务的哪些发展变化？

（3）查看与电子商务相关的法律条文，分析其可能涉及的安全问题。

● 《中华人民共和国电子商务法》第五十三条规定：电子支付服务提供者为电子商务提供电子支付服务，应当遵守国家规定，告知用户电子支付服务的功能、使用方法、注意事项、相关风险和收费标准等事项，不得附加不合理交易条件。电子支付服务提供者应当确保电子支付指令的完整性、一致性、可跟踪稽核和不可篡改。电子支付服务提供者应当向用户免费提供对账服务及最近三年的交易记录。

- 《中华人民共和国电子商务法》第五十五条规定：用户在发出支付指令前，应当核对支付指令所包含的金额、收款人等完整信息。
- 《中华人民共和国电子商务法》第五十七条规定：用户应当妥善保管交易密码、电子签名数据等安全工具。用户发现安全工具遗失、被盗用或者未经授权的支付的，应当及时通知电子支付服务提供者。

任务二　了解电子商务运营管理的发展

随着互联网技术的快速发展和全球市场的日益开放，电子商务已成为当今商业领域的重要支柱。它不仅改变了传统商业模式的运作方式，还极大地推动了商业创新和服务升级。电子商务运营管理作为电子商务的核心环节，其重要性不言而喻。在数字化时代，电子商务运营管理正处于一个充满机遇和挑战的阶段，其发展也尤为引人注目。

一、技术驱动创新

随着云计算、大数据、人工智能（Artificial Intelligence，AI）、物联网等技术的不断进步，电子商务正迎来新的发展机遇。例如，大数据分析技术使得商家能够深入挖掘消费者数据，洞察消费者需求，提升转化率。同时，AI 也在电子商务领域展现出巨大潜力，从个性化推荐到客户服务，再到供应链管理，创新了消费者的购物体验。

（一）云计算

云计算是一种计算模式，它通过网络将大量的计算资源（如服务器、存储、数据库、网络、软件等）集中起来，以服务的形式提供给消费者。云计算为电子商务提供强大的计算和存储能力，通过将计算和存储资源集中在云端，使得商家能够根据实际需求弹性地调整和扩展资源，轻松应对促销活动或节假日购物高峰带来的流量激增。云计算平台通常提供强大的数据分析工具和服务，帮助商家收集、存储和分析大量的消费者数据和交易数据。这些数据可以用于优化库存管理、个性化推荐、营销策略和客户服务。另外，云服务提供商通常会提供高级的安全措施，包括数据加密、身份认证和网络安全，这有助于保护电子商务平台和消费者的数据不受威胁。

（二）大数据

大数据是指大小超过常规数据库软件工具获取、存储、管理和分析能力的数据集，具有规模庞大、类型多样、实时性强等特点。大数据为电子商务提供强大的数据支持，通过收集和分析消费者在电子商务平台上的行为数据，商家可以深入了解消费者的购物习惯、偏好和需求，构建精准的消费者画像，更好地制订营销策略，提升消费者体验，增强消费者对电子商务平台的黏性。同时，大数据还可以帮助商家预测市场趋势和商品销量，为商家提供运营决策支持，减少库存积压和浪费情况，提高运营效率。

（三）AI

AI 是一门新兴的技术科学，旨在研究、开发用于模拟、延伸和扩展人的智能的理论、方法、技术及应用系统。AI 的发展促进了电子商务的智能化，提高了企业的运营效率、用户体验和企业竞争力。

1. 个性化推荐系统

AI 可以分析消费者的历史浏览、购买行为、偏好及社交数据，进而实现个性化的商品推荐，提升转化率和消费者满意度。

2. 智能客服系统

AI 的应用使得电子商务平台能够提供智能客户服务，包括智能语音助手和聊天机器人。智能客服不仅能够全天候提供服务，解决常见咨询问题，处理投诉和退货请求，还能进行情绪分析，改善消费者体验。

3. 智能搜索

利用自然语言处理和机器学习技术，电子商务平台可以提供更智能的搜索功能，帮助消费者更快速地找到所需商品。通过理解消费者的搜索意图和偏好，系统能够提供更加精准的搜索结果，提升消费者体验。

4. 智能供应链管理

利用 AI，商家可以更准确地预测商品销量趋势，优化库存水平，减少过度库存和缺货情况，提高供应链响应速度和整体效率。

（四）物联网

物联网技术通过将物理设备连接到互联网，实现数据的收集、交换和分析，对电子商务运营管理的创新发展产生了深远影响。一方面，物联网技术可以实现对商品库存的实时监测和管理。通过传感器和标签，商家可以了解货物的位置、数量和状态，从而提高库存管理的精确度和效率。另一方面，物联网技术可以实现对物流运输过程的实时监控和优化。通过传感器和GPS（Global Positioning System，全球定位系统）追踪装置，企业可以跟踪货物的运输路径、温湿度等环境参数及车辆状态，提高物流运输的效率和安全性，减少损耗和延误。

二、模式丰富多变

电子商务发展至今，各种运营模式层出不穷。早期，互联网技术主要是用于企业间的信息交换和供应链管理，电子商务也主要集中在企业对企业（Business to Business，B2B）的交易上。随着互联网的普及和消费者对在线购物便利性认识的加深，企业开始直接向消费者（Business to Customer，B2C）销售商品和服务。在 B2C 成熟的同时，消费者对个性化、多样化的商品需求不断增长，促使消费者对消费者（Customer to Customer，C2C）模式兴起。线上到线下（Online to Offline，O2O）模式也因为移动互联网的快速发展而开始流行。技术的发展与消费者需求的变化，使电子商务模式不断向多元化和个性化方向发展。当下，跨境电子商务、直播电子商务、社交电子商务等新兴模式兴起，更是推动着电子商务行业不断持续发展。

（一）跨境电子商务

随着全球化的推进和互联网技术的飞速发展，跨境电子商务打破地域和时间的限制，让消费者能够更加便捷地购买到世界各地的优质商品。同时，跨境电子商务也为中小企业提供了更广阔的市场空间，促进国际贸易的繁荣。在跨境电子商务的推动下，物流、支付、税收等配套服务得到快速发展，跨境电子商务也因此得到持续增长。

（二）直播电子商务

艾瑞咨询发布的《2023 年中国电商营销趋势及增长策略研究》显示，2017—2023 年，直播电子商务的市场规模不断扩大，直播电子商务交易渗透率逐年递增，其重要性已不可忽视，相关数据如图 1-4 所示。同时，直播电子商务因其互动性、实时性、真实性等特点，能够为消费者提供更加直观、生动的购物体验，从而提升商品的销售转化率。

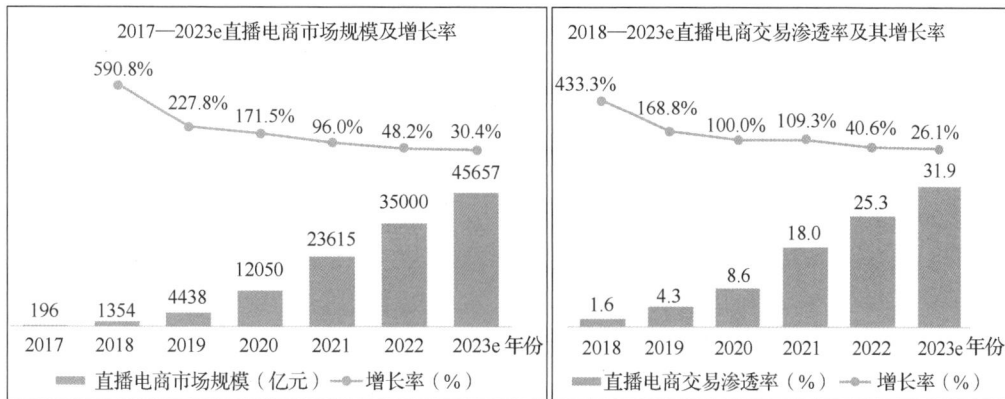

图 1-4　直播电子商务市场规模和交易渗透率相关数据

（三）社交电子商务

社交电子商务是社交媒体平台与电子商务平台的结合，通过社交媒体平台销售和推广商品，能够充分利用社交网络的传播效应，实现商品的快速传播和销售。在该过程中，商家可以与消费者建立更加紧密的联系，提高消费者的黏性和忠诚度。社交电子商务通过社交分享的方式开展电子商务活动，依托社交链条的裂变式效应来扩大用户规模和增加转化机会，其关键在于社交信任，这种信任建立在社交和熟人的基础上。社交电子商务的兴起，不仅丰富了电子商务行业的业态，也促进了社交媒体平台的商业化发展。

三、AIGC 赋能

随着 AI 的迅猛发展，AIGC（Artificial Intelligence Generated Content，人工智能生成内容）也广泛应用于电子商务领域。AIGC 不仅革新了内容创作方式，还极大地丰富了电子商务的营销手段。例如，将文本生成应用于电子商务营销文案的写作；图像生成用来创作营销海报；数字人直播应用于直播电子商务等。同时，各种 AIGC 工具应运而生，涵盖文本、图像、音频、视频等多种形式。

（一）文本生成 AIGC 工具

常用于文本生成的 AIGC 工具主要有 ChatGPT、文心一言和通义千问等，其功能都十分强大，能够帮助商家快速生成高质量的商品描述、广告文案和营销文章，从而提升营销效果。

1. ChatGPT

ChatGPT 是人工智能研究公司 OpenAI 近年来推出的 AI 工具，是一款基于自然语言处理技术和生成模型而研发的聊天机器人，它可以理解人类语言，与用户进行日常对话，且对话具有极高的自然性和智能性。ChatGPT 的文本生成能力非常强大，它能够根据给定的关键词、主题或者文本段落，自动生成符合要求的文本，且文本质量较高。同时，ChatGPT 的语言处理能力也很强，可用于中文、英文、法文、德文、西班牙文等多种语言的对话和文本生成，这使得全球用户都可以方便地使用 ChatGPT 进行写作。

2. 文心一言

文心一言是百度于 2023 年 3 月推出的生成式 AI 产品，它不仅能够对话互动、回答问题，还能够协助文学创作、文案写作等，能够根据用户给出的写作要求生成指定内容。图 1-5 所示为文心一言的写作页面，用户可以直接在页面底部的对话框中输入写作要求，或在页面中选择"你可以试着问我："栏下的选项生成所需内容。

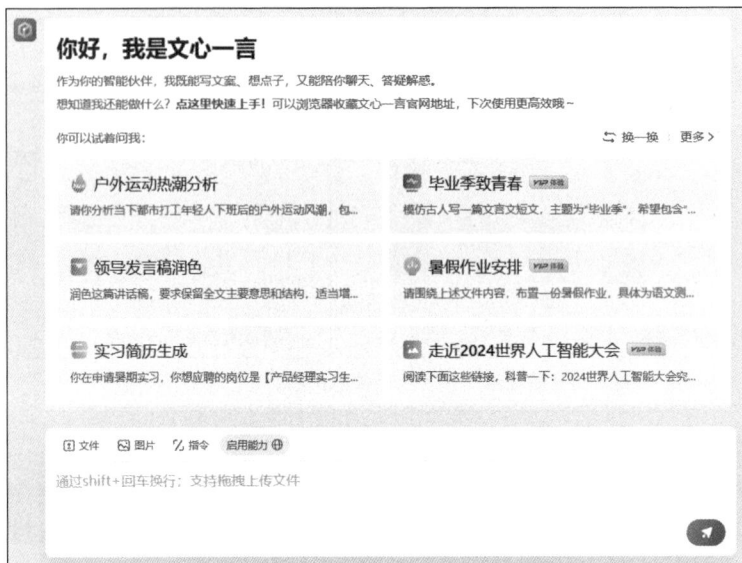

图 1-5　文心一言的写作页面

3. 通义千问

通义千问是阿里云推出的一个超大规模的语言模型，具有多轮对话、文案创作、逻辑推理、多语言支持等功能。2023 年 4 月 18 日，智能办公平台钉钉正式接入通义千问，在钉钉输入斜杠"/"即可唤起智能服务，商家可根据需求撰写营销文案、设计商品海报等。

（二）图像生成 AIGC 工具

在图像生成方面，文心一格、通义万相、Midjourney、创客贴 AI 等 AIGC 工具为用户提供了丰富的选择。

1. 文心一格

文心一格能够生成各种风格的图像，包括油画、水彩、动漫、写实等，还支持生成商品图、海报等内容。

2. 通义万相

通义万相是阿里云推出的一款 AI 绘画大模型，目前支持文本生成图片、相似图片生成和图片、风格迁移等功能。

3. Midjourney

Midjourney 能够生成不同画家艺术风格的图像，并能识别特定镜头或摄影术语。

4. 创客贴 AI

创客贴 AI 是一个集创意内容和 AI 算法于一体的智能设计工具，提供智能图片编辑、AI 设计等功能。

（三）音视频生成 AIGC 工具

在音视频方面也有很多 AIGC 工具可供选择，常见的有剪映、讯飞智作、腾讯智影和 Sora 等。

1. 剪映

剪映是一款视频编辑工具，现提供多种 AI 功能，包括 AI 作图、AI 商品图、克隆音色、图文成片等，能帮助商家轻松制作高质量的视频作品。

2. 讯飞智作

讯飞智作是一个虚拟的"AI 演播室"，通过简单地输入文稿，选定虚拟主播，即可一键完成音视频内容的输出。讯飞智作具有 AI 配音、虚拟主播、文案创作、视频 AI 后期等多种功能，可提供声音定制、形象定制等服务，大大提高了音视频内容的生产效率。图 1-6 所示为讯飞智作的部分 AI 应用场景。

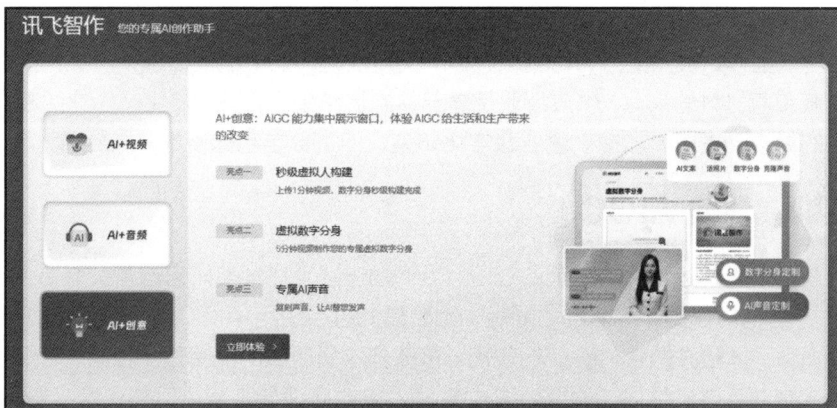

图 1-6　讯飞智作的部分 AI 应用场景

3. 腾讯智影

腾讯智影是一款集成 AI 创作能力的智能创作工具，提供视频多轨道剪辑，添加特效与转场，添加素材、关键帧、动画等功能。同时，腾讯智影还具备文本配音和数字人播报功能。用户可以输入文本，然后选择不同的声音风格进行配音，或者选择数字人形象进行播报。

4. Sora

Sora 是 Open AI 公司推出的文本转视频模型，可以生成长达一分钟的视频，且具有较好的视觉效果。此外，Sora 还可以在单个生成的视频中创建多个镜头，并准确地保留角色和视觉风格。

专家指导

随着数字技术的发展和应用、消费模式的转变和升级，商家着重打造消费者的沉浸式购物体验。AIGC 可用于商品三维模型、虚拟人主播及虚拟消费场景的构建，通过与增强现实（Augmented Reality，AR）、虚拟现实（Virtual Reality，VR）等新技术的结合，实现视觉和听觉层面的沉浸式购物体验。例如，天猫商城的"3D 版天猫家装城"，通过为商家提供设计工具与商品三维模型的生成服务，帮助商家快速构建三维购物空间；此外，它还支持消费者自己动手做家装搭配，根据各自的家居条件自由选择，为消费者提供沉浸式的"云逛街"体验。

四、数字化建设

据艾瑞咨询发布的《2023年中国电商营销趋势及增长策略研究》报告显示，电子商务凭借其强大的数字化基础，为国家数字化建设提供了强有力的支持。近年来，随着数字化技术的深入应用和产业数字化转型的快速推进，我国电子商务发展呈现出新形态、新模式，一大批新兴电子商务模式兴起，包括直播电子商务、短视频电子商务、社交电子商务、内容电子商务等，进一步推动了电子商务的数字化发展与实体产业的深度融合。

这些新兴电子商务模式以淘宝、抖音、微信、微博等数字化平台为载体，依托大数据、人工智能、物联网等数字技术，帮助企业实现自动化、智能化的运营管理，精准分析市场需求和消费者行为，为消费者提供数字化的消费体验和消费场景，不仅能够降低企业的数字化创新创业门槛及成本，加速企业的数字化发展和消费品类创新，还能有效提高消费者的消费意愿，进一步激发市场需求、带动消费升级，如智慧导购、智慧超市、AR体验、数字采购等。

借助各种数字化技术和平台，大部分新兴电子商务模式既在需求侧促进多种服务的综合集成，如智能推荐、快捷支付、物流溯源等，又对上游产业（指处在整个产业链的前端，包括重要资源和原材料的采掘、供应行业及零部件制造和生产行业）及生产企业的响应能力提出了更高的要求，进一步加速了企业数字化转型，促进数字基础设施不断完善。

任务实训　体验 AIGC

张晓晨有开设并运营女装店铺的想法，当下她正好也在学习如何运营女装店铺。在了解到 AIGC 在营销内容制作方面的功能后，她想借此机会使用 AIGC 工具为一款连衣裙制作上新宣传海报，体验并探索 AIGC 的应用。该款连衣裙所属的品牌是"雅尚"，采用优质棉制作，柔软亲肤且透气性强，领型为法式 V 领，有收腰设计，整体风格优雅又贵气。

【实训要求】

（1）使用文心一言写作上新宣传海报的文案，字数在 15 字以内。

（2）使用创客贴 AI 制作上新宣传海报。

【实训步骤】

（1）生成文案。进入文心一言官网，单击 开始体验 按钮进入对话页面。在页面底部的对话框中输入宣传海报文案的写作要求，并为其设定写作角色。按【Enter】键得到结果，如图 1-7 所示。

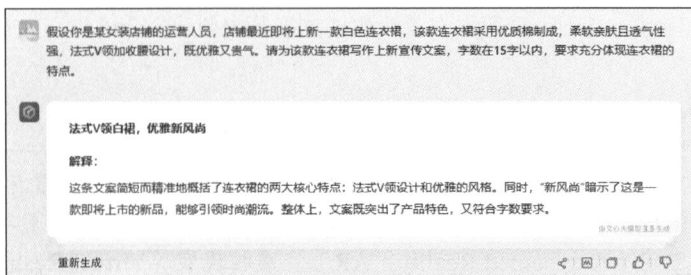

图 1-7　文案生成结果

（2）优化文案。查看生成的文案，若不符合需求，可单击"重新生成"超链接重新生成，或提出修改指令，让其进行优化。此处通过观察发现，生成的文案内容质量较好，可直接使用该宣传文案。

（3）开始设计上新宣传海报。搜索并登录创客贴官网，单击"创客贴 AI"选项卡，如图 1-8 所示，在打开的页面中单击"AI 海报"超链接，如图 1-9 所示，同意相关协议后进入设计页面。

图 1-8　单击"创客贴 AI"选项卡

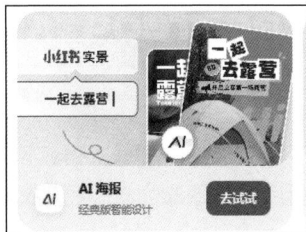

图 1-9　单击"AI 海报"超链接

（4）输入图片生成信息。在"设计场景"下拉列表中选择"电商海报"选项，在打开的页面中输入主标题、副标题和促销文案等信息，如图 1-10 所示。

（5）上传商品图。在"商品图"栏下方单击 按钮，打开"打开"对话框，选择"白色连衣裙.png"（配套资源:\素材\项目一\白色连衣裙.png）选项，单击 打开(O) 按钮。上传成功后，将显示上传的图片，如图 1-11 所示。

图 1-10　输入信息

图 1-11　上传的图片

（6）点击 智能生成设计 按钮，在右侧生成的商品海报中选择适合的海报，将鼠标光标移至选择好的海报上，单击海报右上角的 高级编辑 按钮，如图 1-12 所示。

（7）进入高级编辑页面，将图片和元素拖曳到合适的位置，选择不需要的元素，按【Delete】键删除，效果如图 1-13 所示。

图 1-12　单击"高级编辑"按钮

图 1-13　编辑后的效果

（8）单击右上角的 下载 按钮，设置好文件类型后下载。打开下载好的海报图片，复制图片，并将图片名称修改为"白色连衣裙海报"（配套资源:\效果\项目一\白色连衣裙海报.png）。

任务三　认识电子商务运营管理岗位

电子商务的蓬勃发展使行业对专业人才的需求也迅速增长，这对想要从事电子商务运营管理工作的人员提出了更高的要求。

一、电子商务运营管理岗位的职责

电子商务运营管理岗位的职责广泛而复杂，随着电子商务行业的不断发展，这些职责也在不断演变和扩展。不同企业的具体职责可能有所不同，大致可归纳为以下几个方面。

（一）平台管理与优化

负责天猫、京东、淘宝等主流电子商务平台的日常运营工作，包括店铺装修、商品上下架、页面优化、关键词设置等，以提升店铺和商品的曝光率及搜索排名。

（二）营销与推广

策划并执行线上营销活动，如节日促销、打折、满减活动等，通过广告投放、社交媒体推广等多种手段增加品牌曝光度和商品销量。

（三）数据分析与决策

定期收集和分析销售数据、流量数据、消费者行为数据等，根据数据分析结果调整运营策略，优化商品组合、定价策略和推广计划，以提高转化率。

（四）供应链管理

负责商品采购计划、库存管理、物流协调等工作，确保商品供应稳定，优化库存周转，降低运营成本。

（五）客户关系管理

维护良好的客户关系，处理客户咨询和投诉，提升客户满意度和复购率，同时利用客户关系管理系统进行客户分群，实施个性化营销策略。

二、电子商务运营管理岗位的技能要求

电子商务运营管理人员不仅需要具备扎实的基础知识,更需不断完善一系列关键技能,以适应日新月异的行业需求。

(一)数据分析与决策能力

在电子商务环境中,数据是决策的核心。在熟练使用数据分析方法和分析工具的前提下,通过深入分析消费者行为、销售数据、市场趋势等,运营人员能够从中发现趋势、问题和机会,指导运营策略的调整,如优化商品页面、调整价格策略、改进营销策略等。

(二)营销与推广能力

在竞争激烈的电子商务市场中,有效的营销和推广是吸引消费者、提高品牌知名度、促进销售的关键。这要求运营人员掌握多种营销手段,包括社交媒体营销、搜索引擎优化、搜索引擎营销等,并了解不同手段的特点,制订并执行有针对性的运营策略。

(三)平台操作能力

运营人员要熟练操作各类电子商务平台后台,包括商品上架、页面编辑、活动设置、广告投放等,同时精通平台内置的各种营销工具和推广资源,如优惠券设置、满减活动、会员营销、关联销售等,以及利用平台的推广工具(如淘宝直通车)进行精准投放,提升转化率。另外,还要了解平台规则和最新政策,以便做出相应的优化。

(四)团队协作能力

电子商务运营与管理工作涉及多个部门和团队,如设计、技术、物流等,团队协作能力对于确保各项工作的顺利进行至关重要。这要求运营人员具备良好的沟通协调能力,能够与其他部门和团队有效合作,共同解决问题。

三、电子商务运营管理岗位的素养要求

电子商务运营管理岗位的素养要求是多方面的,具备良好的基本素养不仅能够使个人在职场中脱颖而出,还能够促进企业的长期发展。

(一)具备自我学习意识

运营人员需要具备自我学习意识,不断提升专业水平和专业素养,以适应行业的发展。这要求运营人员对新知识、新技术及市场趋势保持好奇心和学习热情,愿意投入时间和努力进行自我提升,从而更好地应对工作中的挑战和变化。

(二)具备创新思维

在激烈的市场竞争中,创新是脱颖而出的关键。运营人员需要跳出传统思维框架,敢于尝试新方法、新策略。运营人员应该关注行业趋势,了解消费者需求,通过数据分析和市场调研,挖掘潜在的商业机会。同时,运营人员还需要具备跨界思维,将不同领域的知识和经验进行融合,为企业的发展提供新的思路和方向。

(三)树立责任意识

运营人员必须具备强烈的责任意识,对自己的工作负责,对团队负责。同时,运营人员

应该认真履行职责，确保工作的质量和效率，积极解决工作中出现的问题，并勇于承担后果。另外，运营人员还应该关注团队的协作和企业的长远发展，积极为企业创造价值。

（四）坚守职业道德

遵守职业道德是职场人士的基本要求。运营人员应该遵守法律法规，尊重并保护知识产权，避免虚假宣传。同时，还要自觉保护企业和消费者的利益，不泄露商业机密和消费者信息。另外，运营人员还应该具备诚信正直的品格，遵守承诺，树立良好的职业形象。

> **素养提升**
>
> 除了以上素养要求，运营人员还要自觉树立法律意识，了解并遵守电子商务的相关法律法规，如数据保护、消费者权益保护等，确保运营与管理行为的合法合规。

任务实训　应聘电子商务运营管理工作岗位

深入了解电子商务运营管理岗位的工作内容后，张晓晨打算尝试应聘电子商务运营管理的相关岗位，以充分了解岗位相关的工作内容和能力要求，为以后从事与电子商务运营管理相关的工作积累经验。

【实训要求】

（1）了解电子商务运营管理岗位的职位详情。

（2）制作能突出个人优势的简历。

【实训步骤】

（1）了解职位详情。在浏览器中搜索并登录 BOSS 直聘官网，在搜索框中输入"电商运营"并搜索，打开搜索结果页，查看电商运营岗位的职责描述和任职要求。图 1-14 所示为某企业电商运营岗位的岗位职责和任职要求。

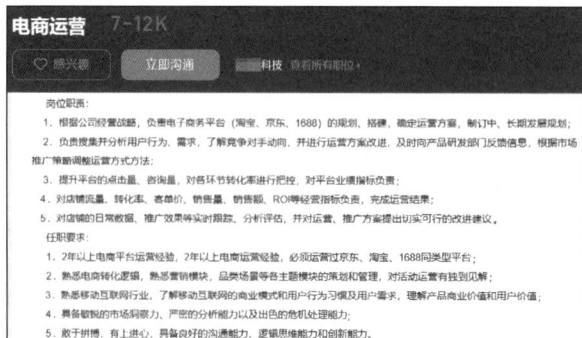

图 1-14　某企业电商运营岗位的岗位职责和任职要求

（2）制作应聘简历。根据目标职位的要求，编写个人简历，突出与电子商务运营管理相关的技能、经验和成就。这里直接在 BOSS 直聘中编辑在线简历。单击页面右上角的 登录/注册 按钮，单击"简历"超链接，在打开页面的"附件管理"栏下选择"快速生成附件简历"选项，打开简历制作页面。

（3）单击 立即制作 按钮，在打开的"简历模板"页面选择"运营/电商运营"选项，如图 1-15 所示，然后在搜索结果列表中选择合适的简历模板。

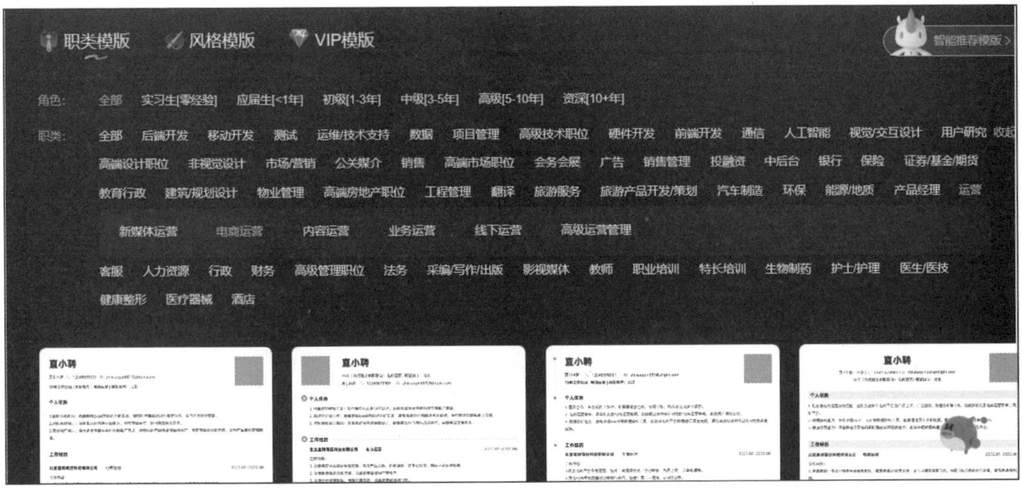

图 1-15 在"简历模板"页面选择"运营/电商运营"选项

（4）单击 使用模版 按钮，在打开的页面中编辑简历。首先输入个人信息，然后编辑个人优势、教育经历、实习经历，如图 1-16 所示。最后单击 上传至BOSS直聘 按钮将简历上传至 BOSS 直聘，然后投递至心仪的企业，等待面试机会。

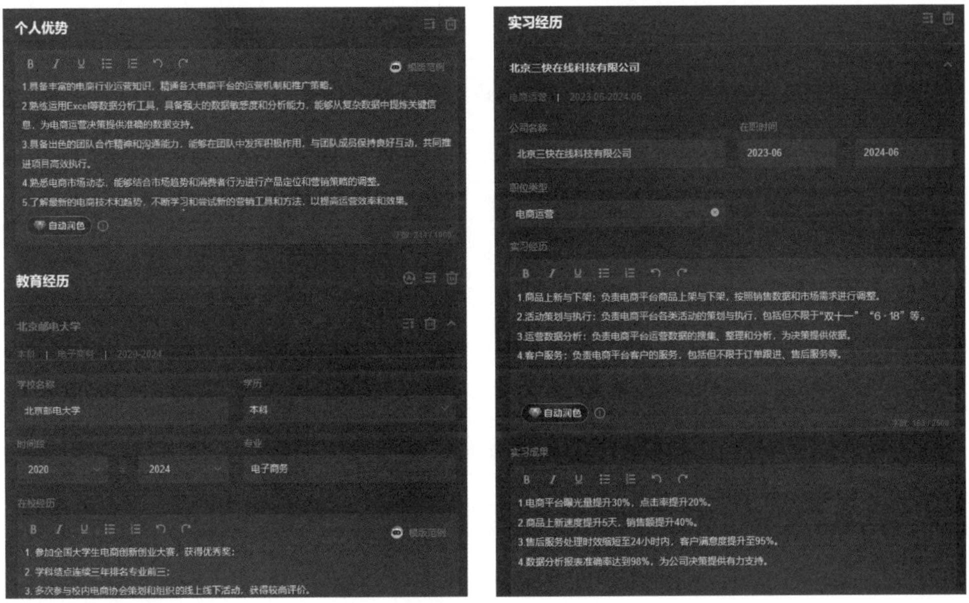

图 1-16 编辑简历

课后练习

1. 选择题

（1）【单选】下列选项中，不属于电子商务特点的是（ ）。

    A. 虚拟性   B. 开放性   C. 高成本   D. 便捷性

（2）【单选】下列选项中，不属于电子商务运营的是（ ）。

    A. 店铺运营   B. 平台运营   C. 商品运营   D. 流量运营

（3）【多选】电子商务运营管理的发展体现在（　　　）。

  A．技术驱动创新   B．AIGC 营销

  C．模式丰富多变   D．数字化建设

（4）【多选】下列选项中，属于图像生成 AIGC 工具的是（　　　）。

  A．文心一言   B．创客贴 AI   C．通义万相   D．Midjourney

（5）【多选】电子商务运营管理岗位的技能与素养要求包括（　　　）。

  A．营销与推广能力   B．具备创新思维

  C．自我学习意识   D．数据分析与决策能力

2．简答题

（1）简述电子商务的特点。

（2）简述电子商务管理的主要内容。

（3）简述电子商务运营管理岗位的技能要求。

3．实操题

（1）通过网络搜索最近半年内的电子商务运营管理的案例，分析案例中的企业/品牌/商家开展运营管理工作的方式。

（2）分析个人的优势和劣势，拟定一份电子商务运营管理岗位的岗位技能提升计划。

（3）自选一款产品，使用 AIGC 工具生成该产品的宣传文案和宣传海报。

PART 02

项目二
电子商务平台的入驻与运营

张晓晨的父母在老家经营着一家名为"佳依"的女装实体店铺，该店铺以独特的设计风格、优质的面料选择及贴心的服务赢得了众多女性消费者的青睐。随着互联网经济的蓬勃发展，尤其是电子商务的崛起，张晓晨逐渐意识到，仅靠实体店铺已无法满足消费者的购物需求。凭借自己对电子商务的了解，她建议父母将业务拓展到线上。经过一番讨论，全家一致决定入驻电子商务平台，并由张晓晨承担日常的运营工作。

知识目标
- 了解常见的电子商务平台。
- 掌握开通并设置店铺的方法。
- 掌握商品发布与订单管理的方法。

技能目标
- 具备开通并设置店铺的能力。
- 能够独立发布商品。
- 能够根据消费者的需求和交易进度正确处理订单。

素养目标
- 树立终身学习的意识，不断提升电子商务平台的运营水平。
- 坚守诚信原则，遵守商业道德和法律法规，不发布违规商品。
- 培养敏锐的洞察力，精准捕捉行业趋势。

📖 引导案例

"得力"作为知名的办公与学生用品品牌，在多个电子商务平台开设有店铺，并采取一系列有效的运营策略，积累了大量忠实消费者，提升了品牌影响力。

以得力天猫旗舰店为例，该店铺的页面规划合理，商品分类清晰、展示直观，每个商品都配有高清且全面的商品图片和翔实的商品描述，消费者不仅能够快速找到所需商品，还能全面了解商品的特性和使用场景。得力擅长利用节日、特殊节点推出促销活动，如国庆节、开学季、高考等，有效提升了购买转化率。

此外，得力还很注重消费者的互动体验。近年来，红包封面逐渐在社交媒体和电子商务平台上风靡，其强大的互动性和社交化元素，成为各大品牌春节常用的营销手段之一。2024 年春节，得力便在其天猫旗舰店中加入此互动玩法，通过店铺首页、会员页、客服消息等通知消费者参与互动。同时，得力还将领取品牌红包封面的玩法与加入店铺会员相结合，消费者在店铺首页预约领取红包封面并加入店铺会员，即可获得领取红包封面的资格。针对会员，得力建立了完善的会员制度，通过会员价、会员积分兑好礼、新品免费试用等活动，很好地强化了会员的忠诚度。

从得力天猫旗舰店的运营来看，电子商务平台中的店铺运营，既重视店铺及商品本身的管理，又注重消费者的互动体验。运营人员需要关注店铺设置、商品发布、商品管理、活动促销等一系列操作，从而进一步吸引潜在消费者的兴趣和关注。

任务一　开通并设置店铺

电子商务的蓬勃发展为创业者提供了无限商机，越来越多的创业者通过电子商务平台开设店铺，拓展线上市场。张晓晨与父母达成一致意见后，准备先了解电子商务平台，根据需要选择入驻平台后，再准备相应的入驻资料开通店铺。

一、选择电子商务平台

目前常见的电子商务平台包括淘宝网、天猫商城、京东商城、拼多多等，不同平台的适用人群和特点有所不同。

（一）淘宝网

淘宝网是我国消费者数量较多的网购零售平台。随着淘宝网规模的不断扩大和消费者数量的快速增加，淘宝网逐渐发展为集 C2C、团购、分销、拍卖等多种电子商务模式于一体的综合性零售商圈。淘宝网的入驻门槛较低，提供个人店、个体工商户店和一般企业店 3 种店铺类型，对实力较为薄弱的个人卖家、小型企业和初创品牌而言更为合适。

🔰 专家指导

入驻淘宝网时，若经营类目为食品，除基本的入驻资料外，还需要提供《食品经营许可证》《食品生产许可证》或与预包装食品销售备案相关的资料。

（二）天猫商城

天猫商城是阿里巴巴旗下的一家电子商务网站，是我国主要的第三方品牌及零售平台，它整合众多品牌商和生产商，为消费者提供 7 天无理由退货及购物积分返现等优质服务。

天猫商城注重商品的品牌和品质，入驻门槛相对较高，适合有品牌影响力、追求高品质服务的商家。与入驻淘宝网相比，入驻天猫商城需要较高的保证金和软件服务年费，图 2-1 所示为女装店铺应缴纳的资费和资质说明。

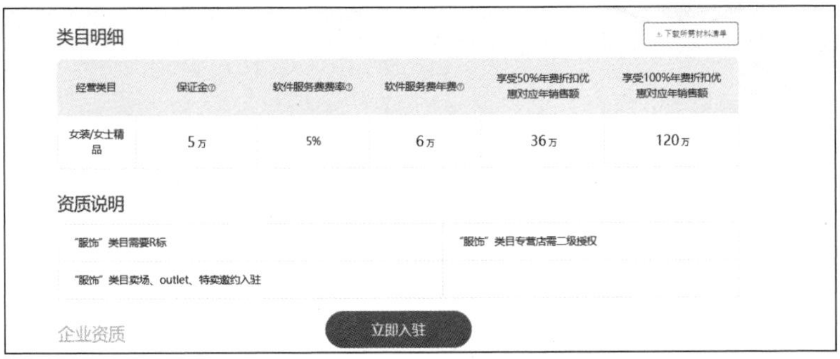

图 2-1　天猫商城女装店铺应缴纳的资费和资质说明

（三）京东商城

京东商城是专业的综合性网上购物商城，囊括家电、手机、母婴、服装等多个品类。京东商城有不同的入驻模式，主要包括自营合作模式、POP（Platform Open Plan，平台开放计划）模式及京喜合作模式。

1. 自营合作模式

自营合作即与京东商城合作，在合作的商品标题左侧有"自营"字样。这种模式下，商家成为京东商城的供应商，仅负责供货，京东商城负责客服、打包、发货、配送等业务，因而京东商城能有效掌控商品的品质、价格及供应链，为消费者提供更加稳定、优质的商品。

2. POP 模式

POP 模式是一种由第三方商家入驻京东商城，自我管理和运营的商家合作模式。在 POP 模式下，商家以独立身份运营，自行负责商品的销售、发货、售后等环节。根据备货实力的不同，商家还可以在 POP 模式下选择不同的合作模式，包括 SOP（Sale on POP）、SOP 入仓店铺和 FBP（Fulfilled by POP）3 种方式。

（1）SOP。适用于有完备的货源、仓储、配送资源的商家，即商家在京东商城销售商品，商家自行或通过第三方物流完成订单打包、货物运输和配送。

（2）SOP 入仓店铺。适用于有足够的备货实力的商家，即商家在京东商城销售商品，京东商城提供仓储管理所销售的商品，并执行订单配送、收款及开具发票等操作。

（3）FBP。适用于有足够备货实力，想通过京东配送给消费者更好购物体验的商家，即入仓后可以实现京东打标（京东配送），从而增加商品的竞争力，提高转化率等。

3. 京喜合作模式

京喜是京东旗下的全域社交电子商务平台，覆盖微信及其小程序、京喜 App 等拼购场景，流量潜力较大。京喜提供企业店和个人店 2 种合作模式，企业店适合拥有自有品牌/独占授权品牌的企业、有品牌授权的企业和无品牌企业入驻，个人店适合个体工商户和自然人入驻，商家可根据自身资质及意向选择最终入驻的店铺类型。

（四）拼多多

拼多多是一家致力于为广大消费者提供物有所值的商品和有趣互动购物体验的电子商

务平台，涵盖快消、3C产品、家电、生鲜、家居家装等商品品类，其利用低价策略吸引大批消费者，适合中小企业、农产品供应商、追求性价比的商家入驻。

拼多多采用消费者对工厂模式（Customer to Manufacturer，C2M），将消费者与工厂直连，通过去除所有中间流通加价环节为消费者提供高质低价、个性化的商品。C2M模式颠覆了从工厂到消费者的传统零售思维，反过来由消费者需求驱动生产，以电子商务平台为中介进行反向订购，根据消费者的需求生产商品，从而大大降低了工厂的库存成本，同时惠及消费者。

（五）抖音

抖音是一个短视频分享社交平台，以其广泛的用户基础和多元化的功能，吸引了不同背景的用户和商家。随着直播的火热，抖音逐渐融入电子商务元素，商家可以入驻抖音小店直接在平台上销售商品。抖音小店的入驻门槛较低，支持个体工商户、企业和个人入驻，入驻后商品可在抖音App、抖音极速版App展示，经营模式多样。

（六）小红书

小红书是一个以生活方式分享为主的社交平台，鼓励用户以图文、视频等形式分享自己的生活方式和购物心得。随着小红书的发展，其积极接入电子商务功能，使得用户在浏览笔记的同时可以直接跳转并购买商品，小红书逐渐发展成为一个社交电子商务平台。小红书的入驻门槛较低，提供卖场型旗舰店、官方旗舰店、旗舰店、专卖店、专营店、普通企业店、个体店和个人店8种店铺类型，个人、个体工商户和企业皆可入驻。

二、准备入驻资料

商家根据自身的开店需求选择好合适的电子商务平台后，便可以准备相应的入驻资料。以个人身份开店所需主要资料包括个人身份证、电子商务平台账号等，以企业或品牌身份开店还需要提供营业执照、法人身份证、一般纳税人资格证（具备一般纳税人资格的商家需提供）、银行开户许可证（也可以用基本存款账户信息、存款单、申请表代替）。经营资质方面的资料包括旗舰店或普通授权书（仅旗舰店需提供旗舰店授权书），销售授权书，质检、检疫、检验报告，商标注册证（R标）或商标注册申请受理通知书，以及根据具体类目资质要求需要提交的其他资料。图2-2所示为京东商城经营家用电器所需的部分入驻资料。

资质要求	
公司资质	详细信息
三证合一营业执照	营业执照扫描原件或复印件加盖入驻公司红章，需确保在企业经营异常名录中且所售商品在营业执照经营范围内。
法人身份证正反面	支持国内身份证或海外身份证件；扫描件或复印件需加盖公司红章及法人签字；身份证距离有效期截止时间应大于2个月；海外法人需由国内居民配合完成实名认证。
一般纳税人资格证	具备一般纳税人资格的企业提供，扫描原件或复印件加盖入驻公司红章。
品牌资质	详细信息
旗舰店授权书	由品牌注册人出具的在京东开放平台开设品牌旗舰店的独占性授权文件，扫描原件或复印件加盖入驻公司红章（经营品牌为自有，无须提供）。
商标注册证/商标注册申请受理通知书	1.商标注册地为国内的无须提交商标注册证图片，仅需填写申请/注册号查询带出商标名称、申请/注册人、有效期信息商标信息即可。 2.商标注册地非国内的请提供商标注册证或商标注册申请受理通知书图片；若办理过变更、转让、续展，请一并提供变更、转让、续展证明或受理通知书；复印件需加盖开店公司红章。

图2-2　京东商城经营家用电器所需的部分入驻资料

三、申请开通店铺

准备好入驻所需资料后，就可以进入电子商务平台申请开通店铺了，一般只需要根据操作提示进行操作。以淘宝网为例，其申请开通店铺的操作如下。

（1）登录淘宝网，单击首页右上方的"免费开店"超链接，在打开的页面中单击 0元开店 按钮。

（2）在打开的页面中填写店铺信息，选择店铺类型，填写店铺名，并同意相关协议，如图 2-3 所示，然后单击 提交 按钮。若经营主体为个人，则在打开的页面中上传经营者身份证照片，填写经营地址等信息；若经营主体为企业，则需要填写主体信息，上传三证合一的营业执照照片、法人身份证照片，并按照页面提示完成支付宝绑定/认证，然后完善法人证件图、营业地址等信息，如图 2-4 所示。

（3）资料提交完成后，单击 提交 按钮，在打开的页面中进行人脸识别验证，在人脸验证通过后根据操作提示进行操作。

图 2-3　填写店铺信息

图 2-4　填写主体信息

四、设置店铺基本资料

店铺开通后，为让消费者了解店铺，商家需要进行基本设置，包括设置店铺名称、店铺标志等。店铺名称一般有字数限制和修改次数限制，如淘宝网店铺名称的字数限制为 20 字，每 180 天内仅可修改 3 次；店铺标志一般会包括店铺名称或店铺 Logo。

扫一扫

设置店铺基本资料

下面为开通的淘宝店铺设置基本资料，其具体操作如下。

（1）登录淘宝网，单击页面右上方的"千牛卖家中心"超链接，进入"千牛商家工作台"页面，将鼠标指针移至页面左侧的"店铺"栏，在打开的列表中选择"店铺信息"选项。

（2）进入店铺信息设置页面，单击 修改信息 按钮，如图 2-5 所示。打开"基础信息"页面，在"店铺名称"文本框中输入店铺名称，如"乐悠家居"。

图 2-5　单击"修改信息"按钮

（3）单击"店铺标志"栏的"编辑"按钮▣，打开"选择图片"对话框，单击 上传图片 按钮，打开"上传图片"对话框，单击 上传 按钮，打开"打开"对话框，选择"家居店铺头像.png"文件（配套资源:\素材\项目二\家居店铺头像.png），单击 打开(O) 按钮，如图 2-6所示。图片上传成功后，在"选择图片"对话框中选择上传的图片，单击 确定 (1) 按钮。

（4）在"联系地址"栏中输入详细的地址信息，在"店铺联系人手机号"栏中输入联系人手机号并验证，单击 保存 按钮，如图 2-7 所示。

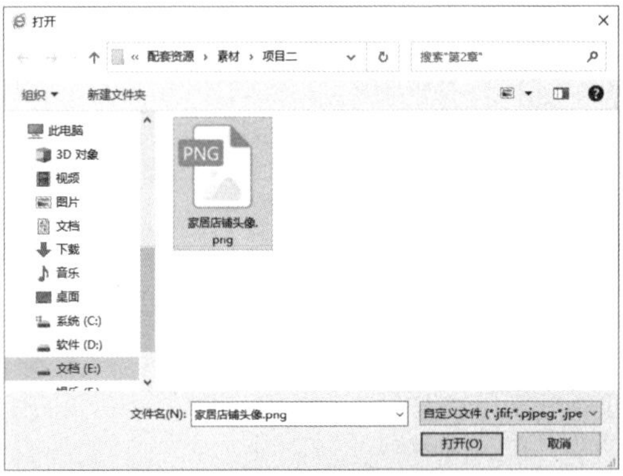

图 2-6　选择店铺头像

图 2-7　填写联系地址和店铺联系人手机号

任务实训　开通服装品牌的淘宝店铺

张晓晨在对比分析各电子商务平台的入驻资料和入驻费用，考虑自家店铺的实际情况后，最终决定以个人身份入驻淘宝网。

【实训要求】

（1）在淘宝网中开设服装店铺。

（2）设置店铺的名称和标志等信息。

【实训步骤】

（1）查看所需的入驻资料。进入淘宝网的入驻页面，单击"资质与费用"超链接，选择开店主体为个人，并选择经营类目为"服饰/女装/女士精品"，查看所需的入驻资料，发现包括身份证件、支付宝账号和账户认证 3 个方面。

（2）开通店铺。登录淘宝网，在商家入驻页面选择经营主体为个人，设置店铺名为"佳依女装"，同意相关协议后，进行支付宝身份认证，并按照提示进行人脸识别验证。

（3）设置店铺的名称和标志等信息。在"千牛商家工作台"的"店铺"栏中选择"店铺信息"选项，在打开的页面中设置店铺名称为"佳依女装"，选择并上传"服装店铺头像.jpg"图片（配套资源:\素材\项目二\服装店铺头像.jpg），然后再输入联系人地址和联系人信息，设置好的效果如图2-8所示。

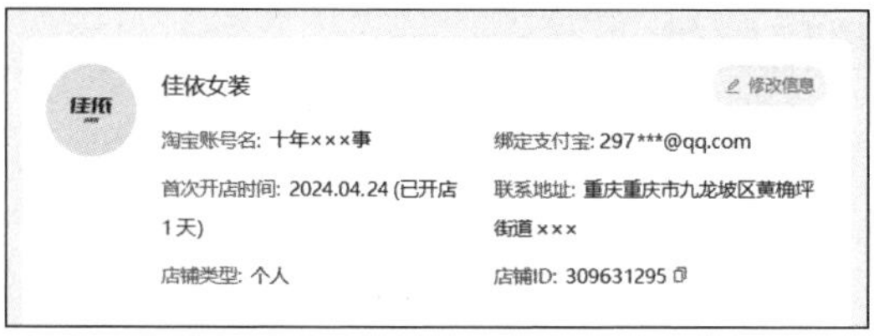

图 2-8　店铺设置效果

任务二　发布商品

店铺开设成功后，张晓晨根据淘宝网的提示，在"千牛商家工作台"左侧的"商品"选项卡中选择"商品管理"栏下的"发布宝贝"选项发布商品。发布商品时，如果商品的类目、标题、属性、价格、详情描述等设置得当，消费者就可以在淘宝网的搜索结果页面中看到商品，产生浏览商品信息的欲望。

一、选择商品类目

商家在淘宝网中发布商品时，首先需要选择商品类目。淘宝网提供两种选择商品类目的方法，一种是手动输入商品名称，在搜索结果列表中根据商品的实际情况进行选择，如图 2-9 所示；另一种是上传高清、正面的商品主图，淘宝网将快速智能识别并填充商品信息，智能选择发布类目。

商品类目通常以层级化的方式展示，如一级类目、二级类目、三级类目等，这种层级化的分类方式既方便商家管理和展示商品，也方便消费者快速找到所需商品。电子商务平台一般会提供详细的商品类目，图 2-10 所示为淘宝网中"家居建材"一级类目下的细分类目。

图 2-9　输入商品名称以选择商品类目

图 2-10　淘宝网中"家居建材"
一级类目下的细分类目

（1）**一级类目**。商品最大的分类，覆盖的范围较为广泛，通常根据商品的大致性质和用途来划分，如"服饰""鞋包""家具"等。

（2）二级类目。对一级类目的进一步细分，通常根据商品的细分特点和品类进行划分，如一级类目为"服饰"，二级类目可以是"女装""男装""童装"等。

（3）三级类目。在二级类目基础上做的进一步细化，以便更具体地描述商品的特征、用途和材质等属性，如二级类目为"女装"，三级类目可以是"连衣裙""T恤""裤子"等。

二、设置商品标题和属性

确定商品类目后，在"商品发布"页面"基础信息"选项卡下的"宝贝标题"文本框和"类目属性"栏中可以设置商品标题和属性，它们是商品的基础信息，主要帮助消费者了解商品，如图 2-11 所示。

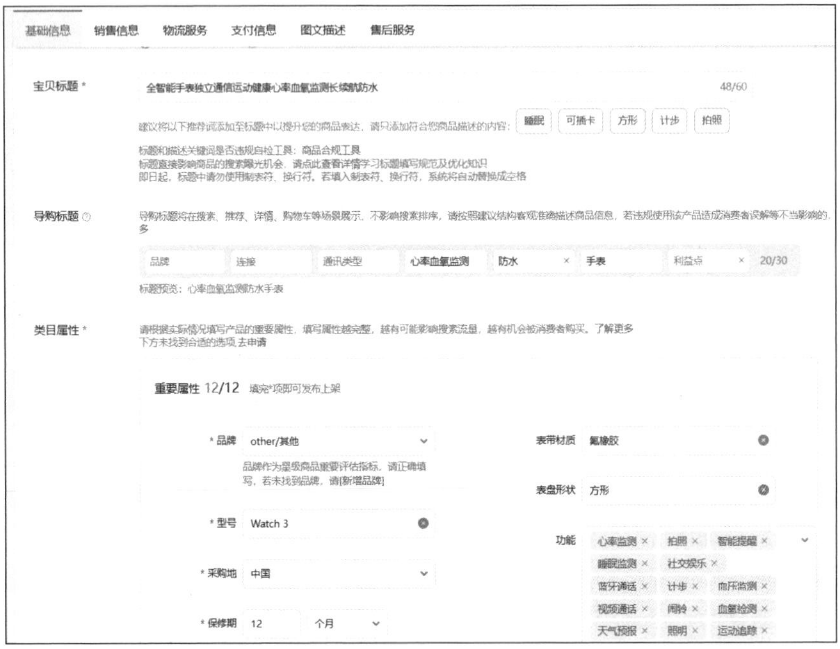

图 2-11　商品标题和属性设置

（一）设置商品标题

商品标题用于描述商品的核心信息，准确填写将有助于提升搜索流量精准度。淘宝网有长标题和导购标题两种类型。

（1）长标题。长标题的字数需控制在 30 个字符以内，同时重点突出商品的核心卖点，如图 2-12 所示。一般而言，商品标题由商品描述和相关属性组成。

（2）导购标题。导购标题不作用于搜索匹配，但会在搜索、推荐、详情、购物车等场景优先展示。相较于长标题，导购标题的字数需控制在 15 个字符以内，并且要重点突出商品的卖点，如图 2-13 所示。

需要注意的是，若标题中包含重复词、同义词等，平台在搜索匹配时只会出现一个；同时，标题中不得包含违禁词，如"论文代写""身份证"等，否则商品可能会被平台强制下架。商家在设置标题时，可先查看淘宝网关于商品标题的填写要求，其方法为进入"商品发布"页面，将鼠标指针移至"宝贝标题"和"导购标题"栏上，其页面左侧的"填写助手"会给出相关的填写要求。

图 2-12 长标题

图 2-13 导购标题

（二）设置商品属性

商品的品类不同，其属性信息也有所差异。以电子产品为例，其属性信息通常包括品牌、型号、处理器类型、内存大小、屏幕尺寸、屏幕分辨率、操作系统等。这些属性直接关系到商品的性能和使用体验，因此在选择电子产品时，消费者往往会特别关注这些具体信息。而家居用品的属性信息则包括材质、尺寸、颜色、风格、使用功能等。无论是哪种商品，在填写商品属性时，都需要遵循以下原则。

（1）**完整性**。准确填写所有与商品相关的属性字段，如尺寸、重量、材质、适用人群、产地等，提供详尽的商品信息供消费者参考。

（2）**一致性**。商品标题、主图、详情描述与属性信息应保持一致，避免消费者产生误解或引发纠纷。

（3）**合规性**。确保属性信息符合相关法律法规及平台规则，如标明产品安全等级、环保标准等。

素养提升

在设置商品标题和属性时，商家应保持诚实守信、严谨细致的态度，精准描述商品属性，确保商品信息的真实性，避免误导消费者，维护市场公平竞争秩序。

三、设置商品销售信息

商品销售信息主要包括销售属性、一口价、库存和上架时间。其中，销售属性根据商品类型的不同而不同，如智能手表的销售属性包括表带款式、表系列、表壳尺寸等，而沐浴露的销售属性包括净含量、香味等。若同一属性具有多种选择，可单击 ＋新增规格项 按钮新增规格项。

设置好销售属性后，将新增"销售规格"栏，可在其中填写商品的价格、数量，或直接上架商品，如图 2-14 所示。设置商品价格时，要注意不能为获取流量而设定极高或极低的价格，且促销价要小于或等于一口价。若在"销售规格"栏中设置了商品价格和数量，"一口价"和"总库存"栏将自动填写价格和库存数量。另外，在"上架时间"栏中单击选中相应的单选项，可立即上架商品、定时上架商品或将商品放入仓库，商家可根据需求选择。

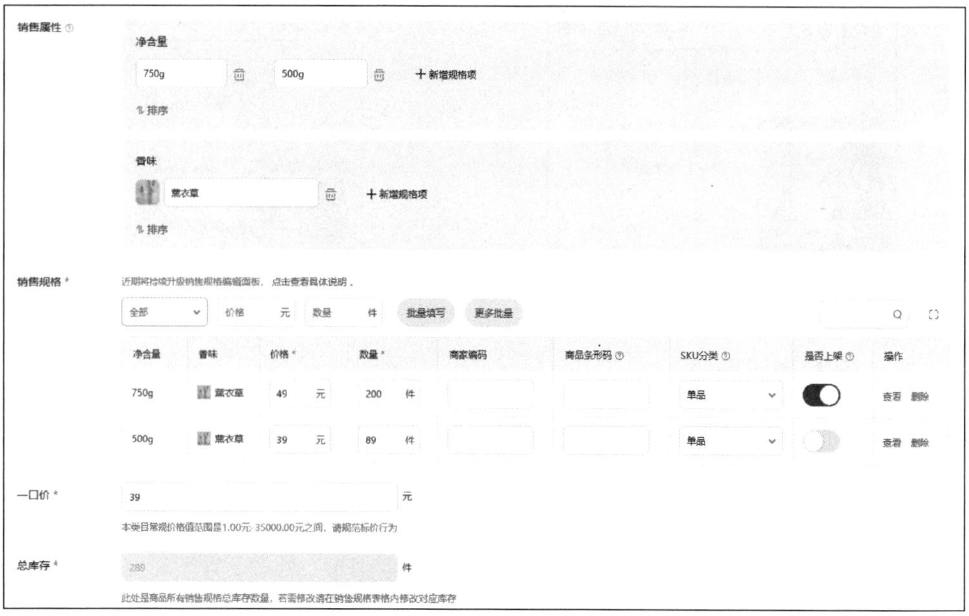

图 2-14　设置商品销售信息

四、设置物流服务

淘宝网的物流服务需设置发货时效和提取方式，为保障消费者的售后服务，商家还可设置保修服务或做出服务承诺，如图 2-15 所示。

图 2-15　设置物流服务

发货时效方面，一般类目商品可设置 48 小时内发货，部分类目商品可通过全款预售或分阶段预售设置大于 48 小时发货。若需要更长的发货时效，可以在消费者下单后自行约定发货时间。如果违背发货时效承诺，将会受到电子商务平台的处罚。商家可以进入"千牛商家工作台—商品—商品管理—发布宝贝"或"千牛商家工作台—商品—商品管理—我的宝贝—编辑商品"，在基础信息中设置发货时效。

由于消费者通常来自不同地区，而不同地区的快递服务费用通常不同，且商品的大小也有差异，因此，为区分运费，商家可以设置运费模板。设置好后，商家在发布商品时，可直接选择该运费模板。设置方法为在"物流工具"页面选择"运费模板设置"选项，打开"普通运费模板设置"页面，单击 新增运费模板 按钮。在"模板名称"文本框中输入模板名称，设置发货地、是否包邮、计价方式、运送方式和运费后，单击 保存并返回 按钮，如图 2-16 所示。

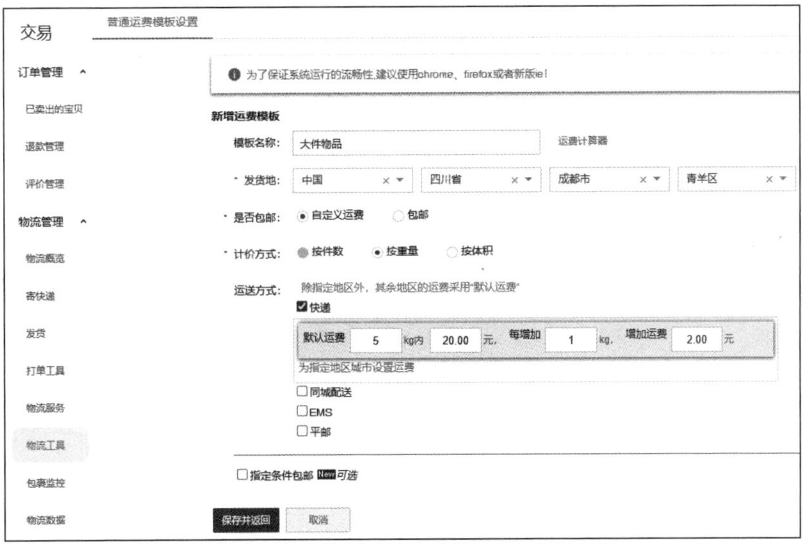

图 2-16　设置运费模板

五、设计商品主图和详情描述

上传设计好的商品主图和详情描述是发布商品的最后一步，如图 2-17 所示。商品主图影响消费者对商品的第一印象，详情描述则是消费者详细了解商品的途径，它们的设计效果影响着商品对消费者的吸引力。

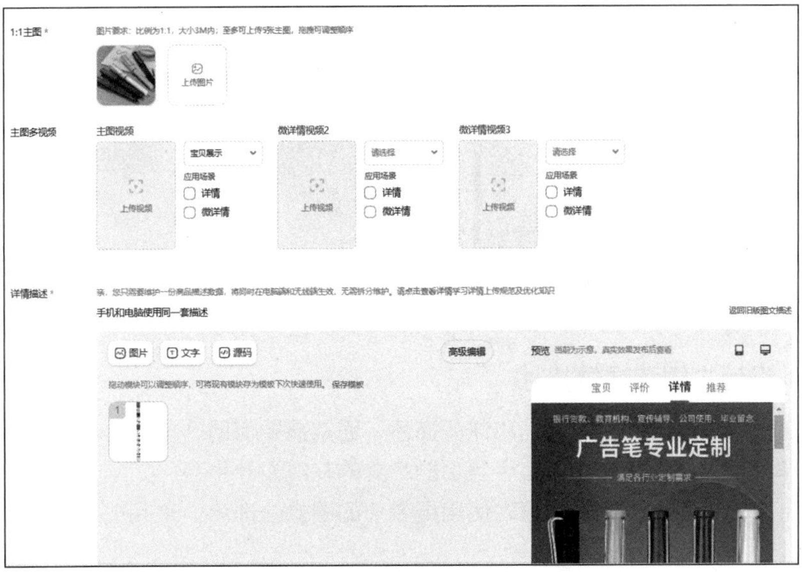

图 2-17　上传商品主图和详情描述

（一）主图和详情描述的设计要点

在设计主图和详情描述时，需要注意以下要点。

1. 主图的设计要点

主图是展示商品外观、特点等的重要图片，通常出现在商品列表或搜索结果的首位，是吸引消费者注意力的关键。一张优质的商品主图通常需要清晰、主体突出且有说服力。淘宝横版主图的尺寸是 800 像素×800 像素；竖版主图的尺寸为 800 像素×1200 像素、750 像素×1000 像素，需达到 2∶3 或者 3∶4 的比例。

此外，还可上传主图视频。主图视频是商品详情页中主图区域/导购场景播放的视频，一般建议上传 3∶4 尺寸的视频，这样更容易获得较多的曝光量。

2. 详情描述的设计要点

详情描述是对商品的详细介绍和说明，它可以补充主图无法展现的信息，如商品的卖点、功能、尺寸、材质、使用方法等。一个详尽且准确的详情描述可以帮助消费者更深入地了解商品，消除购买疑虑。在设计详情描述时，可以按照引起注意→提升兴趣→建立信任→消除疑虑的逻辑进行设计。

扫一扫

详情页示例

（1）引起注意。通过视觉冲击力强的视觉海报或直观的活动信息，引起消费者对商品的注意，如图 2-18 所示。

（2）提升兴趣。一方面可以着重展示消费者尤为关注的信息，如价格实惠、核心功能等；另一方面可以突出商品的卖点，体现商品的独特性，以提升消费者的兴趣，如图 2-19 所示。

（3）建立信任。通过展示品牌实力、质量认证、消费者评价、销量数据或权威媒体的报道等来增强消费者的信任感。

（4）消除疑虑。可以针对消费者可能存在的各种疑问，预先设置常见问题的解答；同时还可以提供退换货承诺、保修服务等，消除售后疑虑。

图 2-18 引起注意

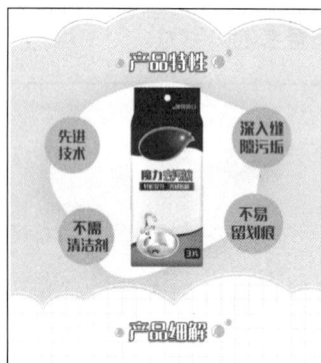

图 2-19 突出商品卖点

（二）设计主图和详情描述

要想高效地设计出优质的主图和详情描述，通常需要借助一些设计工具。初学者可以选择一些易于上手且功能齐全的在线设计平台，如创客贴、稿定设计；专业设计师则可以使用更专业的图像处理软件来完成设计工作，如 Photoshop。

扫一扫

设计主图和详情描述

下面使用创客贴为一款储菜盒设计主图和详情描述，主图直接替换

已有模板的文字和图片，详情描述则从储菜盒的尺寸、细节和参数 3 个角度进行设计，其具体操作如下。

（1）登录创客贴，在页面顶部的搜索栏中输入"电商主图"，单击【Enter】键搜索，打开"模板中心"页面。

（2）在"场景"栏中选择"商品主图"选项，在"价格"栏中选择"免费"选项，选择图 2-20 所示的模板。

（3）进入设计页面，选择模板左上角的 Logo 图片，按【Delete】键删除。使用相同的方法删除文字"高密刷毛""材料抗菌""官方正品"，以及其后的绿色背景图片。

（4）单击页面左侧工具栏中的"文字"按钮 T，在打开的列表中选择"点击添加标题文字"选项，如图 2-21 所示。在插入的文本框中将文字修改为"乐悠"，修改文字颜色为"白色"，字体为"荆南波波黑"，字号为"60"，并移动文字至左上角原有 Logo 处，效果如图 2-22 所示。

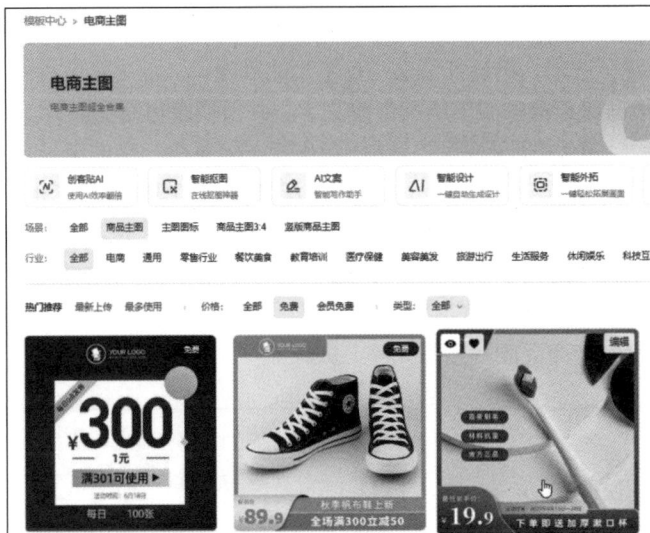

图 2-20　选择主图模板

图 2-21　添加标题文字

（5）单击鼠标左键选中"最低到手价"文本框，双击鼠标左键选中文字"最低到手价"，删除文字"最低"。使用相同的方法将"19.9"修改为"18.9"，将"下单即送加厚漱口杯"修改为"透明简约菜篮子"，设置字号为"40"；删除"活动时间"栏的文字及其后的背景图片。

（6）单击页面左侧工具栏中的"上传"按钮 ⌂，打开"我的上传"列表，单击 上传素材 按钮，打开"打开"对话框，选择"储菜盒主图.jpg"选项（配套资源:\素材\项目二\储菜盒主图.jpg）。上传成功后，图片将出现在"我的上传"列表中"资源"栏的下方，如图 2-23 所示。

（7）将鼠标指针移至图片上方，按住鼠标左键不放，向右拖曳至模板上，自动替换原有图片，效果如图 2-24 所示（配套资源:\效果\项目二\储菜盒主图.png）。

（8）保存商品主图后，单击页面右上角的 下载 按钮，打开"下载作品"列表，单击 下载 按钮，在"新建下载任务"对话框中设置保存名称和保存路径，单击 保存 按钮下载主图。

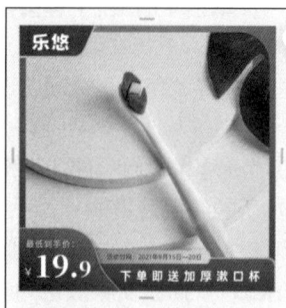

图 2-22　文字添加效果　　　　　图 2-23　上传主图素材　　　　　图 2-24　主图设计效果

（9）返回创客贴首页，在顶部的搜索栏中输入"家居用品"，单击【Enter】键，打开"模板中心"页面，在"分类"栏中选择"电商"选项，在"场景"栏中选择"商品详情页"选项，在"价格"栏中选择"免费"选项，选择如图 2-25 所示的模板。

（10）打开模板编辑页面，根据储菜盒的实际情况修改文字，并替换原有商品图片。按照步骤（6）的方法上传储菜盒素材图片（配套资源:\素材\项目二\"储菜盒"文件夹）。

（11）在"资源"栏下将鼠标指针移至"储菜盒 1.png"（配套资源:\素材\项目二\储菜盒\储菜盒1.png）选项上，并将其拖曳至第一张图片上，替换原有图片；删除文字"加厚设计 带压圈 大容量"，将文字"现代简约居家垃圾桶"修改为"食品级水果蔬菜收纳盒"，设置字号为"54"，将文字"简约条纹设计"修改为"乐悠"，并设置字号为"28"。修改完成后，适当调整文本框的位置，使商品图片显示完整，效果如图 2-26 所示。

图 2-25　选择详情页模板　　　　　　　　图 2-26　详情页设计效果

（12）按照相同的方法上传图标素材图片（配套资源:\素材\项目二\"图标"文件夹），选择此详情页下方的第一个图标，按【Delete】键删除，将"图标 1.png"图片（配套资源:\素材\项目二\图标\图标 1.png）拖曳至页面中，将鼠标指针放在图片四周的控制点上，按住鼠标左键不放，缩小图片的大小，并将其拖曳至原有图标的位置。按照相同的方法替换其他图标，删除图片下方所有的英文文字，并将相关描述修改为储菜盒的信息。

（13）将文字"家居"修改为"食品"，并使用相同的方法将其后的商品图片替换为图片"储菜盒2.png"（配套资源:\素材\项目二\储菜盒\储菜盒2.png），选择文字所在文本框，按住【Shift】键不放，依次选择文字四周的元素，按【↑】键将其移动至合适位置，效果如图2-27所示。

（14）将文字"压圈设计 防止垃圾袋脱落"修改为"提手设计 移动更便捷"，使用相同的方法将其后的商品图片替换为图片"储菜盒3.png"（配套资源:\素材\项目二\储菜盒\储菜盒3.png），并按【↑】键将文字和图片移动至合适位置。

（15）按照相同的方法替换"细节展示"部分的3张图片（配套资源:\素材\项目二\储菜盒\储菜盒4.png、储菜盒5.png、储菜盒6.png），并修改对应的文字描述。使用相同的方法删除最后一张图片上的所有元素，并将其后的商品图片替换为图片"储菜盒7.png"（配套资源:\素材\项目二\储菜盒\储菜盒7.png），部分详情页设计效果如图2-28所示。最后将详情页图片保存到计算机中（配套资源:\效果\项目二\储菜盒详情页.png）。

图2-27 上传主图素材

图2-28 部分详情页设计效果

扫一扫

储菜盒详情页

任务实训 发布半身裙商品

在淘宝网成功开通店铺后，张晓晨打算先发布一款半身裙。该半身裙为2024年夏季新品，采用A字版型、高腰线和修身设计，翡翠绿碰撞古董黑的印花，时尚又复古。为吸引消费者的注意，张晓晨打算设计半身裙的标题、主图和详情描述。

【实训要求】

（1）标题需简洁明了，突出半身裙的卖点。

（2）主图直观清晰，重点突出品牌名。

（3）详情描述需包含半身裙的基本信息、上身效果和细节。

【实训步骤】

1. 发布准备

（1）写作商品标题。首先根据半身裙的基本信息，提炼重点信息，如"A字版型""高腰""修身""印花""2024年新款"，然后写作商品标题，如"2024年夏季新款高腰修身印花半身裙"。

（2）设计商品主图。主图要直观地突出商品主体，同时为强化消费者对品牌的印象，可直接在主图中加入品牌名称。登录创客贴后，在页面顶部的搜索栏中输入"女装"，在"模板中心"页面依次选择"商品主图""免费"选项，在

扫一扫

发布准备

搜索结果中选择合适的模板，将半身裙主图素材图片（配套资源:\素材\项目二\半身裙主图.jpg）上传至资源列表中，然后将其拖曳至模板中主图元素处替换图片，删除模板中多余的元素，并加入品牌名，效果如图 2-29 所示（配套资源:\效果\项目二\半身裙主图.png）。

（3）设计商品详情描述。为让消费者全面地了解商品，详情描述可展示半身裙的基本信息，如面料、尺码、颜色等。为增强消费者的购买欲望，还可展示半身裙的上身效果和细节设计。保存商品主图后，返回创客贴首页。因使用"半身裙"搜索出来的模板效果不佳，这里在搜索栏中输入"连衣裙"，在"模板中心"页面依次选择"电商""商品详情页"选项，在搜索结果中选择合适的模板。

（4）将半身裙详情页的素材图片（配套资源:\素材\项目二\"半身裙"文件夹）上传至资源库后，删除模板"模特展示"部分最后两张图片，然后将鼠标指针移至画布最底部的调整框上，按住鼠标左键不放，向上拖曳调整画布的大小，然后删除其中多余的元素，并依次将其中的图文替换为半身裙的基本信息、上身效果和细节，详情页部分设计效果如图 2-30 所示（配套资源:\效果\项目二\半身裙详情页.png）。

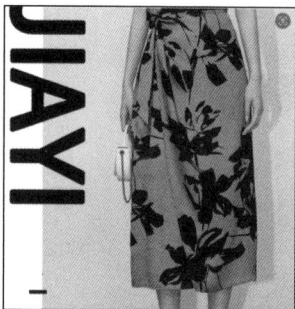

图 2-29 主图设计效果　　　图 2-30 详情页部分设计效果

2. 发布半身裙

（1）发布半身裙商品。进入千牛商家工作台，将鼠标指针移至"商品"选项卡上，选择"商品管理"栏下的"发布商品"选项。

（2）打开"商品发布"页面，单击"以图发品"选项卡，单击 从本地上传 按钮，打开"打开"对话框，选择"半身裙主图.png"选项（配套资源:\效果\项目二\半身裙主图.png），单击 打开(O) 按钮。图片上传成功后，单击 确认，下一步 按钮。

（3）此时，千牛商家工作台将根据上传的商品主图快速智能识别并填充商品信息。确认商品类目无误后，根据商品信息在"商品名称"栏中输入商品名称，单击 确认，下一步 按钮，如图 2-31 所示。

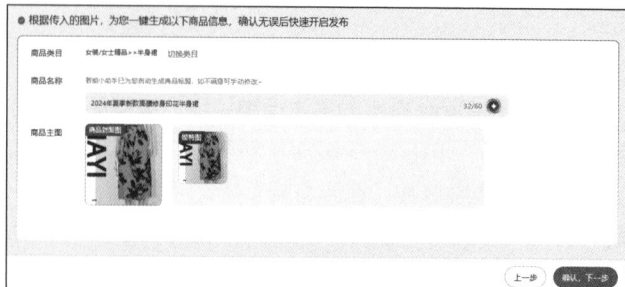

图 2-31 确认商品类目并输入商品名称

（4）在打开页面的"基础信息"栏中，平台将根据上传的商品主图自动填写商品的导购标题和一部分类目属性信息，商家根据需要完善其他信息，部分设置如图 2-32 所示。继续填写商品的销售信息、上传主图和详情页等。

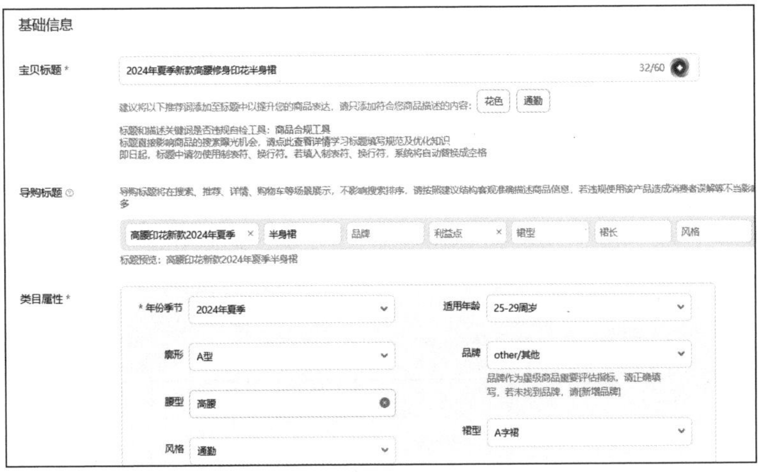

图 2-32　设置商品标题和属性

（5）在"销售属性"栏中单击██按钮，在打开的"上传图片"对话框中选择"半身裙主图.png"选项（配套资源:\效果\项目二\半身裙主图.png），单击其右侧的文本框，在打开的下拉列表中设置颜色分类，选择"花色系/花色"选项，如图 2-33 所示。

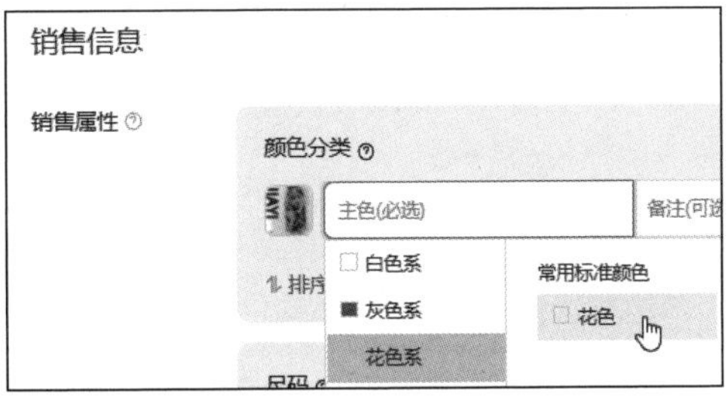

图 2-33　设置颜色分类

（6）在"销售规格"栏的"价格"文本框中输入"199"，在"数量"文本框中输入"56"，此时"一口价"和"总库存"栏将自动填写商品价格和总库存，如图 2-34 所示。

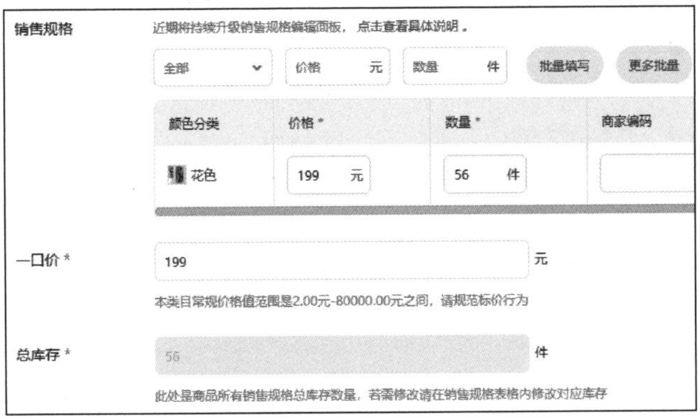

图 2-34　设置价格和数量

（7）在"物流服务"栏中设置发货时效和提取方式。保持"发货时效"栏的默认设置，单击选中"使用物流配送"复选框，单击"运费模板"文本框右侧的 +新建 按钮，使用与前文相同的方法新建一个模板名称为"包邮"、是否包邮为"包邮"、计价方式为"按件数"、运送方式为"快递"的运费模板。返回商品发布页面，单击"运费模板"文本框右侧的下拉按钮 ∨，在打开的下拉列表中选择"包邮"选项，如图 2-35 所示。

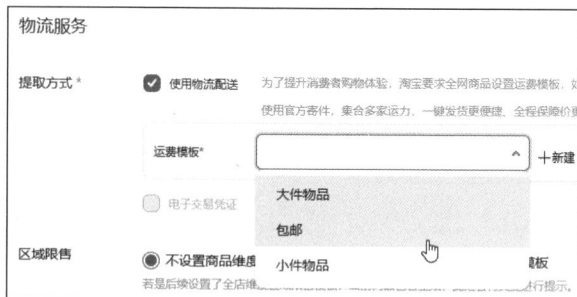

图 2-35　选择"包邮"选项

（8）保留"图文描述"栏下自动上传的第一张主图，删除第二张主图，选择"详情描述"栏下自动上传的详情页图片，单击 ⊟ 删除按钮删除，在打开的对话框中确认删除。单击 ⊠ 按钮，在打开的对话框中上传并选择"半身裙详情页.png"图片（配套资源:\效果\项目二\半身裙详情页.png），上传成功后的效果如图 2-36 所示。在页面右侧预览详情页的发布效果，然后单击 提交宝贝信息 按钮发布商品。

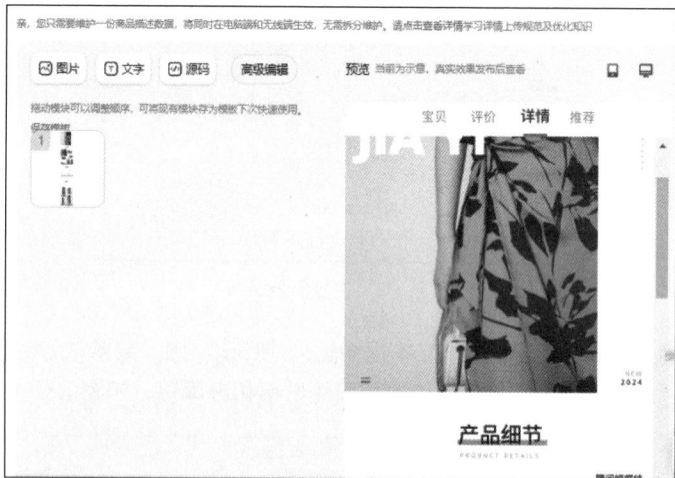

图 2-36　详情页上传后效果

任务三　管理商品

发布商品后，张晓晨发现千牛商家工作台中还包含众多功能选项。为更好地管理商品，她决定重点学习管理商品的常用操作，以便管理商品和处理商品订单。

一、上下架商品

上下架商品的操作较为简单，若要上架商品，仓库中须有发布商品时放入仓库的商品，或是下架的商品。上架商品的方法为：进入千牛商家工作台，在"我的宝贝"页面找到需上架的商品。单击其对应的 更多 超链接，在打开的下拉列表中选择"立即上架"选项，在弹出的"立即上架"对话框中单击 确定 按钮，确定上架商品，如图 2-37 所示。下架商品的方法与上架商品的方法相同，只是所选选项不同。

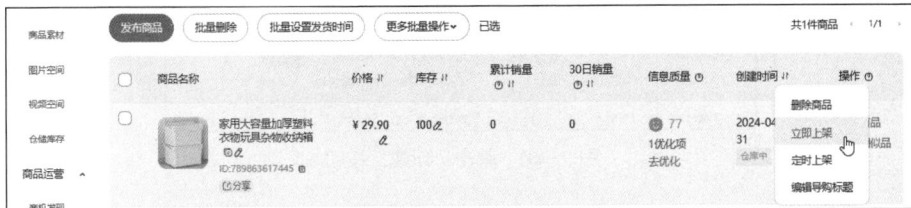

图 2-37　上架商品

二、修改商品信息

商家如果想修改商品信息，可以在"出售中的宝贝"选项卡中修改已发布商品的信息。其方法为单击"出售中"选项卡，在商品列表中单击需修改信息的商品右侧的"编辑商品"超链接，如图 2-38 所示，打开"商品发布"页面，在其中修改商品基础信息、销售信息等。

图 2-38　单击"编辑商品"超链接

三、设置商品促销活动

店铺开设初期，为快速吸引消费者关注，提升店铺人气与销量，精心策划并设置一系列的商品促销活动至关重要。这不仅能够有效增加商品的曝光率，还能激发潜在消费者的购买欲望，促成交易。常见的促销方式包括发放优惠券、满减、打折等。下面设置店铺通用优惠券，优惠时间为"2024-05-15 00:00:00—2024-05-30 23:59:59"，开始透出时间为"2024-05-05 00:00:00"，面额门槛为"满 30 元减 5 元"，发放量为 1000 张，每人限领一张，并设置到期提醒。其具体操作如下。

（1）进入千牛商家工作台，将鼠标指针移至"营销"选项卡上，选择"营销活动"栏下的"营销工具"选项，选择"店铺引流"栏下的"优惠券"选项，如图 2-39 所示。

扫一扫

设置商品促销活动

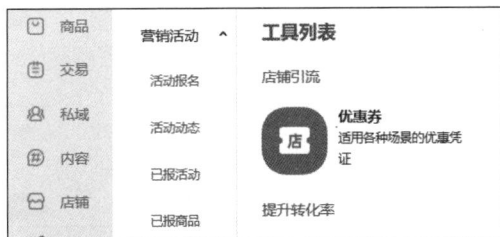

图 2-39　选择"优惠券"选项

（2）打开"优惠券"页面，单击"新建店铺券"选项对应的 新建 按钮，如图 2-40 所示，打开"新建优惠券"页面。

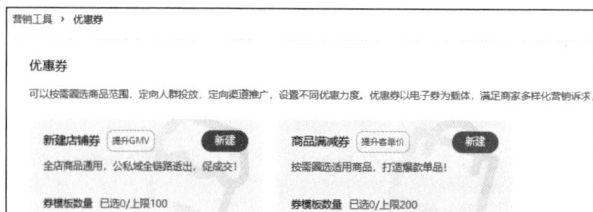

图 2-40　单击"新建"按钮

（3）保持"推广方式"栏的默认设置，在"名称"栏中输入优惠券名称，这里输入"通用店铺券"，设置"使用时间"为"2024-05-15 00:00:00　2024-05-30 23:59:59"，单击选中"到期提醒"复选框，设置"开始透出时间"为"2024-05-05 00:00:00"，如图 2-41 所示。

（4）在"优惠信息"栏中设置"面额门槛"为"满 30 元减 5 元"，设置"发放量"为"1000"张，每人限领"1"张，如图 2-42 所示，单击 提交风险校验 按钮，即可创建成功。

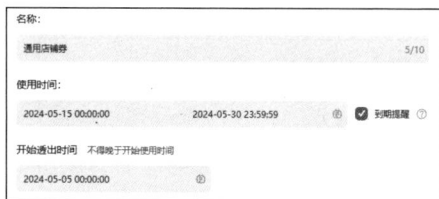

图 2-41　设置优惠券的名称和时间

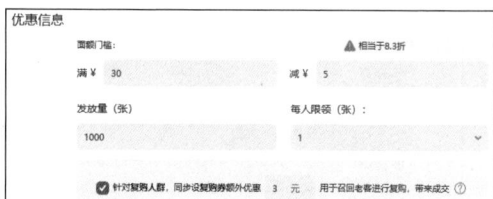

图 2-42　设置优惠券的优惠信息

四、管理商品订单

管理商品订单是指消费者下单后，商家对其订单进行的发货、改价、退款处理、交易关闭等操作。

（一）订单发货

消费者下单后，商家需尽快安排发货，其具体操作如下。

（1）将鼠标指针移至千牛商家工作台左侧的"交易"选项卡上，在打开的列表中单击"订单管理"栏下的"已卖出的宝贝"选项，在打开的页面中单击"等待发货"选项卡查看已卖出但尚未发货的商品，然后单击 发货 按钮，如图 2-43 所示。

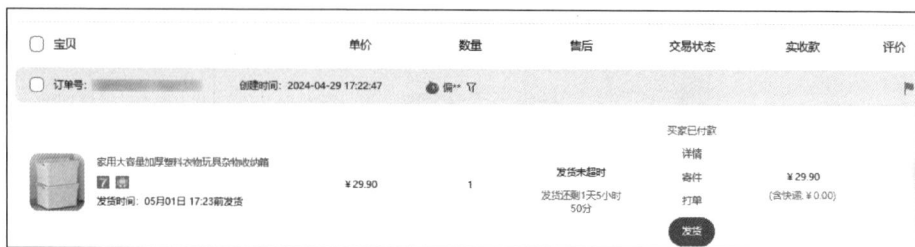

扫一扫

订单发货

图 2-43　单击"发货"按钮

（2）打开"开始发货"页面，确认订单信息、发货/退货信息无误后，在"3.选择发货方式"栏中选择发货方式，这里单击"商家配送"选项卡，输入配送员的姓名和电话后，单击 确认并发货 按钮，如图2-44所示。

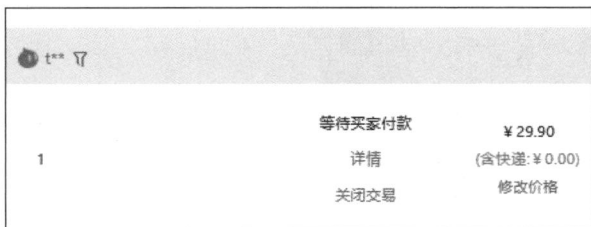

图2-44　确认发货

专家指导

　　淘宝网提供多种发货方式，"自己联系物流"需自主上传快递单号后再选择快递公司；"在线下单"现已更改为千牛寄快递，千牛将提供多种快递方案；"菜鸟裹裹"较为便捷，且保障性较强，商家无须回传单号，还提供隐私面单等功能；"无须物流"适用于无须配送的商品（如虚拟物品）；"同城配送"适合商家和消费者距离较近的情况；"商家配送"则由商家自行配送；若需要将商品发往国外，可选择"国际发货"；若商品重量较重或体积较大，则可选择"大件快运"。

（二）订单改价

　　在销售商品时，可能会遇到议价的消费者。若同意消费者的议价请求，便需要修改订单价格。修改订单价格只针对交易状态为"等待买家付款"的订单，当消费者提交订单但取消支付时，订单的状态就会变成"等待买家付款"。

　　下面为某回购的消费者设置优惠价格，其具体操作如下。

　　（1）进入"已卖出的宝贝"页面，单击"待付款"选项卡，找到需要修改价格的订单，单击其对应的"修改价格"超链接，如图2-45所示。

扫一扫

订单改价

图2-45　单击"修改价格"超链接

　　（2）打开"修改价格"对话框，在"优惠金额"文本框中输入"25"，如图2-46所示，单击 确认提交 按钮，完成订单价格的修改。

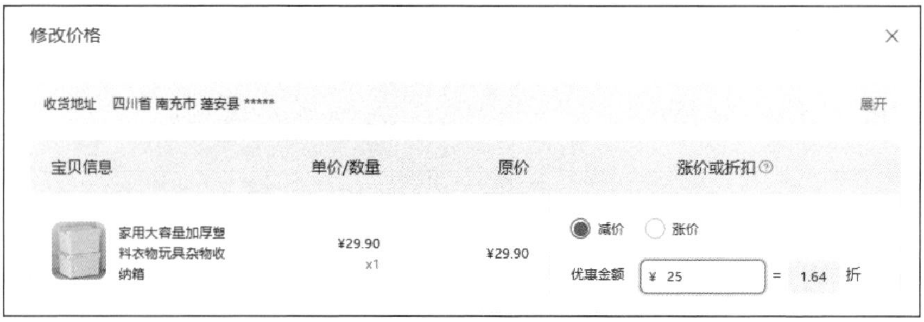

图 2-46　输入优惠金额

（三）退款处理

在商品交易的过程中，当消费者不需要已购买的商品，或由于某种原因申请退货或者退款时，一般会向商家提出退款申请，双方协商一致即可进行退款。其具体操作如下。

（1）在千牛商家工作台左侧的"交易"选项卡下选择"订单管理"栏的"退款管理"选项，进入"退款管理"页面，查看申请退款的订单信息，如图 2-47 所示。

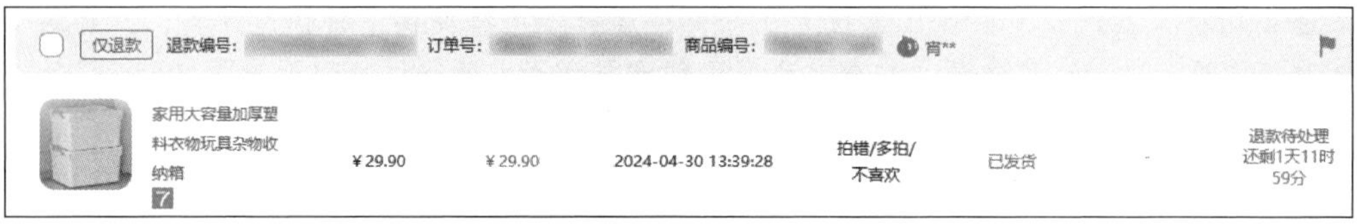

扫一扫

退款处理

图 2-47　查看申请退款的订单信息

（2）确认无误后单击"退款待处理"超链接，进入"退款售后详情"页面。如果同意退款，则单击 网您退款 按钮，如图 2-48 所示，在打开的页面中输入支付密码即可完成退款。

图 2-48　同意退款

处理退款申请时，商家应先与消费者沟通，了解具体情况后再决定如何处理。一般来说，退款申请建议买卖双方协商解决，否则淘宝网客服介入后，若判定为商家责任，会影响店铺的退款纠纷率。

（四）交易关闭

当消费者需要取消购买、重新下单时，商家可以在"已卖出的宝贝"页面取消该订单。其方法为进入"已卖出的宝贝"页面，找到需要关闭的订单，单击其对应的"关闭交易"超链接，如图 2-49 所示。在打开的"关闭交易"提示框中选择交易关闭的原因，单击 确定 按钮关闭交易。

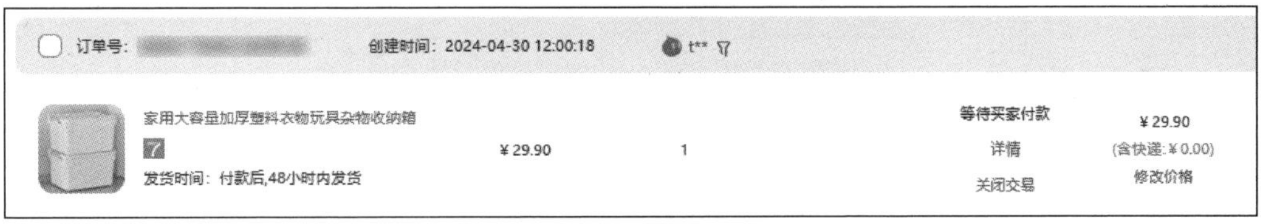

图 2-49　单击"关闭交易"超链接

任务实训　上架新品并设置促销活动

一年一度的"6·18"大促活动即将来临，张晓晨打算上架仓库中一款新的上衣，以观察消费者的消费喜好，为后续上架商品提供参考。为增强该款上衣的吸引力，张晓晨打算针对该款上衣设置优惠券。

【实训要求】

（1）上架新款上衣。

（2）为新款上衣设置优惠券，设置使用时间为"2024-05-20 00:00:00　2024-05-30 23:59:59"，开始透出时间为"2024-05-15 00:00:00"，面额门槛为"满 200 元减 10 元"，发放量为 1000 张，每人限领 1 张，并设置到期提醒。

【实训步骤】

（1）进入千牛商家工作台，在"我的宝贝"页面找到需要上架的新款上衣，单击其对应的"更多"超链接，在打开的下拉列表中选择"立即上架"选项，在弹出的"立即上架"对话框中单击 确定 按钮，上架商品。

（2）将鼠标指针移至"营销"选项卡上，选择"营销活动"栏下的"营销工具"选项，选择"店铺引流"栏下的"优惠券"选项，打开"优惠券"页面，单击"新建店铺券"选项对应的 新建 按钮。

（3）打开"新建优惠券"页面，在"基本信息"栏中设置优惠券的名称、使用时间和开始透出时间，在"优惠信息"栏中设置面额门槛、发放量和领取限制，然后设置到期提醒并取消针对复购人群设置优惠券，如图 2-50 所示，单击 提交风险校验 按钮，完成优惠券创建操作。

图 2-50　设置优惠券

课后练习

1. 选择题

（1）【单选】茉白是一个新兴服装品牌，目标消费群体为 18～24 岁的年轻人，其适合入驻哪个电子商务平台？（　　）

A. 淘宝网　　　B. 天猫商城　　　C. 京东商城　　　D. 拼多多

（2）【单选】下列选项中，不适合入驻拼多多的是（　　）。

A. 中小企业　　　　　　　　B. 有品牌影响力的商家

C. 追求性价比的商家　　　　D. 农产品供应商

（3）【多选】下列选项中，属于常见的电子商务平台的有（　　）。

A. 淘宝网　　　B. 拼多多　　　C. 天猫商城　　　D. 京东商城

（4）【多选】下列选项中，不属于京东商城入驻模式的是（　　）。

A. SOP　　　B. 京喜合作模式　　　C. SOP 入仓店铺　　　D. 自营合作模式

（5）【多选】下列选项中，属于详情描述设计要求的有（　　）。

A. 引起注意　　　B. 提升兴趣　　　C. 建立信任　　　D. 消除疑虑

2. 简答题

（1）简述各电子商务平台的适用人群。

（2）简述长标题和导购标题的特点。

（3）简述商品主图和详情描述的设计要点。

3. 实操题

（1）假设你拥有一家名为"启智"的文具店，其以琳琅满目的创意文具和温馨舒适的购物环境在当地小有名气，现在需要拓展线上市场，开设一家网上店铺。请你以个人身份开通店铺，并设置店铺名称和标志（配套资源:\素材\项目二\文具店铺头像.jpg）。

（2）发布一款经典的中性笔，该款笔采用速干墨，可确保字迹干净整洁，提供黑色、红色、蓝色3种颜色，不仅有子弹头和针管头可选，还有0.5mm和0.38mm两种粗细规格，其下半部分采用柔软握胶，以避免手指变形，笔上还有笔夹，可随意别在书本上，方便易携。该款中性笔每盒装12支，价格为15.9元一盒。其中主图、详情描述和运费的设置要求如下。

- 为中性笔设计商品主图和详情描述（配套资源:\素材\项目二\文具主图.png、"文具"文件夹），主图需体现品牌名称和商品价格；详情描述需在显眼位置展示品牌名称；简单提炼中性笔的卖点，并添加至合适的位置；突出展示柔软握胶设计。
- 设置一个名称为"包邮文具"、是否包邮为"包邮"、计价方式为"按件数"、运送方式为"快递"的运费模板。

（3）修改中性笔的属性为"可擦"，并对其进行上架和下架操作。

（4）若有订单成交，根据与消费者的协商，进行订单的改价、取消等操作。

PART 03

电子商务的物流及支付管理

经营淘宝店铺一段时间后，张晓晨家的商品品质和服务得到了很多消费者的认可，淘宝店铺的销售情况也越来越好。但张晓晨发现当前的物流成本较高，于是她决定重新评估并选择合作的快递公司。此外，某一天，张晓晨的母亲告诉她，在门店销售服装时，一位消费者因店内不能扫码付款而放弃了购买商品，为解决这一问题，张晓晨打算让父母开通在线收付款，并进行支付设置。

知识目标

- 熟悉电子商务的物流模式。
- 了解常见的物流公司。
- 掌握智慧物流的技术和应用。

技能目标

- 能够做好电子商务的仓储管理。
- 能够灵活运用多种电子商务支付方式。
- 能够采取有效措施防范电子商务的支付风险。

素养目标

- 具备创新思维，主动探索新的物流解决方案。
- 提高安全防范意识及支付风险的辨别能力。

引导案例

2007年，京东开始自建物流。2009年，京东开始筹划打造"亚洲一号"。2017年4月，京东物流正式成立。2014年10月，京东位于上海的亚洲一号仓库正式投入使用。2023年，京东物流先后在青岛、昆山、兰州等城市新开、升级亚洲一号。截至2021年9月30日，全国"亚洲一号"已达到41座。

亚洲一号是京东物流自建的在亚洲范围内建筑规模较大、自动化程度较高的现代化智能物流项目之一。通过在商品的立体化存储、拣选、包装、输送、分拣等环节大规模应用自动化设备、机器人、智能管理系统，来降低成本和提升效率。

在硬件方面，亚洲一号无人仓配置了无人叉车、堆垛机、Kiva机器人、六轴码垛机器人及交叉带分拣系统等设备。这些设备协同作业，无缝对接商品从接收到出库的各个环节。特别是高密度存储货架和穿梭车立库系统的应用，极大地提升了仓库空间利用率及存储效率。智能分拣机器人AGV依托其灵活的移动能力和多样化的功能配置，在分拣流程中扮演着关键角色，确保货物快速准确地流转。

在软件方面，无人仓操控全局的智能控制系统是京东自主研发的"智慧大脑"。这个智能控制系统在0.2秒内可以计算出300多个机器人运行的680亿条可行路径，并做出最佳选择。同时，智能控制系统还具备高速的反应速度，仅为0.017秒，这使得无人仓的运营效率得到显著提升。此外，无人仓的仓库管理、控制、分拣和配送信息系统等均由京东开发并拥有自主知识产权，整个系统均由京东总集成。

京东亚洲一号无人仓的建设和运营，不仅提升了物流效率，降低了运营成本，而且通过智能化的物流系统，提高了服务质量。物流作为电子商务生态圈中不可或缺的一环，其效率和智能化水平直接影响着消费者的购物体验。京东在物流方面的探索，不仅推动了电子商务物流的革新与发展，更为整个行业树立了新标杆。

任务一　认识电子商务物流

要将商品快速、安全地送到消费者手中，主要依靠物流来实现。张晓晨了解到电子商务物流存在不同的模式，各模式的代表平台及提供的服务也各有差异，于是她决定先深入了解电子商务物流的相关内容，然后根据店铺实际情况选择合适的物流公司合作。

一、电子商务的物流模式

物流是指商品随时间在空间上的移动，具体指流通环节中的仓储包装和采购配送等。物流模式是指物流配送的方式，目前电子商务主要有5种物流模式。

（一）自建物流

自建物流是指社会市场中自营型的企业或组织，通过其自身的发展经验及各方面所具备的独特优势，独立组建物流中心，从而有效地实现对企业内各部门之间的物品自由供应。这类电子商务企业的主要经济来源不在于物流，只是其有能力承担物流业务并从中获利。

该模式适合资金和实力雄厚的企业，如京东、海尔等。在自建物流模式下，企业可以监控物流配送的全过程，利用企业的丰厚资源降低物流成本，为消费者提供个性化、优质的物流服务。其缺点是企业需要投入较多的资金，配备相应的物流人员，这会增加企业的投资负担，同时分散企业的主业，而且在销售不佳、物流业务较少时容易造成物流资源闲置。

（二）第三方物流

第三方物流又称为委外物流或合约物流，是指独立于供需双方的第三方为其他公司提供物流服务，或者与相关物流服务的行业者合作，为其他公司提供更完整的服务。由于技术先进、配送体系较为完备，第三方物流已成为电子商务物流配送的理想方案之一，适合中小企业。

第三方物流是相对于自建物流而言的，图 3-1 所示为第三方物流的优缺点。在第三方物流模式下，企业将自己不擅长的物流业务交给能提供专业物流服务的第三方物流公司，不仅可以减少固定资产投资，还能整合各项物流资源、降低物流成本、提高物流效率。例如，拼多多的小商家与韵达快递、中通快递等物流公司合作，由这些物流公司负责商品的运输。但相应地，企业对物流的控制能力也会大大降低，一旦第三方物流公司在运送环节出现问题，就可能造成较大的损失。

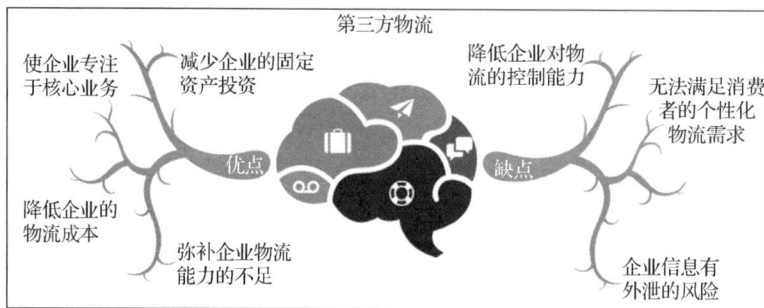

图 3-1　第三方物流的优缺点

（三）物流联盟

物流联盟是指企业（包括制造企业、销售企业、物流企业等）基于正式的协议而建立的一种物流合作关系，参加联盟的企业汇集、交换或统一物流资源以谋取共同利益，同时企业仍保持各自的独立性。

物流联盟能够实现物流设备、技术、信息、管理等资源的共享，减少重复劳动，从而提高物流效率，降低物流成本。目前，国内已有不少物流联盟，在 AI 技术的驱动下，2024年 3 月，首个专注于大模型应用研究与实践的联盟"物流智能联盟"成立，该联盟由中国物流与采购联合会、阿里云、菜鸟、高德地图、中远海运、东航物流、圆通速递、申通快递、中通快递、德邦快递等在 2024 数智物流峰会上共同成立。

（四）第四方物流

第四方物流是在第三方物流和物流联盟的基础上发展起来的物流模式，它调集和组织自己及具有互补性的服务提供商的资源、能力和技术，从而提供一个综合的物流解决方案。第四方物流的核心竞争力是对整个物流供应链和物流系统的整合和规划。

第四方物流的典型代表是菜鸟网络。菜鸟网络负责搭建平台，然后对接物流网络中更多专业从事仓储配送的企业。简单来讲，菜鸟网络搭建物流信息的调配平台，利用互联网及电子商务技术，通过整合数据、仓储、配送平台，协调利用基础设施，最终为消费者提供优质的物流服务。

　　第三方物流、物流联盟和第四方物流都是物流外包业务，区别在于各模式中企业之间的合作程度不同。第三方物流模式下，企业间的合作可能是暂时的、短期的；物流联盟模式下，企业间是战略合作关系；第四方物流模式下，企业之间共享一个物流系统。

（五）即时物流

　　即时物流是随着移动互联网和 O2O 本地生活的发展而衍生的物流模式，它指的是不经过仓储和中转而直接从门到门的送达服务，多运用于外卖平台（如美团、饿了么）、生鲜电子商务（如朴朴）、商超（如大润发）等。这种模式能够满足消费者对效率和即时性的高要求。

　　在实际操作中，消费者通过线上交易平台下单，线下实体零售商线上接单，然后由配送员执行配送。一般情况下，从消费者下单到拣货打包，再到商品配送的整个环节可以在 60 分钟内完成。

二、常见的物流公司

　　目前我国主流的物流公司有广州顺丰速运有限公司（以下简称"顺丰速运"）、京东物流运输有限公司（简称"京东物流"）、中国邮政速递物流股份有限公司（简称"邮政速递"）、中通快递股份有限公司（简称"中通快递"）等，其特点、速度与价格信息等如下。

（一）顺丰速运

　　顺丰速运是一家快递物流综合服务商，提供快递、仓储、配送等一站式物流解决方案，以其快速、安全、准确、高效的服务受到消费者喜爱，但偏远地区没有设立服务网点，服务费用较高。顺丰速运的快递业务主要包括顺丰特快和顺丰标快，如图 3-2 所示。两者的区别主要是配送时间不同。

图 3-2　顺丰速运的快递服务

（二）京东物流

　　京东物流主要服务于京东电子商务平台，提供仓配、快递快运、大件、冷链和跨境等物流服务，如图 3-3 所示。京东物流以快速、准时著称，能实现从附近仓库快速发货。京东物流的"211 限时达"服务在部分地区实现了上午下单、下午送达的极速体验。

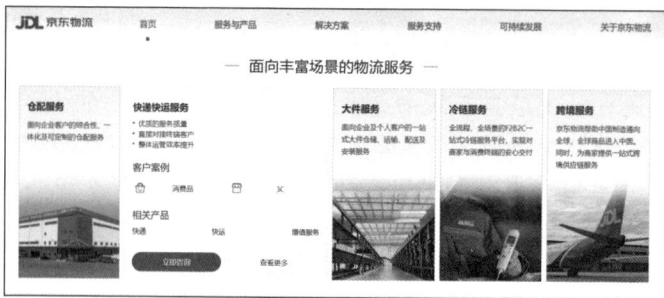

图 3-3　京东物流的物流服务

（三）邮政速递

邮政速递的服务网络覆盖全国，甚至延伸至偏远乡村，提供国际和国内物流服务，包括国内特快专递、代收货款、国内收件人付费等业务。其中，国内特快专递是邮政速递的精品业务，运营规范、快递网点多，具有速度较快、运送安全、支持送货上门、可跟踪物流信息等特点；其缺点是费用偏高。图 3-4 所示为邮政速递的快递服务和物流服务。

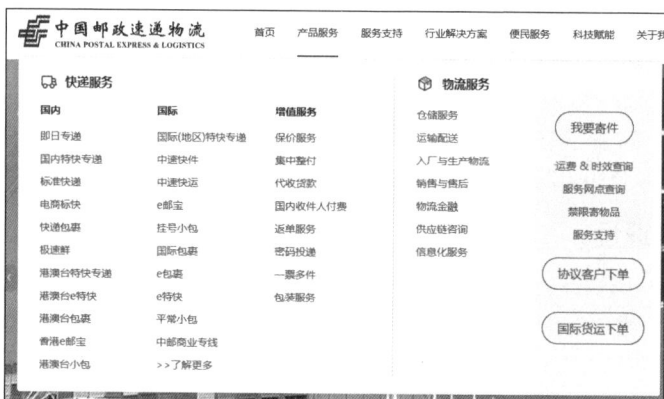

图 3-4　邮政速递的快递服务和物流服务

（四）中通快递

中通快递是一家集快递、物流、电子商务业务于一体的国内物流快递企业，提供中通好快、普件、大件等物流服务，如图 3-5 所示。总体来看，中通快递的速度、价格都较为适中，送达范围较广，能满足大多数日常快递需求。

图 3-5　中通快递的物流服务

三、电子商务的仓储管理

仓储管理即对仓库和仓库中储存的物资进行管理。随着电子商务的快速发展，仓储管理的重要性日益凸显，它不仅关系到库存成本、物流效率，还直接影响消费者满意度。电子商务的仓储管理主要包括以下流程。

（一）入库管理

入库管理是仓储管理的第一步，一般包括收货验货、上架和入库登记3个步骤。

（1）收货验货。商品到达仓库后，首先进行收货作业，然后检查商品的质量、数量、规格等，确保商品准确无误。

（2）上架。根据商品属性或特点（如体积、重量、销量等）将其分类存放至指定的货架或存储区，以便于后续进行拣选和发货。

（3）入库登记。编写入库登记表格，记录商品的入库时间、数量、存放位置等信息，确保库存数据的准确性。

（二）库存管理

库存管理就是对货物出入库的管理，通过有效管理和实时监控库存水平，可以确保库存水平适当。

（1）盘点库存。定期或不定期进行库存盘点，有助于发现过期、损坏或滞销的货物，及时进行处理，避免损失。

（2）监控库存。了解库存的变动情况，可以确保库存水平处于合理范围内。商家可以使用库存管理系统实时监控货物的入库、出库、移动等动态信息，还可以设置库存预警，如当某商品的库存量较低时发出预警通知。

（3）调整库存。根据市场需求、销售预测和生产计划等因素，灵活调整库存水平，包括增加或减少库存。例如，针对销售缓慢的商品，及时减少库存，增加畅销商品的库存。

（三）出库管理

出库工作主要是在接收商品订单后，将商品从仓库中提取出来，然后选择物流公司配送商品。

（1）商品出库。根据订单信息将商品从仓库中取出，并填写商品出库表，登记商品出库信息。

（2）配送发货。选择合适的物流公司并通知其取货，将商品准时送达消费者手中。

四、智慧物流

随着技术的不断进步和电子商务的蓬勃发展，市场对高效物流服务的需求不断增长。为降低物流成本、提高企业利润，智慧物流应运而生。

（一）智慧物流的定义

2009年，中国物流技术协会信息中心、华夏物联网和《物流技术与应用》编辑部共同提出智慧物流的概念，他们对智慧物流的定义是："智慧物流就是指在原有的物流的基础上，利用智能化的技术，使得物流系统在某种程度上拥有人类智慧，从而自主处理相关物流事件或是突发状况。"

此后，不同的学者对智慧物流也作了不同的定义。总的来说，智慧物流是指运用先进的信息技术和数据分析方法，通过对整个供应链的智能化管理和优化，实现物流过程的高效、智能、低成本、可追溯、可控制。这一概念涵盖了物流和供应链管理领域中的各个环节。

（二）智慧物流的技术

智慧物流的产生和发展依赖多种先进技术，这些技术作用于整个供应链，极大地提升了物流效率与服务质量。

1. 仓内技术

仓内技术的运用可以使仓储过程更加智能化、高效化，提高仓库的整体运作水平，同时降低人力成本和减少操作错误。仓内技术主要包括以下几种。

（1）分拣机器人。使用分拣机器人分拣、打包和处理货物，如图 3-6 所示，这些机器人可以根据预定的路径或通过感知环境来执行任务，大大提高了分拣速度和准确性。

（2）**可穿戴设备**。通过佩戴智能眼镜、手持设备或其他可穿戴设备，用以获取实时信息、导航到货架位置、扫描商品条码等。这有助于简化操作流程，提高工作效率。

（3）**无人驾驶叉车**。使用无人驾驶技术的叉车自动移动货物，执行装卸任务，如图 3-7 所示。无须人工驾驶提高了叉车的运行效率，减少了搬运操作时间。

图 3-6　分拣机器人 　　　　　　　　图 3-7　无人驾驶叉车

（4）货物识别技术。利用射频识别（Radio Frequency Identification，RFID）、条形码扫描和计算机视觉等技术，准确而高效地识别货物。这有助于实现货物的实时跟踪、准确计数和库存管理。

2. 干线技术

干线技术主要是指无人驾驶卡车技术，无人驾驶卡车技术是指在运输领域，卡车能够在没有人类驾驶员的情况下自主行驶，并进行导航和执行运输任务的技术。这一技术的实现通常涉及先进的传感器技术（如激光雷达、超声波传感器等）、AI、先进的通信技术（如5G）和安全系统（如紧急制动系统）。

3. "最后一公里"技术

在智慧物流中，"最后一公里"技术主要包括 3D 打印与无人机。

（1）3D 打印。3D 打印又称增材制造，是一种通过逐层堆积材料来创建三维物体的制造方法，如图 3-8 所示。3D 打印支持从数字设计文件中直接制造物体，一旦 3D 打印技术成熟并大规模投入使用，商品就可以在离消费者最近的服务站点进行制造，供应链的模式很可能变为"城市/社区内 3D 打印+同城配送"。

（2）无人机。无人机配送（见图 3-9）适用于人口密度相对较小、难以到达的区域，如用于农村配送。无人机可以通过空中直线路径迅速交付小包裹和急件，节省时间并提高效率。

图 3-8　3D 打印

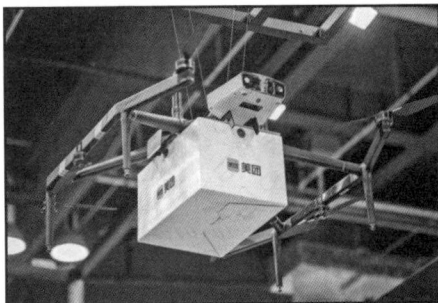

图 3-9　无人机配送

4．末端技术

智慧物流的末端技术主要指智能快递柜。这是一种在物流配送的末端阶段应用的技术，通过在社区、商场等地设置智能快递柜，实现快递包裹的安全存放和消费者自主取件。这项技术通过提供便捷的自助服务，解决了"最后一公里"配送时消费者无法及时收货的问题，提高了配送的灵活性。目前，常见的智能快递柜是丰巢快递柜。

5．智慧数据底盘技术

智慧数据底盘技术是指在智慧物流领域支撑和驱动整个系统运行的关键技术基础，主要包括物联网、大数据和人工智能。物联网提供实时数据，大数据进行深度分析，人工智能赋予系统智能决策和操作的能力，三者相互依存、相互支持，共同构建智慧物流的技术底座。

（1）**物联网**。通过连接传感器、设备和物体，物联网实现了对物流过程的实时监控和数据采集。采集数据包括货物位置、温湿度、运输车辆状态等，为后续的数据分析和决策提供了基础。

（2）**大数据**。大数据技术通过处理和分析大规模数据，可以帮助商家优化物流运作，其主要应用于需求预测、设备维护预测、供应链风险预测和网络优化布局等方面。

（3）**人工智能**。人工智能的应用场景包括智能运营规则管理、仓库选址、决策辅助、图像识别、智能调度等。通过机器学习等技术，人工智能赋予系统自学习、自适应的能力，实现更智能、更自动化的决策和操作。

（三）智慧物流的应用

近年来，我国的智慧物流取得显著进步，也广泛应用于电子商务领域。

1．智慧仓储

智慧仓储是一种通过将仓储数据接入互联网系统，利用提取、运算、分析、优化和统计等方法，再通过物联网、自动化设备、仓储管理系统、仓库控制系统等实现对仓储系统的智慧管理、计划与控制的先进模式。智慧仓储的典型应用是无人仓，如图 3-10 所示。

图 3-10　无人仓

具体来说，智慧仓储利用物联网技术在仓库内部安装传感器和设备，实现对库存、货架和货物的实时监控。通过自动化设备，如机器人和智能搬运设备，提高仓库操作效率。同时结合大数据分析历史仓储数据，优化库存管理、预测需求，全面提升仓储效率。

2. 智慧物流包装

智慧物流包装是一种结合先进技术的创新型包装方式，旨在提高物流效率、安全性，以及对货物状态的实时监测和管理。这种包装利用物联网、传感器、大数据分析等先进技术，使得包装不仅是保护货物外壳的容器，更成为能够主动参与物流过程、实时反馈信息的智能工具，从而满足当代的物流需求。例如，在冷链物流中加入温控传感器，全程监测和记录包装箱内的温度，确认商品在物流过程中是否出现过脱温现象。

3. 智慧物流配送

智慧物流配送是利用先进的技术和创新的方法对物流配送过程进行优化和智能化的一种方式。这种模式整合物联网、大数据分析、人工智能等技术，以提高配送效率、降低成本、提升服务质量。智慧物流配送的典型应用场景有以下几种。

（1）**路线优化**。利用大数据分析和实时交通信息，智慧物流配送可以优化配送路线，选择最短、最经济的路径，从而减少配送时间和成本。

（2）**智能调度**。基于人工智能算法，智慧物流配送能够智能地对配送任务进行调度，考虑到交通状况、货物种类、配送地点等因素，使得配送车辆得到更加合理地分配和调度。

（3）**自动化配送**。利用自动驾驶技术和机器人等自动化设备，智慧物流配送可以实现无人机、自动驾驶车辆等自动完成一部分或全部配送任务。

（4）**容错处理**。智慧物流配送系统能够及时处理配送过程中的异常情况，如交通堵塞、配送地址错误等，以确保顺利完成配送任务。

4. 智慧物流园区

智慧物流园区是指通过整合先进的信息技术和物流设备，以提高园区内物流运作效率、降低成本、提升服务水平为目标的物流园区。相对于传统的物流园区，智慧物流园区在智能视频监控、智能装车、智能分拣及智能视觉等方面有着显著的特点。

（1）**智能视频监控**。采用云计算＋终端设备的云计算架构，通过物流场景中的视觉算法学习，实时预警异常情况，提高园区内物流工作的整体效率，使物流工作更加透明。

（2）**智能装车**。根据订单和可用车辆，通过码放位置算法生成匹配关系，指导司机装车及码放，实现有序化装车，提高装车工作效率和装载率。

（3）**智能分拣**。集成人工智能、分拣机器人等技术，实现自动化代替人工操作，提高分拣操作效率，从入库到拣选、打包、分拨等物流全链路都实现自动化，改变传统人力集中操作的模式。

（4）**智能视觉**。利用智能视觉识别指定区域的人、车、货，判断车辆停靠、通道占用、人员操作和货物堆积情况，实现对园区内环境的实时监测和预警。

素养提升

党的二十大报告提出，"加快发展物联网，建设高效顺畅的流通体系，降低物流成本"。智慧物流通过信息化、自动化和智能化处理，能在多个环节提升效率和降低成本，对于建设高效顺畅的流通体系具有重要意义。

任务实训　选择合适的物流公司

在深入研究多家物流公司的服务后，张晓晨计划为近期的订单安排发货。鉴于之前的快递费用过高，她决定重新选择一家物流公司合作。由于大多数消费者对快递的时效性并无过高要求，张晓晨计划重点考量快递的价格。为确定合作对象，张晓晨打算使用广东省佛山市顺德区乐从镇这一收货地址，查询并比较不同物流公司的价格。

【实训要求】

（1）根据收货地址查询各物流公司的价格。

（2）选择价格适中、服务良好的物流公司。

【实训步骤】

（1）确定物流公司。首先，因顺丰速运的价格较高，这里不予考虑；其次，京东物流主要针对京东平台的商品，也不予考虑。因此，最终选择考虑邮政速递和中通快递。

（2）查询邮政速递。进入邮政速递官网首页，单击"运费&时效查询"选项卡，打开查询页面。单击"原寄地"栏下的文本框，在打开的列表中选择"四川省/成都市/青羊区"选项，在"详细地址"栏下的文本框中输入详细地址；单击"目的地"栏下的文本框，在打开的列表中选择"广东省/佛山市/顺德区"选项，在"详细地址"栏下的文本框中输入详细地址，如图 3-11 所示。保持"内件类型"栏和"重量"栏的默认设置，单击 查询 按钮查询，结果如图 3-12 所示。

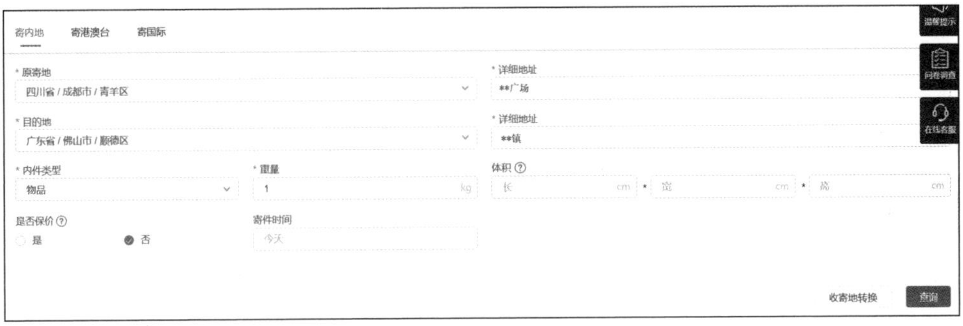

图 3-11　输入原寄地、目的地信息

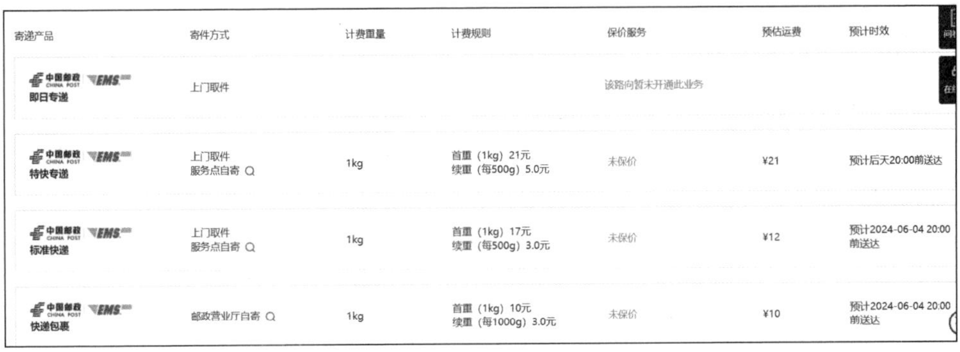

图 3-12　邮政速递查询结果

（3）查询中通快递。进入中通快递官网首页，单击"运费时效查询"选项卡，打开"运费时效查询"页面，单击"商家寄件"选项卡，单击"寄件地"文本框，在打开的下拉列表中单击"省份"选项卡，选择"四川省"选项，然后选择"成都市/青羊区"选项，在其后的文本框中输入详细地址。按照相同的方法设置目的地，单击 ▢查询 按钮查询，如图 3-13 所示。查询结果如图 3-14 所示。

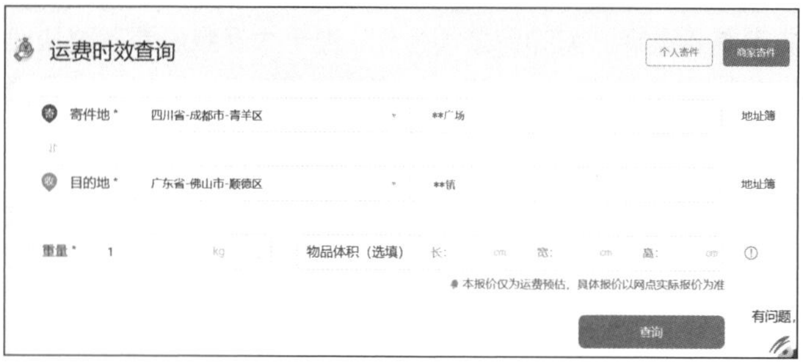

图 3-13　输入寄件地、目的地信息

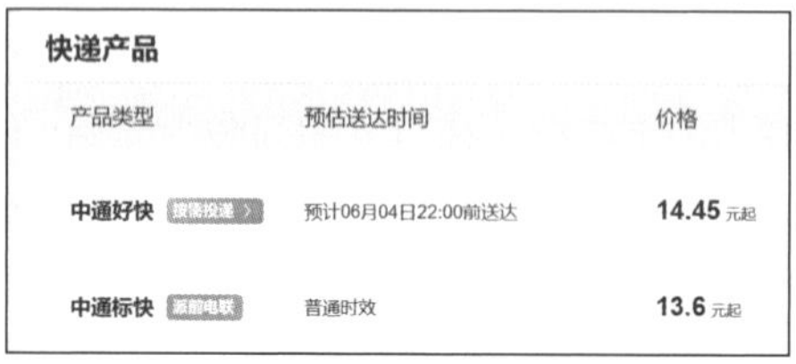

图 3-14　中通快递查询结果

（4）确定合作的物流公司。对比两家物流公司提供的服务方案发现，邮政速递快递包裹和中通快递标准快递相比，前者的价格更低。因消费者对快递时效没有较高的要求，因此这里选择邮政速递。

任务二　了解电子商务支付

电子商务活动的正常开展离不开电子支付，张晓晨发现父母线下收款时仍然多使用现金收付，为方便父母后期的销售活动，张晓晨决定帮助父母深入了解并掌握电子支付的使用方法。

一、网上银行支付

网上银行又称网络银行、虚拟银行或在线银行，是指金融机构利用网络技术在互联网上开设的银行。网上银行实质上是传统银行业务在网络中的延伸，它以互联网作为基础的交易平台和服务渠道，为用户提供开户、销户、查询、对账、转账、信贷、网上证券和投资理财等全方位的服务。

（一）网上银行的分类

按照服务对象分类，网上银行可以分为个人网上银行和企业网上银行。

1. 个人网上银行

个人网上银行主要为个人提供网上银行服务，如账户查询、投资理财和在线支付等，个人用户足不出户就能安全、便捷地操作各项金融服务。个人使用网上银行需要持卡人本人携带身份证、银行卡到开卡银行申请开通个人网上银行，用户需要获得电子证书并成功安装网上银行 App 后，通过互联网访问个人网上银行。

2. 企业网上银行

企业网上银行主要为企业、政府部门等企事业单位服务。企事业单位通过企业网上银行可以了解企业的财务运作情况，开展企业内部资金调配、账户管理、收付款、贷款和投资理财等金融服务。

（二）网上银行的功能

网上银行具有丰富多样的功能，一般包括以下 6 种。

1. 信息类服务

为让用户了解银行的相关业务和服务，网上银行一般会提供基本的信息，主要包括银行的历史背景、企业文化、经营范围、网点分布、业务品质、经营状况，以及最新的国内外金融新闻和企业资讯。

2. 决策咨询类服务

网上银行通常会以电子邮件或电子公告的形式提供银行业务的疑难咨询及投诉服务。

3. 账务管理类服务

网上银行能够提供完善的账务管理服务，包括用户的账户状态、账户余额、交易明细等查询服务；账户自主管理服务，如新账户追加、账户密码修改和账户删除、账户挂失与申请等服务。

4. 转账汇款类服务

通过网上银行，用户可以进行多个账户之间的转账汇款，收款人既可以是个人用户，如图 3-15 所示，也可以是企业用户，或其他商业银行的个人用户，甚至进行全球汇款等。网上银行还可记录用户的转账信息并保存收款人的信息，用户通过收款人名册可以直接选择收款人信息，避免信息重复输入造成失误。

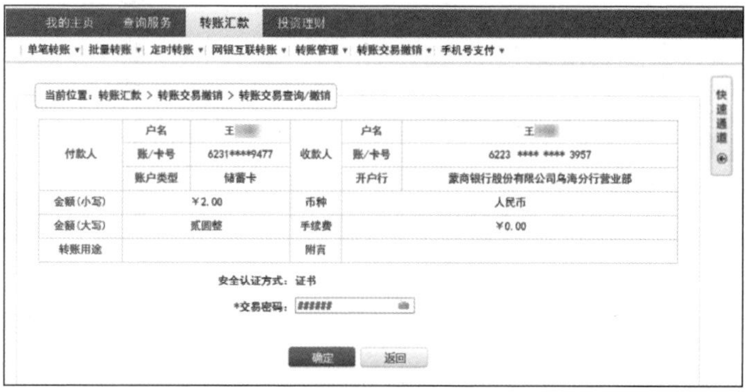

图 3-15　个人用户转账汇款

5. 网上支付类服务

用户在进行电子商务活动时，需要使用网上支付功能来完成资金的转移，保证交易的完整与正常。除此之外，用户还能通过网上银行在网上缴费，如缴纳水费、电费、煤气费和手机话费等日常生活费用；或预先设定缴费的交易时间和交易频率，由系统定时按设置的交易规则自动发起缴费交易。

6. 金融创新类服务

网上银行可以为用户提供智能化、个性化的服务，如金融产品的网上销售，信贷资产的证券化，互联网金融、小微金融和众筹金融服务等。

二、第三方支付

第三方支付是一种网络支付模式，由具备一定实力和信誉保障的非银行机构通过与银联或网联对接促成交易。第三方支付以其轻量化的操作、广泛化的覆盖率和深度化的场景应用，已深度融入消费者的日常生活。

（一）第三方支付的交易流程

在电子商务交易过程中，消费者支付的资金会暂时存放在第三方支付平台，待消费者验收货物后，平台才会将支付款项转至商家账户，这大幅提升了交易的安全性。具体来说，第三方支付的交易流程如图 3-16 所示。

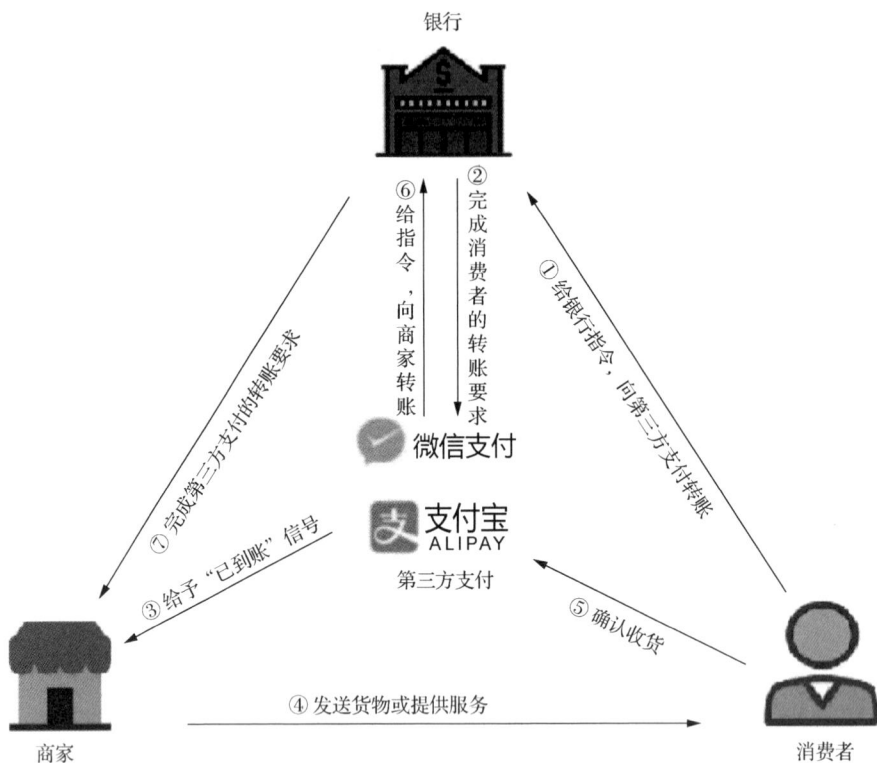

图 3-16　第三方支付的交易流程

（1）消费者选购商品后，使用第三方支付平台账户支付货款。

（2）第三方平台收到货款后，通知商家货款到账并要求商家发货。

（3）消费者收到货物后，向第三方平台确认收货。

（4）第三方平台将款项划至商家账户。

（二）第三方支付平台

支付宝和微信是广泛使用的第三方支付平台，其为消费者提供了便捷的支付服务。

1. 支付宝

支付宝是阿里巴巴旗下的第三方支付平台，致力于提供"简单、安全、快速"的支付解决方案。支付宝提供转账、水电缴费、电影演出购票，以及基金、股票、理财产品购买等多样化的服务，如图 3-17 所示。另外，支付宝还提供多种付款方式。

图 3-17　支付宝的服务

（1）**账户余额**。消费者开通支付宝账户后，可以用该账户收款或者向该账户充值。只要账户有余额，便可以直接使用余额支付。

（2）**网上银行**。消费者开通网上银行后，可在支付时进入该网上银行主页，填写银行卡及相关信息进行支付。

（3）**银行卡快捷支付**。银行卡快捷支付是支付宝联合各大银行推出的全新付款方式，消费者只需校验银行卡信息和身份信息，校验成功后即可开通银行卡快捷支付功能。开通该功能后，消费者选择该方式付款时输入支付密码即可完成付款，无须跳转到网上银行页面，操作十分便捷。

（4）**余额宝**。余额宝是支付宝打造的余额增值服务，消费者可以将闲置资金存入余额宝中获取收益，在付款时可以直接使用余额宝中的资金进行支付。

（5）**花呗**。花呗是支付宝推出的消费信贷产品。消费者申请开通花呗后，将获得特定金额的消费额度。消费者在消费时，可以预支花呗的额度，享受"先消费，后付款"的购物体验。

2．微信

微信是腾讯公司推出的一款多功能即时通信软件，其提供的微信支付服务，允许用户通过微信平台进行在线支付，并且支持多种支付场景，如线上购物、线下支付、转账等，如图 3-18 所示。微信支付一直致力于为用户提供安全、便捷、专业的在线支付服务，并且支持多种支付方式，包括银行卡、零钱和零钱通等，如图 3-19 所示。近年来，微信支付还相继推出人脸支付、指纹支付等新技术，进一步提高了支付的安全性和便捷性。

图 3-18　微信支付

图 3-19　微信支付方式

三、移动支付

移动支付也称为手机支付，是指允许消费者使用其移动终端（通常是手机）对所消费的商品或服务进行账务支付的一种服务方式。随着智能手机的普及和移动互联网技术的进步，移动支付的方式也越来越丰富。

（1）**扫码支付**。扫码支付是通过扫描条形码或二维码读取支付地址，调用手机钱包软件完成支付和资金的转移。扫码支付既可以由商家扫描消费者的付款码（见图 3-20），也可以由消费者扫描商家给出的收款码。

（2）**指纹支付**。指纹支付是采用已成熟的指纹系统进行身份认证，从而完成消费过程的一种新型支付模式。一旦开启指纹支付，消费者在支付和转账时，无须输入密码，只需在手机上按压指纹进行验证即可。

（3）**NFC 支付**。NFC 支付（见图 3-21）是指消费者在支付时采用近距离无线通信技术在手机等手持设备上完成支付行为。NFC 支付需要在线下面对面支付，通常只需要将手机等支付设备在 NFC 识别区域"碰一碰"，不需要使用无线网络。

（4）**刷脸支付**。刷脸支付是基于人脸识别系统的支付方式，消费者使用刷脸支付时不用打开手机 App，只需面对刷脸支付设备的摄像头即可快速完成支付。

图 3-20　扫码支付　　　　　　　　　图 3-21　NFC 支付

四、支付风险及风险防范

电子商务支付在提供便利的同时，也伴随着一些安全风险，可能导致商家或消费者遭受经济损失或信息泄露的风险。

（一）电子商务支付风险

当前，我国电子商务支付领域面临着一系列安全问题，亟待关注和解决。

（1）**信用风险**。由于电子商务交易不是面对面进行交易，交易双方信息不对称问题较为突出。若一方不遵守信用，如违约不履行交易、恶意退货等，另一方可能将蒙受损失。此外，如果第三方支付平台或金融机构的信用出现问题，也可能影响电子支付的顺利进行。

（2）**交易安全风险**。网络钓鱼、诈骗和交易欺诈是常见的交易安全风险。不法分子可能通过伪造网站或发送虚假链接，诱骗消费者提供敏感的财务信息，如信用卡号、密码等。

（3）**技术安全风险**。随着技术的不断发展，黑客攻击手段愈发复杂，系统安全漏洞、数据泄露和恶意软件攻击等风险对电子商务支付构成严重威胁。这些技术风险可能导致支付过程被干扰、消费者数据被窃取或篡改。

（4）**法律和监管风险**。电子商务领域的法律法规尚在完善之中，对新兴支付方式的监管可能存在空白，而这可能导致法律纠纷和监管漏洞。

（二）电子商务支付风险防范

要想降低电子商务支付的风险，消费者可以采取一系列防范措施。

（1）加强安全意识，增强个人风险防范意识，如设置强密码、开启双重验证、不随意点击来源不明的链接等。

（2）选择信誉良好、可靠的第三方支付平台，如支付宝、微信、银联等平台，这些平台具有更为完善的审查与监管体系，可有效保障信息安全和资金安全。

（3）购买商品时要尽量选择有信誉、正规的商家进行交易，购买前也要多了解一些商家的背景信息和交易记录情况。

（4）选择安全的网络环境进行支付，避免连接来源不明的网络。同时，定期清理计算机、手机病毒，避免被恶意软件盗取账户密码和个人信息。

任务实训　体验电子商务支付

为了让父母了解网上店铺资金的流转情况，张晓晨计划指导父母进行支付宝账户的支付设置，并亲身体验支付宝的支付流程。同时，张晓晨还计划启用微信支付的收款功能，通过生成收款码，让线下的消费者能够便捷地扫码支付，从而优化交易体验。

【实训要求】

（1）开通并设置支付宝支付，然后在淘宝购买商品，使用支付宝支付。

（2）开通微信支付并开通收付款功能。

【实训步骤】

（1）开通网上银行。首先陪同父母，带上身份证和银行卡到银行网点的柜台开通网上银行。

（2）添加银行卡。打开支付宝 App，注册并登录支付宝账号，在支付宝首页点击"我的"按钮，然后点击"银行卡"选项，如图 3-22 所示。打开"银行卡"界面，点击 ⊕ 添加银行卡 按钮，如图 3-23 所示。在打开的界面中输入银行卡卡号，确认银行卡信息无误后点击 同意协议并添加 按钮添加银行卡，如图 3-24 所示。

扫一扫

体验电子商务支付

图 3-22　点击"银行卡"选项　　图 3-23　点击"添加银行卡"按钮　　图 3-24　添加银行卡

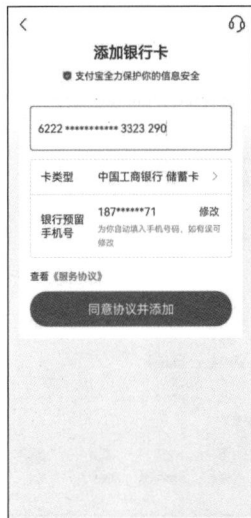

（3）设置支付方式。在"我的"界面点击"设置"按钮⚙，打开"设置"界面，点击"支付设置"选项，在打开的"支付设置"界面中点击"扣款顺序"选项，如图 3-25 所示。在打开的"扣款顺序"界面中点击"自定义扣款方式"栏右侧的"开启"按钮 ▭█，在"按列表顺序扣款"栏下拖曳添加的银行卡至第一位，如图 3-26 所示。

（4）开启指纹支付。返回"支付设置"界面，点击"生物支付"选项，在打开的界面中开启指纹支付，如图 3-27 所示，验证支付密码并完成身份认证，返回"支付设置"界面。

图 3-25 点击"扣款顺序"选项　　图 3-26 自定义扣款方式　　图 3-27 开启指纹支付

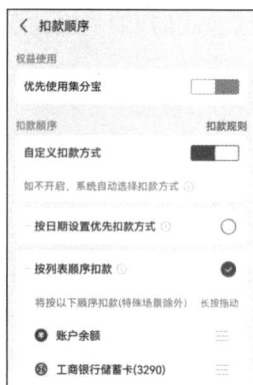

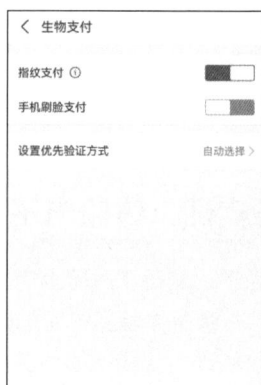

（5）体验支付宝购物。在淘宝中选择心仪的商品，将选定的商品加入购物车，确认无误后去结算。填写或确认收货地址后，选择支付方式为支付宝，并提交订单。输入密码后完成支付。

（6）开通微信收款功能。打开微信 App，点击"我"按钮，再点击"服务"选项，打开"服务"界面，点击"钱包"选项，如图 3-28 所示。打开"钱包"界面，点击"零钱"选项，打开"完善身份信息"界面，点击 去完善 按钮，阅读并同意相关协议，在打开的界面中填写身份信息，如图 3-29 所示。点击 下一步 按钮，完善银行卡信息，点击 下一步 按钮，如图 3-30 所示，同意相关协议。

图 3-28 点击"钱包"选项　　图 3-29 填写身份信息　　图 3-30 完善银行卡信息

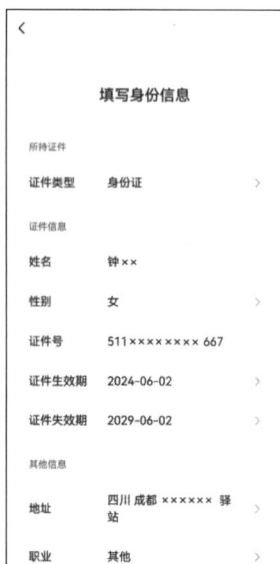

（7）返回"服务"界面，点击"收付款"选项，打开"收付款"界面，同意相关协议后，点击"二维码收款"选项，点击"保存收款码"超链接，保存收款码至相册，然后打印出来放置在线下店铺中。

课后练习

1. 选择题

（1）【单选】（　　）是随着移动互联网和O2O本地生活的发展而衍生的物流模式。

    A. 物流联盟　　　　B. 即时物流　　　　C. 自建物流　　　　D. 第三方物流

（2）【单选】下列选项中，不属于电子商务仓储管理流程的是（　　）。

    A. 入库管理　　　　B. 库存管理　　　　C. 订单处理　　　　D. 出库管理

（3）【多选】下列选项中，属于智慧物流仓内技术应用的是（　　）。

    A. 可穿戴设备　　　B. 智能快递柜　　　C. 分拣机器人　　　D. 无人机

（4）【多选】下列选项中，属于智慧物流配送应用场景的有（　　）。

    A. 路线优化　　　　B. 自动化配送　　　C. 容错处理　　　　D. 智能调度

（5）【多选】下列选项中，属于移动支付方式的是（　　）。

    A. 扫码支付　　　　B. 指纹支付　　　　C. NFC支付　　　　D. 刷脸支付

2. 简答题

（1）简述电子商务的物流模式。

（2）简述智慧物流的应用。

（3）简述电子商务的支付风险。

3. 实操题

（1）现需要邮寄一份重要的文件，请选择合适的快递公司，并在其官网查看收费标准和快递时效。

（2）在支付宝中开通免密支付和指纹支付，并在"市民中心"的"生活缴费"板块中缴纳电费。

PART 04

电子商务的客服管理

网上店铺开设已有一段时间，但由于要兼顾学业，张晓晨没有太多精力回复消费者的咨询消息，导致经常出现回复不及时的问题，这种情况开始影响商品的销量，也影响消费者的购物体验。为解决这一难题，张晓晨准备招聘一名客服，并考虑引入智能客服系统，以帮助处理部分常见问题和咨询，从而提升消费者的购物体验，积累忠实消费者。

知识目标

- 了解电子商务客服的重要性。
- 掌握智能客服的应用。
- 掌握客户关系管理的内容。

技能目标

- 具备客户服务知识和能力。
- 能够做好客户服务工作。
- 能够使用智能客服系统。

素养目标

- 树立自主学习的意识，提升客户服务水平。
- 培养"干一行爱一行"的职业精神。
- 增强服务意识，关注消费者需求。

引导案例

　　随着广大消费者对服务品质要求的提升，各行各业纷纷投入大量精力，投身服务品质的全面升级中。

　　2023 年 9 月，联想凭借智能化服务创新应用、强大的服务布局、贴心专业的服务态度，一举获得"2022 福布斯中国客户服务企业 TOP100"大奖。联想深知服务品质的重要性，多年来，坚持以客户为中心的业务模式升级，从"直接触达"迭代为"客户全周期价值经营"，更凭借"端—边—云—网—智"IT 全架构搭建起服务变革新引擎，以智慧服务引领行业发展。

　　自 2022 年开始，联想全力推进销服一体化，将销售与服务两大职能融为一体。每个联想线下自营体验店都具备"销售+服务"的全面能力，打造"带着问题来、满意回家去"的优质体验。截至 2022 年 9 月，联想已拥有 24000+专业服务工程师及 4400+服务网点，服务网点全国行政区覆盖率达到 100%。销服一体的线下门店持续升级，更实现了一至六级城市 5 公里以内、所有县级以上城市 30 公里以内有联想服务站的全覆盖。

　　在人工智能的浪潮下，联想持续深入布局 AI 技术、应用，提升消费者的智能体验。例如，2023 年"双十一"期间，联想提供一站式服务，主打消费者省力购物，商品配送、售后全程无忧。一是，开启 OMO 极速达服务，消费者只需线上下单，最快 30 分钟送到家；二是，YOGA 拯救者黑金会员可享免费上门服务及维修；三是，购买超 3 台台式机产品即可享"门到桌一站式安装"免费上门服务；四是，百应上门服务新人只需 1 元即可体验。此外，还有手机电池 1 年无忧换服务、计算机外观清洁服务等超值权益赠送，最大程度解决消费者购买商品的后顾之忧。

　　在电子商务蓬勃发展的今天，客户服务能力已成为企业竞争力的重要组成部分。联想以其卓越的服务品质和创新实践，提升了消费者的购物体验。电子商务企业要想取得长远发展，需要在客户服务领域持续创新，坚持以客户为中心，提升客户服务能力，从而提升消费者的满意度和忠诚度。

任务一　认识电子商务客服

　　客户服务质量直接影响消费者的满意度和忠诚度。为在招聘过程中评估客服候选人的能力，张晓晨计划深入学习电子商务客服的专业知识，以了解客服岗位所需的基本能力和素养要求。

一、电子商务客服的重要性

　　电子商务客服能与消费者进行直接的交流，有效沟通可以增强消费者的信任感，提升其购物体验。

（一）塑造店铺形象

　　电子商务客服的服务态度和专业水平直接影响着消费者对网上店铺的印象。一次优质的客户服务能够增强消费者的信任感，树立良好的店铺形象。

（二）提高成交率

　　电子商务客服快速、准确地为消费者提供详尽的商品信息、推荐合适的商品、解答疑虑，能激发消费者的购买意愿，提升成交率。同时，还能在服务的过程中与消费者建立良好的关系，提高消费者的复购率，为商家带来更多的收益。

（三）降低经营风险

商家在开店时难免会遇到交易纠纷、退换货、退款、消费者投诉、平台处罚，甚至诈骗等经营风险，如果电子商务客服非常熟悉商品，且能做到精准推荐，就能有效地控制退换货和退款情况的发生，尽可能地避免交易纠纷；电子商务客服如果将平台规则熟记于心，能够在不触犯平台规则的情况下很好地应对消费者的投诉，就能降低平台对店铺进行处罚的概率；电子商务客服如果具备一定的警惕性，就可以避免被不法分子恶意敲诈等风险。

（四）收集消费者反馈

通过与消费者的交流，电子商务客服可以了解消费者对商品、服务等的反馈，为改进商品或服务提供有价值的信息和建议。

二、电子商务客服的知识和能力储备

电子商务客服作为商家与消费者沟通的重要桥梁，需要具备一定的基础知识和能力，以提供专业、高效的服务。

（一）电子商务客服的知识要求

要想自如地应对消费者的各类咨询、处理消费者遇到的各种问题，电子商务客服需要具备丰富的知识储备。

1．电商基础知识

首先，电子商务客服需要熟悉电商平台的平台规则和交易流程，包括违规规则、发货规则、下单与支付等知识。另外，电子商务客服还要掌握物流查询、退换货政策等方面的知识，以便在处理消费者问题时能够迅速给出正确的解答。

2．商品知识

电子商务客服必须深入了解所售卖商品或服务的特性、功能、使用方法、保养维护等信息，以便准确解答消费者的具体疑问。

3．营销知识

电子商务客服需要了解并熟悉平台的促销策略，如满减、折扣、优惠券等，以便在消费者咨询时能够准确介绍并推荐。同时，还要掌握一些销售技巧，如引导成交法、假设成交法等，以提高成交率。

4．法律法规

电子商务客服需要熟悉电子商务相关的法律法规，包括《中华人民共和国消费者权益保护法》《中华人民共和国电子商务法》等，确保服务过程的合法合规。

素养提升

电子商务客服还需要了解《中华人民共和国广告法》的相关规定，如"广告不得含有虚假或者引人误解的内容，不得欺骗、误导消费者"，广告不得"使用'国家级''最高级''最佳'等用语"，保健食品广告不得含有"表示功效、安全性的断言或者保证"等规定，以便在与消费者沟通时提供准确、真实和合法的信息，避免引起不必要的纠纷。

（二）电子商务客服的能力要求

除了要有必要的知识储备，电子商务客服还需要具备一系列能力。

1．沟通能力

一方面，电子商务客服需要具备清晰、准确的口头表达能力，能够用简洁明了的表述解答消费者的疑问；另一方面，要善于倾听消费者的需求和疑虑，能够给予消费者足够的关注和尊重，以建立良好的客户关系。

2．问题解决能力

面对消费者的各种问题和投诉，电子商务客服要能够迅速分析问题根源，提出合理的解决方案，及时有效地解决问题。

3．团队合作能力

电子商务客服要能够与客服团队成员保持良好的沟通和协作关系，以汇集团队智慧，提升服务效率。

4．软件操作能力

在接待消费者时，电子商务客服不仅需要通过电商平台后台回复消息，还要执行修改订单价格、查询物流等操作，必要时还需要使用平台提供的客户服务工具、物流工具，因此要有一定的软件操作能力。

5．情绪管理能力

在面对大量咨询和投诉时，电子商务客服要能够保持冷静和耐心，不被情绪左右。同时还要具备较强的心理承受能力和自我调节能力，能够在高压环境下保持高效的工作状态。

6．数据分析能力

电子商务客服需要具备数据分析能力，能够通过分析数据，了解消费者的购物偏好，挖掘消费者的真实需求，并为相关部门提供改进建议，优化商品和服务。

素养提升

　　一名合格的电子商务客服应树立服务意识，具备高度的责任心和敬业精神，能够以消费者为中心，关注消费者的需求和体验。

任务实训　挑选客户服务人员

经过学习，张晓晨已经大致有了挑选客服人员的思路。在了解应聘人员的基本情况后，张晓晨确定了两名客服候选人，并准备让他们分享曾经的服务案例，通过服务案例考察他们的客服知识储备、基本能力和服务态度，从而挑选出符合要求的客服人员。服务案例如下。

备选客服人员 1 提供的服务案例（以下简称案例 1）

买家：这款电磁炉安全吗？

客服 1：亲，请您放心，我们这款产品内置集成式 EMC，不裸露更安全。同时，当电磁炉内部温度高于 110℃时会自动断电。另外，此款产品采用的是宽电压设计，使用起来更加安全哦。

买家：家里有小孩，会不会有什么意外？

客服 1：亲，为了安全考虑，尽量不要将电磁炉放在小孩能够到的地方，也不要将电磁

68

电子商务运营管理（慕课版 第2版）

炉放置在铁板、铁桌或不锈钢桌面上使用，做到这些基本可以避免发生意外！

备选客服人员 2 提供的服务案例（以下简称案例 2）

买家：你们怎么回事？我明明买的是羽绒被，怎么给我发的是棉被！

客服 2：亲～我们的商品都是严格按照实物描述的，都是羽绒的哦！

买家：是啊，你们宝贝描述里说的是羽绒被，但我收到的是棉被，羽绒和棉的手感都不同，我还能不知道吗？

客服 2：亲，您说我们发的不是羽绒被，那要提供相应的凭证哦！不能您说是棉被就是棉被吧。

买家：那你这样说，我只能申请淘宝客服介入了。

【实训要求】

从知识储备、基本能力和服务态度 3 个方面分析两名客服候选人的服务。

【实训步骤】

（1）由案例 1 可知，客服 1 了解商品的特点和优势，能给出详细且专业的回答，既能打消消费者的安全疑虑，又含蓄地突出了商品卖点，具有丰富的知识储备。同时，客服 1 在回复消费者的问题时能够抓住问题重点，并给出清晰准确的解答，具备良好的沟通能力。另外，客服 1 的回复用词热情、亲和，具有良好的服务态度。总体来看，客服 1 在知识储备、基本能力和服务态度 3 个方面都有较佳的表现。

（2）由案例 2 可知，客服 2 虽对商品有一定了解，但并没有说明羽绒被与棉被的区别，这表明客服 2 在商品专业知识上有待加强。同时，客服 2 没有主动提出解决方案或询问仓库发货情况以核实真实情况，解决问题的能力有所欠缺。另外，客服 2 在处理问题时的语言较为生硬和冷淡，服务态度还有待改进。

（3）总体来看，客服 2 的知识储备、基本能力和服务态度都较一般，可选择客服 1 作为最终的客服人员。

任务二　做好客户服务

电子商务客户服务的工作内容较多，通常可以分为售前、售中和售后 3 个阶段。由于店铺规模较小，咨询量不多，张晓晨打算由新招聘的客服负责所有客户服务工作。

一、售前服务

售前服务主要是一些引导性的工作，包括接待客户、解答疑问、推荐商品等。

（一）接待客户

当消费者发来咨询消息时，售前客服应主动问好，展现热情的服务态度。同时还要迅速回复消费者的询问，减少消费者等待时间，给消费者留下良好的第一印象。由于不能与消费者面对面交流，售前客服可以掌握一些接待技巧，以拉近与消费者的距离。

（1）**迅速响应。**即时的回复可以让消费者感受到被重视和尊重。

（2）**友好问候。**以友好、专业的问候语开始对话，如"您好，很高兴为您服务！请问有什么可以帮助您的？"

（3）**巧用聊天表情。**巧妙运用各种有趣、可爱的聊天表情可以使枯燥的文字生动起来，展现热情的服务态度。

（二）解答疑问

消费者对商品产生兴趣后，还可能会对商品存在各种疑问。

（1）**商品问题**。商品的价格、材质、成分、尺寸、保养方法等。图 4-1 所示为客服解答消费者关于玩具质量、材质和大小 3 个方面的疑问。

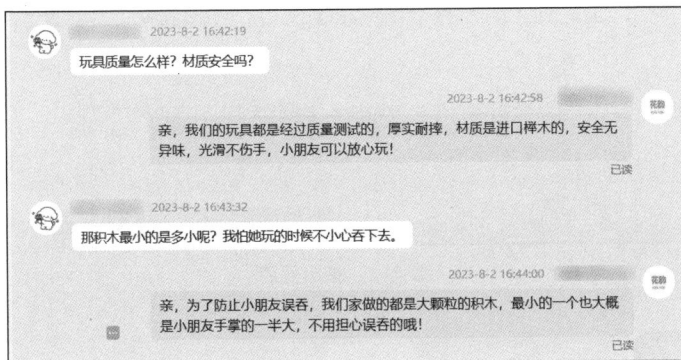

图 4-1　解答商品疑问

（2）**订单问题**。修改地址、订单的处理和跟踪等。

（3）**物流问题**。发货时间、配送方式及送达时效等。

（4）**其他问题**。活动时间、购物金充值、优惠券使用方法等。

要解答消费者的疑问，售前客服应熟悉商品、品牌、物流、交易等相关的知识，对于一些常见问题，可以设置常见问题解答，在回复消费者时快速查找和使用，提高回复效率。

（三）推荐商品

推荐商品主要是帮助消费者快速锁定所需商品，促成交易。在向消费者推荐商品时，首先应该挖掘消费者需求，其次要立足于消费者的兴趣点为其进行关联推荐，最后协助消费者挑选商品并促成交易。

1. 挖掘消费者需求

售前客服可以通过提问的方式挖掘消费者需求。一般可采取封闭式提问和开放式提问两种提问方式。

（1）**封闭式提问**。封闭式提问是在某个范围内提出问题，让消费者按照指定的思路去回答，答案会有一定的局限性或唯一性。例如，"您想要买长款还是短款呢？""您只喜欢黑色这款吗？"

（2）**开放式提问**。开放式提问是提出比较概括、广泛、范围较大的问题，对回答的内容限制不严格，给消费者自由发挥的余地，这样有助于获取更多的有效信息。例如，"您想买什么？""您在购物的过程中有什么问题吗？"

2. 运用商品推荐技巧

通过细致分析消费者的回复，售前客服能够精准捕捉消费者的需求，在掌握消费者偏好的基础上，可以巧妙运用各种推荐策略，提升商品推荐的成功率。

（1）**突出卖点**。即强调商品的独特之处，或与竞品相比的优势，如更优质、更具性价比、独有技术、设计新颖等，体现商品的独特性。例如，图 4-2 所示的对话记录中，售前客服突出了蚊香液加热器防烫恒温的卖点。

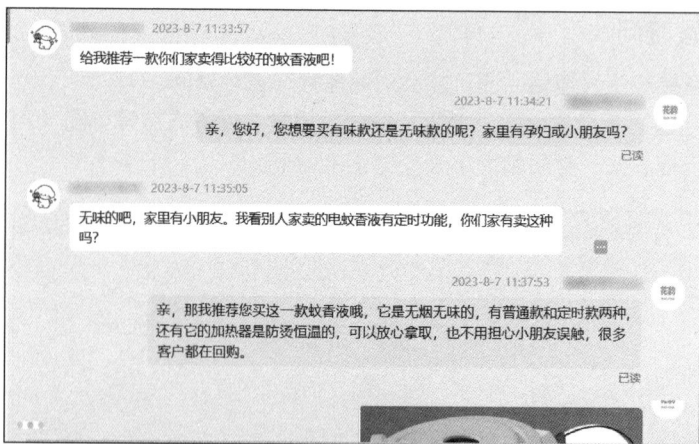

图 4-2　突出卖点

专家指导

　　商品卖点可以通过 FAB 法则来提炼。其中 F 指 Feature，属性；A 指 Advantage，优势；B 指 Benefit，益处。在实际运用中通常按照 F、A、B 的顺序排列，用于阐述商品的属性、优势及能够给消费者带来的益处，让消费者信任商品，进而购买商品。

　　（2）**强调增值服务**。除了介绍商品本身，还可以介绍其可用的增值服务，如定制服务、专业安装等。

　　（3）**推荐关联商品**。在消费者购买某一商品后，可以推荐与其相关的其他商品，以满足消费者的多样化需求。例如，在购买手机时，可以推荐配套的耳机、手机壳等配件。

（四）促成交易

　　在消费者对商品产生足够的兴趣后，售前客服可以采取一些策略和技巧促成交易。

　　（1）**营造紧迫感**。通过强调优惠、库存的限制或即将结束的促销活动等，营造一种"现在行动"的紧迫感，促使消费者迅速做出购买决策。

　　（2）**强调售后保障**。通过强调无理由退换货政策、保修服务、产品质量保证等，减少消费者的购买疑虑。

　　（3）**提供利益**。通过提供折扣、优惠或附加服务，增加交易的吸引力。

（五）确认订单

　　为避免出现不必要的售后问题，售前客服需要再次确认每一笔付款订单。

　　（1）**核对商品信息**。售前客服要仔细核对商品信息，包括商品的规格、尺寸、数量等，同时确认附带的赠品、承诺的事项等。如果是过于复杂的信息，售前客服可以直接发送文字内容让消费者确认，尽可能避免因消费者疏忽造成退换货等情况。

　　（2）**核对收货信息**。收货信息包括收货人、电话号码和收货地址，售前客服可手动发送文字内容进行核对，如图 4-3 所示；或在千牛商家工作台中设置核对订单信息卡片让消费者确认，如图 4-4 所示。若消费者在核对后需要修改收货信息，售前客服要尽快修改，且需要让消费者再次确认收货信息，以免出现差错而延误投递。

图 4-3　手动发送文字核对收货信息　　　图 4-4　发送核对订单信息卡片

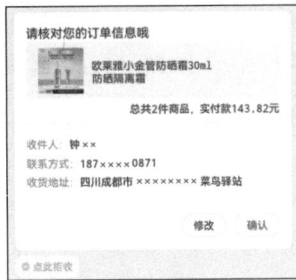

二、售中服务

售中服务主要包括商品的打包和发货工作，为确保消费者顺利收到商品，通常还需要跟踪物流信息。

（一）联系快递公司

确认订单信息无误后，售中客服便可通知快递公司前来取件，且需向快递员说明快件的内容，包括商品名称、重量，以及是否容易破损、变质等，方便快递员判断取货时应使用的工具、携带的面单数量、是否需要包装等。为保证商品的安全，可以选择价格稍高且有安全保障的快递公司，必要时还可进行保价，以保障消费者的利益。

（二）打包商品

不同类型的商品，其包装要求也不同。要确保商品安全送至消费者手中，需要选择合适的包装材料。

（1）**服饰类商品**。服饰类商品一般多用包装袋进行包装。为防止衣服变形或起皱，可以在包装时加入支撑物，如纸板隔板、衣架等，如图 4-5 所示。为了防水，还可在服饰外包装一层塑料膜。

（2）**食品类商品**。食品类商品的包装一般为包装袋和包装盒，其包装必须清洁、干净、无毒。包装时还应注意包装的密封性，防止外界污染物进入，导致食品变质或腐败。

（3）**首饰类商品**。首饰类商品一般直接使用大小合适的首饰盒包装，如图 4-6 所示。如果是易碎、易刮花的首饰，还可以使用一些保护材料单独包裹首饰。

（4）**液体类商品**。化妆品、调味品、清洁用品等液体类商品大多容易发生泄漏和破损，一般多使用包装箱进行包装。为防止液体流出，可以使用塑料袋或胶带封住商品瓶口，或是用气泡膜包裹液体商品，以防震和防漏，如图 4-7 所示，又或者是在商品与外包装之间加入填充物，包装和固定商品。

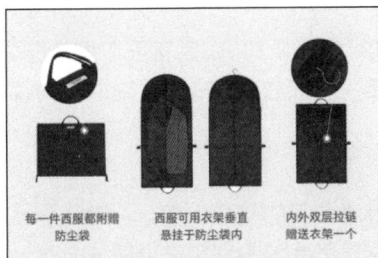

图 4-5　服饰类商品包装　　　图 4-6　首饰类商品包装　　　图 4-7　液体类商品包装

（5）**数码类商品。**数码类商品一般比较昂贵，需要使用气泡膜、珍珠棉、海绵等进行包裹。同时，还会使用抗压性较好的包装盒进行包装，避免运输过程中被挤压损坏。

（三）及时发货并跟踪物流

包装好商品后，售中客服要将商品交给快递员，并在千牛商家工作台中对订单进行发货处理。发货后，需要实时跟踪商品的物流状态。若发生意外事件导致消费者收货时间延迟，一定要事先与消费者沟通，请求消费者的谅解，并尽快与物流公司联系解决问题，保证消费者顺利收到商品，减少售后纠纷。

（四）通知物流信息

为让消费者及时了解商品的物流状态，售中客服可以手动发布物流通知文字内容，或在千牛商家工作台上设置物流通知短信通知消费者物流状态。一般情况下，发货、配送、签收等物流信息的内容会包含店铺名称、客户昵称、订单状态等，如"［××旗舰店］亲爱的××，您的订单已发货，将由××快递送到您的手上，请注意查收，期待您的再次光临！"售中客服可以根据实际情况编写短信内容，提醒客户保持电话畅通以便快递员与其取得联系，或表示对客户的感谢等。

三、售后服务

售后服务主要是在消费者收到商品后，为消费者提供售后支持，良好的售后服务不仅可以提升消费者满意度，还能树立良好的店铺形象。

（一）回访消费者

回访消费者是在消费者收到商品后，主动询问消费者的消费体验，一般可通过电话、电子邮件、社交软件私信等形式，询问消费者对购买商品的满意度，包括质量、性能、使用体验等方面。例如："亲，衷心感谢您对小店的支持，上次您在我们店购买的蒸蛋器用起来怎么样啊？""亲，您的商品显示已经签收啦，请您仔细检查商品是否完整，商品使用是否方便，如果有任何问题您可以告诉小曼哟。"回访消费者既可以体现店铺服务的专业化，又可以体现对消费者的重视。另外，商家还可以通过回访消费者搜集消费者的意见，并根据消费者的建议和需求及时调整商品或服务。

（二）处理交易纠纷

纠纷是指买卖双方就具体的某事/某物产生误会或一方刻意隐瞒事实，导致双方协商无果的情形。售后客服在处理纠纷时，应坚持有理、有节、有情的原则，并按以下流程来处理。

1．倾听

倾听消费者的陈述可以了解消费者不满的原因和诉求，在倾听时，售后客服应保持耐心，避免打断消费者，体现对其的尊重和理解。同时可以了解更多细节，明确消费者期望的解决方案。

2．分析并解决

在倾听的过程中，售后客服还需判断过错方，并分析消费者的核心诉求。若确认是己方的过错，售后客服需要诚恳道歉，表明改进的决心，并根据消费者的期望提供解决方案，如赔付。若确认是消费者自身的错误，售后客服可以耐心为其解释，并与其协商解决方案，尽量让消费者满意，进而说服消费者撤销投诉，友好协商，解决纠纷。

3. 记录并跟踪

售后客服在与消费者就纠纷事宜达成一致后，还需记录协商情况，总结纠纷产生的原因、纠纷的严重性及纠纷解决方案等，以积累纠纷处理经验。同时，售后客服还需跟进纠纷处理情况，并及时反馈给消费者，展现专业、积极地解决问题的服务态度。

（三）处理中差评

消费者的评价会直接影响店铺信誉和商品转化率。在购物过程中，由于商品质量、快递速度和客服态度等方面的问题，中差评往往是不可避免的。

1. 处理正常中差评

消费者给出正常的中差评时，售后客服需要主动联系消费者了解情况，并积极表达歉意，了解消费者给出中差评的原因后，再提供符合期望的解决方案，如提供补偿、赠送优惠券，以提高消费者修改或删除中差评的可能性。若消费者拒绝修改、删除评价，售后客服便需要采取一些措施降低中差评的不利影响。售后客服可以公开回评该消费者，诚恳地表达对客户的歉意，展现积极解决问题的态度，给其他消费者留下良好的印象。图 4-8 所示为客服处理正常中差评的示例。

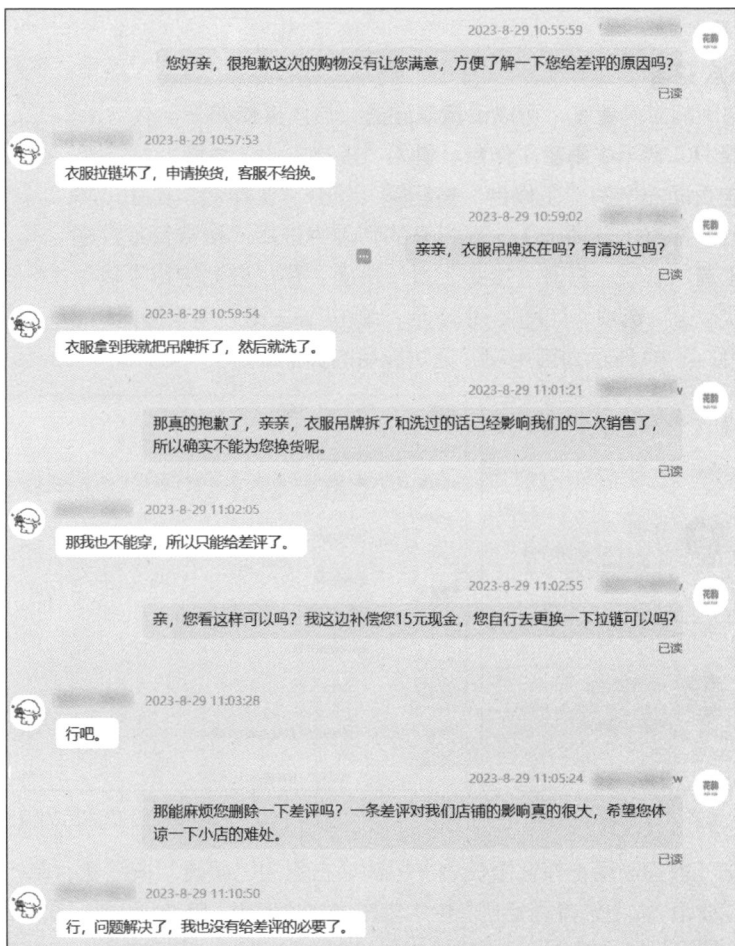

图 4-8　处理正常中差评

2. 处理恶意中差评

恶意中差评产生的原因较多，部分消费者可能会利用中差评谋取额外利益，职业差评师为谋取利益也会故意发布虚假、恶意的信息误导其他消费者。恶意中差评处理不当，很可能会造成消费者流失，且说服此类消费者修改或删除评价的可能性较低。因此，售后客服可以将处理的重点放在公开回评上。在公开回评时，售后客服需要始终保持客观、理性和专业的态度，解释和澄清恶意中差评中的不实信息，必要时可以在千牛商家工作台中投诉恶意中差评，交由官方平台判定。

任务实训　使用千牛商家工作台接待客户

随着店铺的持续运营，客户数量逐渐增加，客户服务工作也由张晓晨移交给了新招聘的客服人员。为了更好地服务客户，提升客户的满意度，客服人员先进行了一些接待设置，然后正式开始了对客户的服务接待工作。

【实训要求】

（1）正确接待消费者。

（2）使用邀请下单功能邀请消费者下单。

（3）设置物流通知短信。

【实训步骤】

1. 设置欢迎语

为第一时间响应消费者，可以设置欢迎语，具体操作如下。

（1）登录PC端千牛商家工作台，进入"接待中心"页面。

（2）单击页面左侧的"工作台"按钮▣，打开"工作台"页面，将鼠标指针移至"客服"选项卡上，在打开的列表中选择"接待管理"栏下的"接待工具"选项，打开"接待工具"页面，在"自动接待工具"栏中选择"欢迎语"选项，如图4-9所示，单击◯按钮启用欢迎语功能，同时该按钮将变为◉状态。图4-10所示为启用欢迎语功能后的页面。

扫一扫

设置欢迎语

图4-9　选择"欢迎语"选项

图4-10　启用欢迎语功能后的页面

（3）单击"售前通用（有客服在线）"选项右侧的"编辑"按钮✐，单击"通用模板"栏右侧的下拉按钮∨，在"是否启用"栏中单击选中"启用"单选项，在"欢迎话术（必填）"文本框中输入欢迎话术，如"您好，我是本次接待您的客服，请问有什么可以帮助您的？"。页面右侧可预览发送效果，单击■保存■按钮保存设置，如图4-11所示。

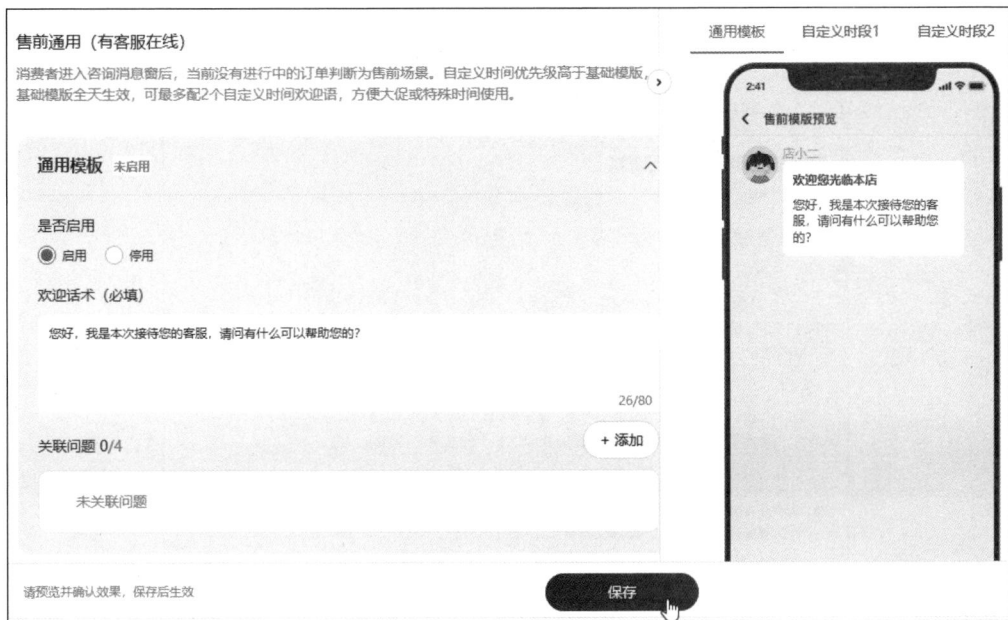

图 4-11　设置并保存欢迎语

2. 接待消费者

当有消费者进店咨询时，客服人员应在千牛商家工作台的"接待中心"中接待客户，接待时要注意用语规范，保持良好的服务态度，具体操作如下。

（1）单击页面右上角的"接待中心"按钮 ，进入"接待中心"页面，打开聊天窗格，查看消费者的咨询消息，并输入回复内容。

（2）为给消费者留下良好的第一印象，这里选择插入飞吻表情。单击"选择表情"按钮 ，选择"默认表情"栏中的"飞吻"表情 ，如图 4-12 所示。确认输入正确后，单击 发送 按钮或按【Enter】键发送回复信息。

（3）根据消费者的咨询消息发送尺码表图片，在聊天窗格单击"发送图片视频"按钮 ，在打开的列表中选择"图片视频"选项，如图 4-13 所示。打开"选择图片视频"对话框，选择"尺码表.png"选项（配套资源:\素材\项目四\尺码表.png），单击 打开(O) 按钮，单击 发送 按钮或按【Enter】键发送回复信息。

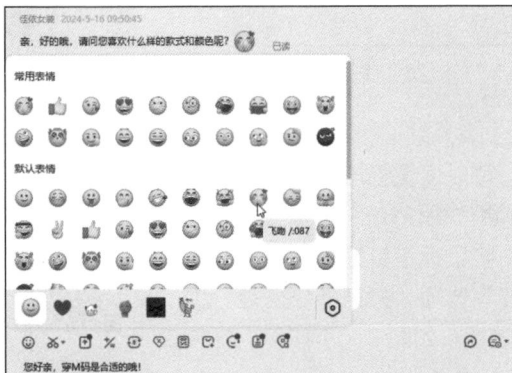

图 4-12　插入表情

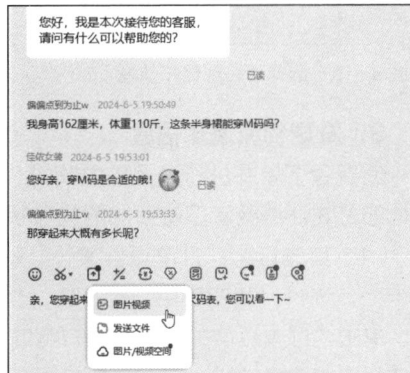

图 4-13　发送尺码表图片

（4）消费者尚未确定购买意向的，客服需主动询问消费者的疑虑，并给予优惠促进消费者下单，如图4-14所示。

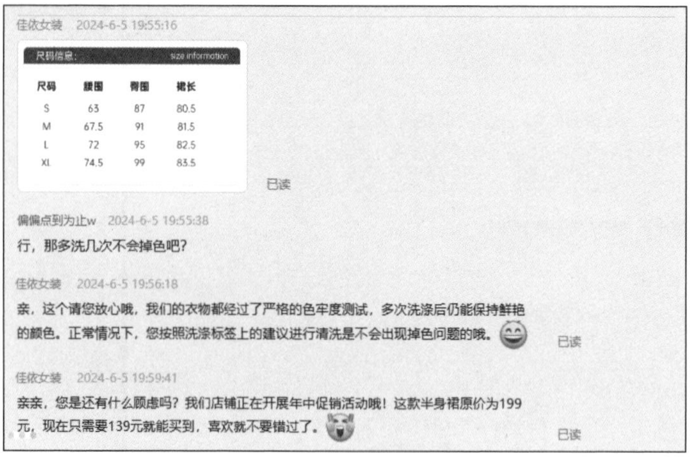

图4-14　促进下单

（5）待消费者确定购买意向后，主动邀请消费者下单。单击"邀请下单"按钮 ，在打开的对话框中单击商品右侧的 ⊕ 按钮。打开"选择商品规格和数量"对话框，在文本框中输入"2024年夏季新款高腰修身印花半身裙"，选择"颜色分类"栏下的"花色"选项，数量为"1"，如图4-15所示，单击 确定 按钮选定商品，最后单击 发送 按钮邀请消费者下单，如图4-16所示。

图4-15　选择商品规格和数量

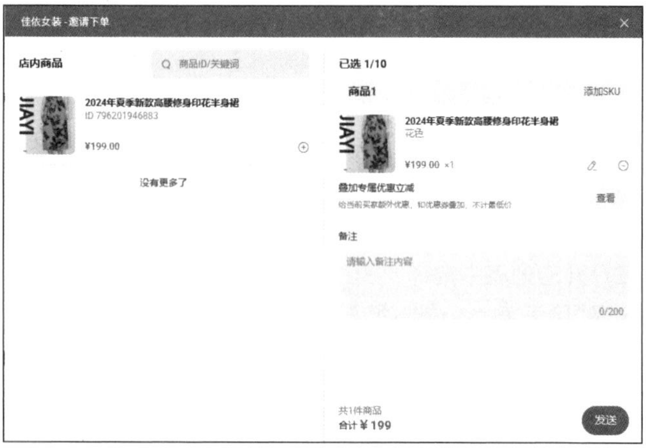

图4-16　邀请消费者下单

3. 发送物流通知信息

消费者下单并进行商品的发货操作后，可以设置物流通知短信，以短信的方式让消费者了解商品的物流状态，具体操作如下。

（1）首先订购"订单短信关怀"功能，将鼠标指针移至"应用"选项卡上，选择"智能应用"栏下的"快搭键"选项，打开"快搭键"页面，单击"订单短信关怀"选项右侧的 安装 按钮，如图4-17所示。安装完成后单击 立即打开 按钮，打开"订单短信关怀"页面。

扫一扫

发送物流通知信息

（2）选择"渠道管理"栏下的"短信签名"选项，在打开的页面中单击 新增签名 按钮。打开"新增签名"对话框，在"短信签名"文本框中输入店铺名称或品牌名称，这里输入店铺名称"佳依女装"，单击 确定 按钮，如图4-18所示。创建完成后等待审核通过。

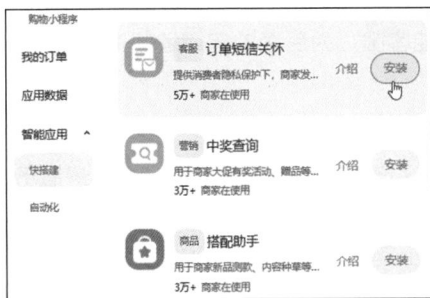

图4-17　安装"订单短信关怀"

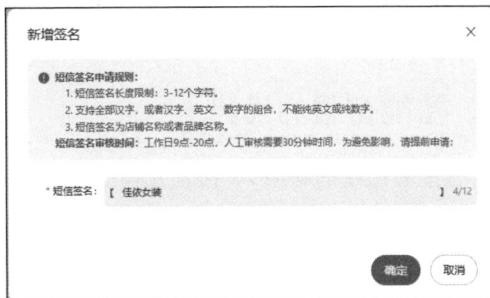

图4-18　输入短信签名

（3）选择"模板列表"选项，单击"交易关怀"栏下"发货提醒"选项右侧的 新建任务 按钮。打开"新建任务"窗格，在"任务名称"栏中输入文字"发货提醒短信"，在"任务时间"栏中设置任务结束时间，此处设置为"2025-01-01"，设置"发送时间段"为"08:00:00 20:00:00"，单击 确认 按钮。

（4）"短信签名"栏默认选择已设置好的短信签名"佳依女装"。单击"短信模板"栏右侧的下拉按钮 ∨，在打开的下拉列表中选择"系统模板"选项，在打开的子列表中选择"发货提醒-官方模板-001"选项，然后单击 确认 按钮，如图4-19所示。

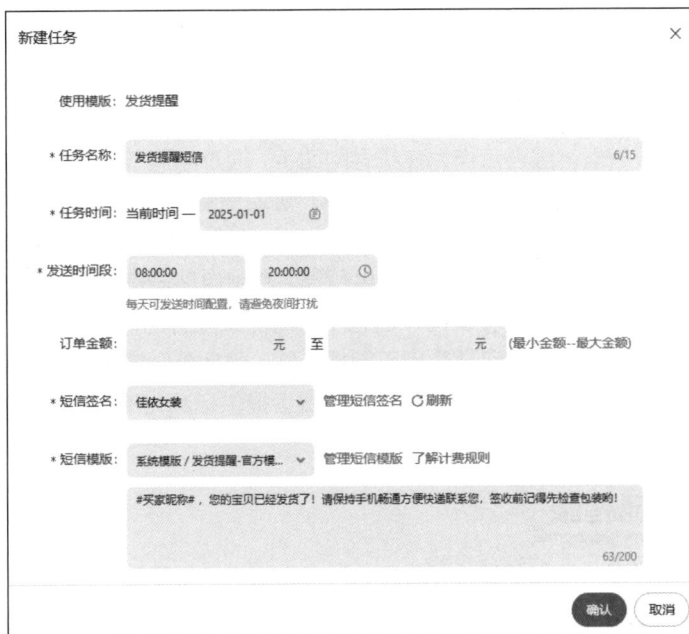

图4-19　设置任务详情

（5）选择"任务管理"选项，单击"发货提醒短信"选项对应的 开启 按钮。打开"是否启用"对话框，单击 立即启用 按钮，开启发货短信提醒。启用后，当售中客服完成发货且满足任务条件时，系统就会发送发货提醒短信给消费者。

任务三　了解智能客服

随着 AI 技术的不断发展，智能客服已广泛应用于客户服务。张晓晨近期在某品牌京东自营旗舰店购物时发现，智能客服在她还未咨询时，便已经发送了接待信息，这不禁让她感叹智能客服的响应速度。于是她打算进一步研究智能客服，为后续的店铺运营工作做准备。

一、智能客服的优势

智能客服是指利用 AI 技术和自动化流程来提供客户服务的系统或软件。在客户服务领域，智能客服具有多方面的优势。

（1）提高接待效率。智能客服可以 24 小时无间断运行，且能快速响应大量咨询，提高接待效率。

（2）节省人力成本。智能客服可以处理大量重复性、基础性的问题，减少商家对人工客服的需求，节约人力成本。

（3）提升消费者体验。智能客服能够分析消费者的行为和偏好，提供个性化服务，提升消费者体验。例如，某消费者定期购买健身器材，智能客服便能由此判断该消费者是运动爱好者，从而针对性地推荐哑铃、蛋白粉等与运动相关的商品。

（4）接入渠道多元化。智能客服可以在多种渠道上提供服务，包括网上店铺、微信公众号、微信小程序、微博等，使消费者可以在不同平台上获取一致的服务。

二、智能客服的应用

智能客服在客户服务领域的应用场景比较广泛，主要包括以下几种。

（1）自动问答。智能客服基于自然语言处理和机器学习技术，通过语言理解、知识库查询及实时反馈等方式，自动回答消费者常见问题，解决消费者疑虑，提供即时帮助。

（2）在线导购。智能客服还可作为在线导购助手，通过与消费者的实时对话，根据消费者的兴趣和历史行为，提供个性化的购物建议等，协助消费者找到符合其需要的商品。

（3）收集反馈。智能客服可以通过设定触发条件，如消费者完成一次购物、使用商品一段时间后等，自动发起询问或邀请消费者提供反馈。利用自然语言处理技术，智能客服能分析消费者提供的文字信息，识别关键词、情感及对商品或服务的评价。

（4）智能外呼。智能客服还可以应用于智能外呼，包括外呼销售、外呼回访等场景，它能够通过语音识别、自然语言处理等技术，为消费者提供标准化的问候、业务介绍等服务，同时理解和回答消费者的咨询和问题。

三、常见的智能客服

智能客服凭借其高效性和便捷性，已经成为客户服务的重要工具，各电子商务平台也纷纷开发智能客服，如阿里巴巴的店小蜜和京东的京小智。

（一）店小蜜

店小蜜是阿里巴巴推出的智能客服机器人，专为淘宝网和天猫商城的商家设计。它通过自然语言处理技术理解消费者的询问，并提供快速响应。店小蜜提供多种实用功能，可以极大地提升接待效率。

（1）**设置欢迎语**。好的欢迎语可以给消费者留下深刻印象，欢迎语文案中除了欢迎用语，还可加入品牌名称、活动信息等内容，如图 4-20 所示。

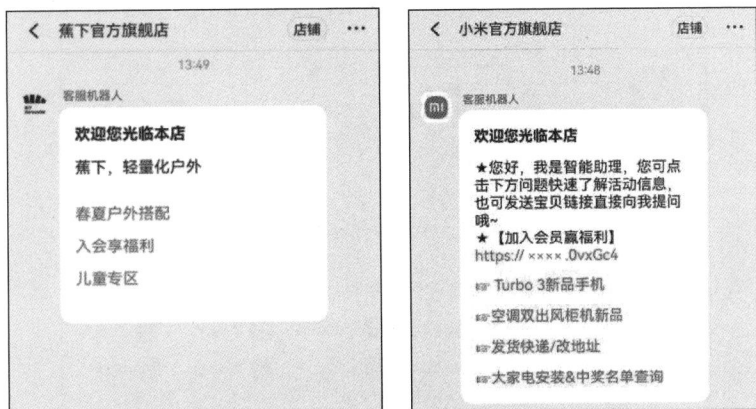

图 4-20　欢迎语示例

（2）**配置常见问答**。基于预设的问答知识库，店小蜜可以自动回答常见的购物问题，如商品详情、促销活动、物流信息等，提升接待效率。

（3）**关键字回复**。当消费者的咨询中包含预设的关键字时，店小蜜会自动触发并提供相应的回复，减少消费者的等待时间。

（二）京小智

京小智是面向京东商家（POP 商家和自营商家）的智能服务平台，它能够像客服一样给消费者提供智能咨询与导购服务，也可以辅助人工接待，提升客服接待效率。针对不同行业和售前、售中、售后服务场景的差异，京小智打造了多种特色功能。

（1）**辅助人工模式**。在该模式下，一方面可以在简单场景辅助快速应答，在复杂场景辅助快速处理业务，全面提升人工服务水平和接待效率；另一方面可以根据消费者轨迹、订单信息和历史会话等内容，提供智能化商品推荐，辅助人工促单。

（2）**机器学习功能**。京小智具有自主学习能力，可以自动从聊天记录中发现并展示问题，并进行优化。

（3）**营销导购功能**。该功能主要包括 3 个方面，一是主动关怀营销，即通过大数据和 AI 实时购买意愿模型，帮助商家挖掘潜在消费者；二是智能推荐，即在接待过程中，系统自动挖掘消费者需求，并进行商品推荐；三是多场景催拍催付，提高成交率。

任务实训　开通并设置店小蜜的常用功能

张晓晨观察到，部分消费者倾向于在晚上进店咨询，由于店内无人接待，因而丧失多次销售机会。在得知淘宝提供的智能客服机器人——店小蜜，不仅能够智能地接待消费者，还具备多种便捷实用的功能后，张晓晨决定启用店小蜜，并设置常用的服务功能，以实现 24 小时快速服务。

【**实训要求**】

（1）开通店小蜜。

（2）设置欢迎语、关键字回复。

扫一扫

开通并设置店小蜜的常用功能

【实训步骤】

（1）准备开通店小蜜。登录千牛商家工作台，在"工作台"界面上方的搜索栏中输入"店小蜜"，在打开的列表中选择"快捷功能"栏中的"阿里店小蜜"选项，如图4-21所示。

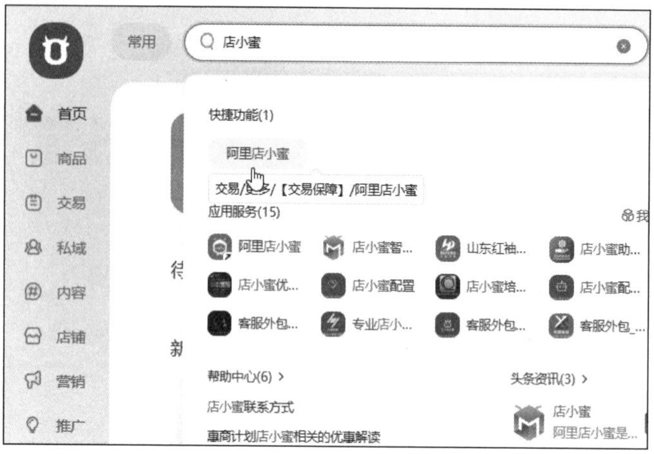

图 4-21　选择"阿里店小蜜"选项

（2）开启自动接待能力。在打开的页面中阅读协议，并单击 同意协议，即刻开启 按钮，在打开的页面中单击 解锁机器人来解决店铺的问题》 按钮。在打开的页面中单击选中"我已阅读并同意以上协议"复选框，单击 确认 按钮，开启自动接待能力，如图4-22所示。

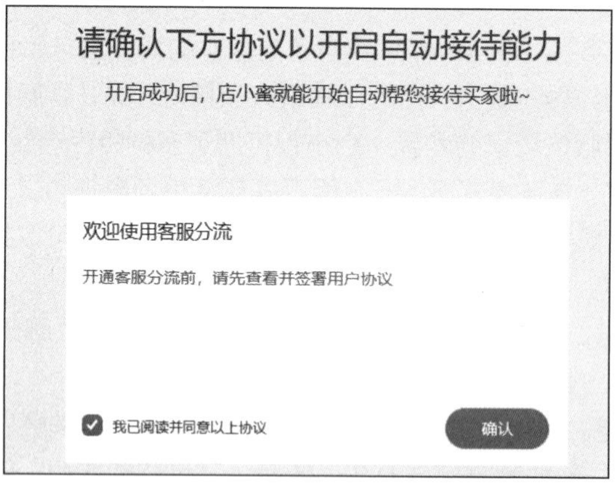

图 4-22　开启自动接待能力

（3）开启营销增收能力。在打开的"请选择要开启的营销增收能力"页面选择需要开启的营销增收能力，然后单击 一键开启 按钮，如图4-23所示。

（4）配置高频问题的答案。打开"配置店铺高频问题"页面，配置高频问题1"什么时候发货？"的答案。这里选择"答案配置"栏中的"17:00"选项，然后单击 确认，下一个问题 按钮，如图4-24所示。

（5）配置其他高频问题的答案。按照相同的方法配置高频问题2"你们发什么快递？"的答案为"中通、圆通、申通"；高频问题3"怎么还没发货？"的答案为"48小时"；高频问题4"（发送了一个商品链接）你好，在吗？"的答案为"在的呢，有什么可以帮到您的"，配置完成后即可开通店小蜜。图4-25所示为店小蜜的开通效果。

图 4-23　开启营销增收能力

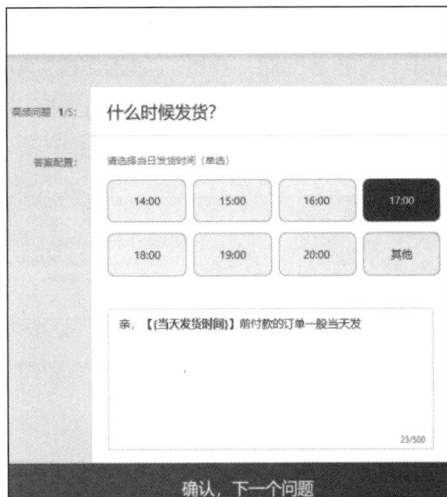

图 4-24　配置高频问题 1 的答案

图 4-25　店小蜜的开通效果

（6）选择工作台模式。单击 继续配置让机器人回答更多问题> 按钮，在打开的页面中选择工作台模式，这里选择"极速模式"，单击 确认使用 按钮，选择页面左侧工具栏中"店铺管理"栏下的"接待设置"选项，打开"接待设置"页面。

（7）设置欢迎语。单击页面左侧"当买家进线时"对应的卡片，打开欢迎语卡片编辑页面，在"欢迎语文案"文本框中输入欢迎语，单击 确定 按钮保存欢迎语，如图 4-26 所示。

图 4-26　输入并保存欢迎语

（8）设置关键字回复。选择页面左侧工具栏中"问答管理"栏下的"关键字回复"选项，打开"关键字回复"页面，单击 新增关键词组 按钮。

（9）输入关键字和答案。在左侧的文本框中输入需匹配的关键字/词"活动""优惠"，在右侧的文本框中输入答案，然后单击 ✓ 按钮，如图 4-27 所示。

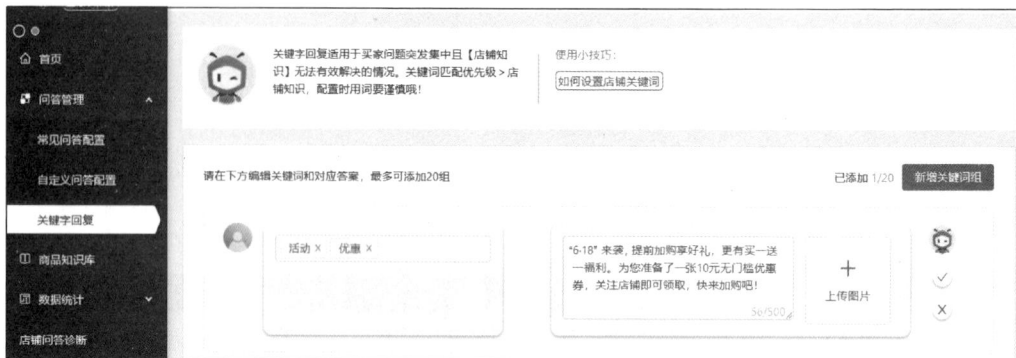

图 4-27 输入关键字和答案

任务四 进行客户关系管理

电子商务活动要想取得长远发展，离不开消费者的支持，随着回购的消费者越来越多，张晓晨打算采取措施将这些消费者转变为忠实消费者，提高店铺的竞争力。

一、客户满意度管理

简单而言，客户满意度是客户满意的程度，是客户在购买相应商品或服务时所获得的不同程度的满足状态。

（一）影响客户满意度的因素

客户满意度主要受客户期望和客户感知价值的影响。

1. 客户期望

客户期望是指客户在购买商品或服务之前对其价值、品质等方面的主观认识和心理预期。若商品或服务达到或超过客户期望，那么客户就会满意或很满意；反之，客户就会不满意。例如，客户期望等待 30 分钟，实际上等待了 40 分钟，他很可能会不满意。若客户期望等待 30 分钟，而实际上只等待了 10 分钟，他就会比较满意。

2. 客户感知价值

客户感知价值是指客户对在购买或消费过程中能感知到的利益与在获取商品或服务时所付出的成本进行权衡后，对商品或服务效用的总体评价。客户感知价值是客户对商品或服务所具价值的主观方面的认知，不同于商品或服务的客观价值。若客户对商品或服务所感知到的价值大于付出的成本，那么他就会满意；反之，他就会不满意。

（二）提高客户满意度

要想提高客户满意度，可以从影响客户满意度的两个因素入手。

1. 把握客户期望

这需要在销售和服务初期，清晰地传达商品的功能、服务的范围和可能的交付时间，帮助客户建立合理的预期。

2. 提升客户感知价值

一方面可以增加客户的总感知价值，如提供额外的增值服务或奖励，如快速配送、专属客服、会员特权等；另一方面可以降低客户的总付出成本，包括降低客户付出的货币成本（如降低价格等）、时间成本（如快速响应其咨询）、精神成本（如提供细致周到的服务等）、体力成本（如送货上门等）。

二、客户忠诚度管理

客户忠诚度是指客户对某一特定商品或服务产生好感，形成"依附性"偏好，进而重复购买的一种趋向。

（一）衡量客户忠诚度

客户忠诚度是一个量化概念，通常通过以下 5 个指标来衡量。

（1）**重复购买的次数**。客户重复购买的次数越多，说明客户对商品或服务的忠诚度越高；反之，忠诚度越低。

（2）**决策时间的长短**。通常做出购买决策时间越短，说明客户对商品或服务的信赖度越高，忠诚度也越高；反之，忠诚度越低。

（3）**对价格的敏感度**。依据客户对商品或服务价格的敏感度来衡量客户的忠诚度。对商品或服务价格的敏感度高，说明客户对该品牌的忠诚度低；反之，则忠诚度高。

（4）**对竞争者的态度**。如果客户对品牌竞争者的商品或服务兴趣浓、好感强，说明客户对本品牌的忠诚度低；反之，则忠诚度高。

（5）**对瑕疵品的态度**。当商品出现一般质量问题时，高忠诚度的客户一般更为宽容，愿意协商解决；而低忠诚度的客户可能会感到不满并产生抵触情绪。

（二）提高客户忠诚度

提高客户忠诚度是提高市场竞争力、促进企业持续发展的关键。一般来说，应在提升客户满意度的基础上，逐步培养客户的忠诚度。

（1）**提供卓越的商品和服务**。始终确保商品和服务优质，满足客户的期望和需求，以建立客户忠诚度的基石。

（2）**建立忠诚度奖励计划**。设计合理的积分、会员等级、专属优惠等激励机制，增强客户的黏性和忠诚度。

（3）**建立情感联结**。通过讲述品牌故事、社会责任活动或开展情感营销，传递品牌价值观，与客户在情感层面建立共鸣。

任务实训 建立微信群维护老客户

随着店铺销售业绩的稳步提升，张晓晨观察到众多消费者展现出对店铺的高度忠诚，其中不乏多次回购的消费者。为表达对这些忠实消费者的感激之情，并进一步加强与他们的联系，张晓晨计划创建一个专属的老客户微信群，并将在群内提供一系列独特的福利和优惠。

【实训要求】

（1）设置群名称为"佳依老客户福利群"。

（2）在微信群里发布专属优惠信息。

【实训步骤】

（1）在微信主界面点击⊕按钮，点击"发起群聊"选项。打开"发起群聊"界面，在其中选择想要添加的消费者，然后点击右下角的 完成(6) 按钮。

（2）打开群聊界面，点击右上角的 ··· 按钮，进入"聊天信息"界面。点击"群聊名称"选项，如图 4-28 所示。打开"修改群聊名称"界面，输入群名称"佳依老客户福利群"，然后点击 完成 按钮，如图 4-29 所示。

（3）返回聊天界面，在底部的文本框中输入专属优惠信息，发布后的效果如图 4-30 所示。

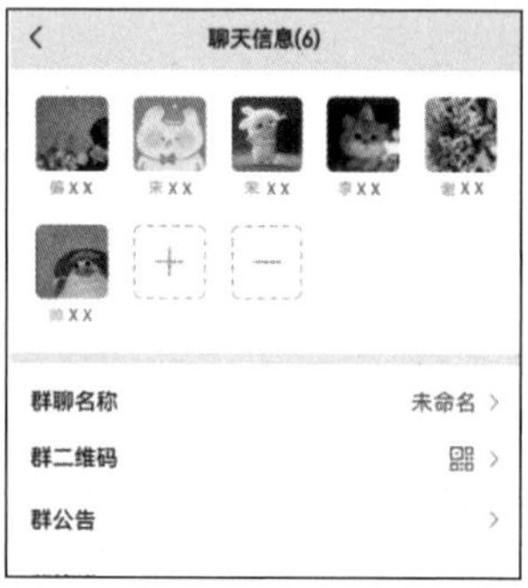

扫一扫

建立微信群维护老客户

图 4-28 点击"群聊名称"选项

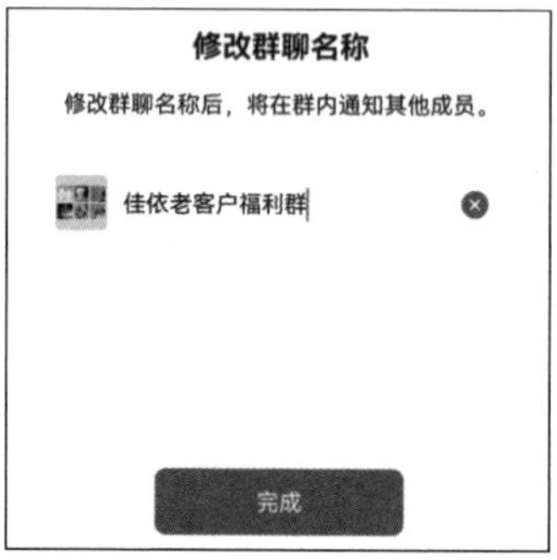

图 4-29 输入群聊名称

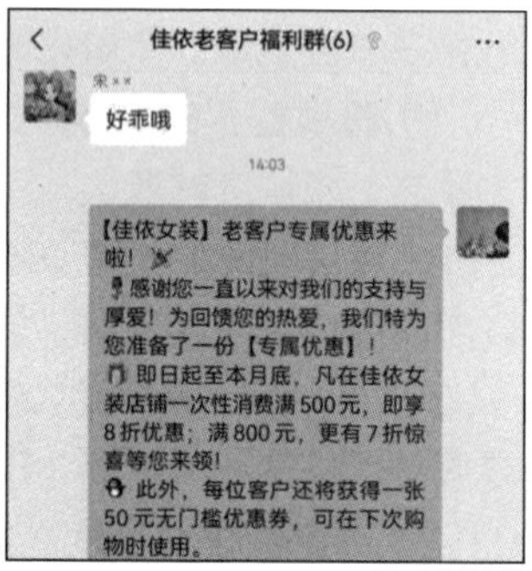

图 4-30 发布专属优惠信息

课后练习

1. 选择题

（1）【单选】下列选项中，不属于电子商务客服需要具备的知识是（　　）。

    A. 电商基础知识   B. 营销知识

    C. 商品知识   D. 研发知识

（2）【单选】下列选项中，不属于售后服务工作的是（　　）。

    A. 通知物流信息   B. 回访客户

    C. 处理中差评   D. 处理交易纠纷

（3）【多选】售前服务的工作包括（　　）。

    A. 接待客户   B. 打包商品   C. 推荐商品   D. 确认订单

（4）【多选】下列选项中，属于智能客服优势的是（　　）。

    A. 提高接待效率   B. 提升消费者体验

    C. 提高人力成本   D. 接入渠道多元化

（5）【多选】下列选项中，属于衡量客户忠诚度指标的有（　　）。

    A. 决策时间的长短   B. 对瑕疵品的态度

    C. 对价格的敏感度   D. 重复购买的次数

2. 简答题

（1）简述电子商务客服的重要性。

（2）简述智能客服的应用。

（3）简述提高客户忠诚度的方法。

3. 实操题

（1）使用千牛商家工作台接待消费者，并为其推荐一款手撕面包棒。这款手撕面包棒由进口全脂乳粉、优质鲜鸡蛋和优质小麦粉制作而成，蓬松柔软、奶味十足。同时，这款手撕面包棒还有夹心，有乳酪和白桃芝士两种口味，适合当作早餐或下午茶，每个都是独立袋装，方便携带。该款手撕面包棒上新价格为 15.9 元一箱、25.9 元两箱。

（2）处理未发货的订单，并使用短信通知消费者发货消息。

（3）在店小蜜中设置"当买家进店时"的欢迎语，欢迎语文案为"欢迎光临佳时零食店，我们会为您提供美味、多样的零食，期待您在这里获得一次愉快的购物体验！"。

（4）为某运动鞋品牌建立老客户微信群，并发布一条关于老客户专属优惠的消息。

PART 05

项目五
电子商务的营销推广

"佳依女装"店铺经营了一段时间后，流量开始下滑。为提升店铺的曝光度，张晓晨深入研究千牛商家工作台，发现其丰富的营销工具能帮助她推广商品、吸引消费者。同时，受到当地土特产门店在微信朋友圈宣传的启发，张晓晨决定利用微信朋友圈营销推广店铺的商品。她挑选热销商品，拍摄精美图片，并配上有吸引力的文案，发布到朋友圈。在她的努力下，店铺的流量和销量逐渐上升。

知识目标
- 了解电子商务营销的特点。
- 掌握电子商务营销的发展趋势。
- 掌握电子商务营销的策略。

技能目标
- 能够使用电子商务平台内的推广方法推广商品。
- 能够使用电子商务平台外的推广方法推广商品。

素养目标
- 具备探索意识，关注行业动态。
- 培养创新意识，生产创意内容。
- 具备诚信意识和法律意识，确保营销内容的真实性和合法性。

2024 年 4 月 18 日，联想在上海举办以"AI for All，让世界充满 AI"为主题的第十届联想创新科技大会。在此次大会上，联想全面展现了其基于混合式人工智能的核心主张、战略图景和最新技术成果，并发布了内置个人智能体"联想小天"的 AI PC 系列产品，其能够为用户提供更加精准和个性化的服务。

5 月 20 日，联想于官方微信公众号宣布京东、天猫和抖音等平台全网开售新品，恰逢一年一度"6·18"的消费热潮。同时，联想积极参与天猫的"年中开门红"大促活动，通过优惠激发消费者的购买兴趣。为推广新品，联想在商品开售前开展新品发售体验会，同时天猫旗舰店还发布了多条关于新品介绍、测评的短视频。

不仅如此，联想在其官方抖音账号和官方微博账号发布多条关于新品发售体验会及新品的预告短视频和微博图文。另外，联想还巧妙借助旗下品牌 ThinkPad、联想拯救者和联想小新的影响力，与这些品牌的官方微博账号合力宣传，构建了一个强大的微博矩阵，有效提升了新品的知名度。

联想充分利用不同平台的优势，在天猫、京东、抖音、微博等多渠道进行广泛宣传，最终成功扩大新品的知名度和市场影响力。

如今，各种电子商务平台、社交平台已深入人们的日常生活，为商家开展营销推广提供了重要渠道，商家要想在竞争激烈的市场中脱颖而出，需要灵活运用多种营销推广平台和方法。

任务一　认识电子商务营销

随着电子商务领域竞争的日趋激烈，各大商家已经意识到营销推广的重要性。在张晓晨看来，营销推广不仅可以为店铺引流，带来销售额的增长，还可以提高店铺的知名度，吸引潜在消费者。

一、电子商务营销的特点

电子商务营销是基于电子商务完成一系列营销环节，达到营销目标的过程。电子商务营销离不开互联网，主要具有以下 5 个特点。

（一）范围广

借助互联网，电子商务营销可以超越时间和空间的限制，使商家能够面向全球市场的消费者进行营销和销售。这不仅有利于商家扩大其市场范围，同时也为消费者提供了更多的选择和便利。

（二）交互性

电子商务营销具有良好的交互性，能够为商家提供更多展示机会，同时消费者也能自主通过网络平台查看与搜索信息，或针对商品的设计、包装、定价和服务等问题发表意见。这种双向互动的沟通方式，可以有效提升消费者的参与性和积极性，也有助于商家实现营销目标。

（三）个性化

电子商务营销是一种由消费者主导的、非强迫性的、循序渐进的低成本与人性化的营销，消费者可以根据自身需求查找和接收信息，商家则能根据消费者的需求和反馈提供更加个性化的商品和服务。

（四）高效性

电子商务营销通过计算机来储存大量的信息，并查询与筛选信息，其信息传送的数量非常大、精确度非常高。同时，电子商务营销能根据市场需求，及时更新商品或调整价格，以及时了解并满足消费者的需求。

（五）渠道多样化

电子商务营销可以通过网上商城、社交媒体、移动应用程序等渠道开展，使得消费者在任何渠道都能获得一致的信息和服务，商家则能取得更好的营销效果。

二、电子商务营销的发展趋势

根据艾瑞咨询发布的《2023 年中国电商营销趋势及增长策略研究》，我国的电子商务营销呈现出新的发展趋势。

（一）AIGC 工具在营销领域中价值凸显

目前，AIGC 工具在电子商务营销领域的应用已逐渐多样化，AIGC 有望开辟新的电子商务营销模式。在未来的电子商务营销中，AIGC 不仅可以推动营销自动化，显著提高营销的效率和精准性，还能成为内容创作和数据分析的核心力量。图 5-1 所示为现阶段 AIGC 在电子商务营销领域的应用方式。

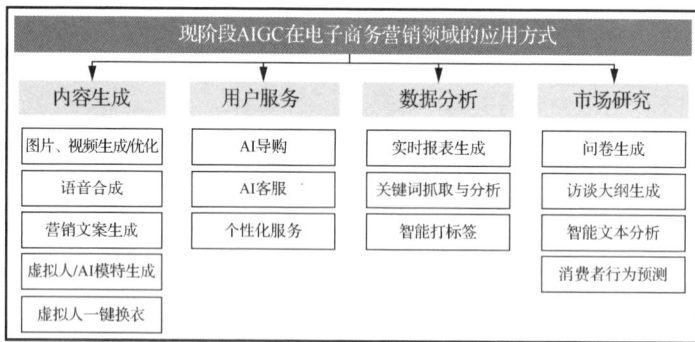

图 5-1　现阶段 AIGC 在电子商务营销领域的应用方式

（二）优质内容的重要性持续提升

目前已进入"人人皆可带货"的后直播时代，虽然消费者对直播带货形态的接受度较高，但更多电子商务从业者涌入直播行业，可能导致直播间同质化严重，商品陷入低价竞争的局面。因此，通过强内容、强专业性提升消费者的信任度，将成为后直播时代提升带货效率的关键要素。商家需要协同达人，共同打造扎实的商品和服务能力，以及高品质的传播内容，塑造品牌和商品的品质感、信赖感，从而获得稳定的利润，取得长远发展。

（三）品牌或将倚重矩阵达人及自播

随着电子商务营销模式的不断演进，品牌逐渐降低对头部达人（具有较高影响力和大量粉丝的达人）的依赖。为更好地满足消费者对性价比的追求，品牌将持续优化成本结构，减少在渠道和营销上的支出，以实现更高的投资回报率。当直播电子商务模式较为成熟时，品牌或将进一步强化自播能力，依托品牌自身的吸引力和精心策划的高质量内容，直接触达并吸引消费者，从而减少对头部达人的依赖，同时更加重视与中小达人和高专业度垂类达人（在某一特定领域或内容领域具有专业知识和影响力的个人）的合作。

三、电子商务营销的策略

要想在竞争激烈的电子商务市场中脱颖而出，商家需要采取一系列方法和措施吸引更多消费者、提升品牌知名度、增加销售额。

（一）打造优质内容

优质内容是吸引和保持消费者关注的关键。通过创作原创、有深度、与品牌或商品紧密相关的内容，商家能增强消费者对品牌的印象，提升消费者的忠诚度，并促进销售增长。在创作内容时，要注意采用多样化的内容形式，如图文、视频、音频等，以满足不同消费者群体的阅读偏好和需求。例如，华为针对 Pura 70 系列手机，分别在微博和微信发布商品介绍短视频和微信公众号文章，如图 5-2 所示。

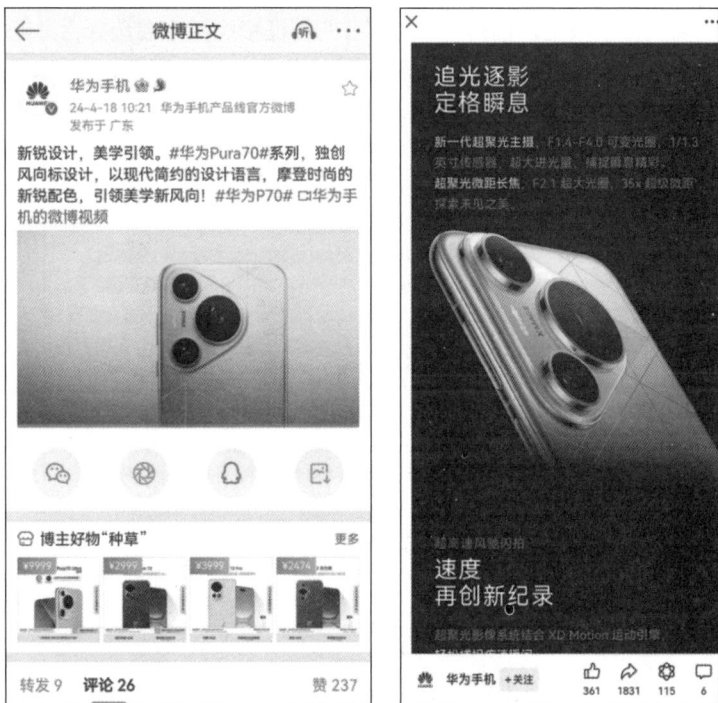

图 5-2　打造优质内容

（二）选择高效传播渠道

除了电子商务平台，商家还可以选择其他传播渠道扩大品牌或商品的知名度。一般可以选择微信、微博、抖音等平台来推广品牌、商品和服务，这些平台具有广泛的用户基础，用户活跃度高，商家可以与消费者互动、回应消费者的反馈，这对于增加品牌曝光度、提高消费者参与度、建立品牌声誉并促进销售有积极作用。

（三）提供定制化服务

定制化服务聚焦于提升消费者体验的个性化程度，有利于增强消费者黏性。商家需要通过数据分析、市场调研等方式，了解消费者的购买习惯、兴趣偏好等信息。基于这些信息，商家可以提供个性化的商品推荐和定制服务，如定制化的服装、配饰、家居用品等。此外，商家还可以建立会员制度，打造积分兑换等机制，通过提供个性化的服务和优惠，提高消费者的忠诚度和回购率。

（四）优化搜索结果排名

优化搜索结果排名通常涉及搜索引擎优化（Search Engine Optimization，SEO）和搜索引擎营销（Search Engine Marketing，SEM）。搜索引擎优化可以通过优化网站内容和结构，提高网站在搜索引擎中的自然排名，这包括关键词研究、内容优化、链接建设等策略。搜索引擎营销可以通过付费广告提高网站的可见性。付费广告通常包括按点击付费广告和展示广告等。通过优化搜索结果排名，商家可以吸引更多的潜在消费者，提高流量和转化率。

（五）投放营销广告

投放营销广告是电子商务营销的有效措施，各类电子商务平台、社交平台及网站都提供广告投放功能，商家可以根据营销目标、消费者的特征和购买习惯选择合适的投放渠道和广告类型，如搜索引擎广告（见图5-3）、社交媒体广告、门户网站广告等。在投放广告时，商家还需要确保内容有吸引力、信息准确、广告与商品或服务相关，以吸引潜在消费者。此外，广告投放还需要考虑成本效益，确保投资回报率最大化。

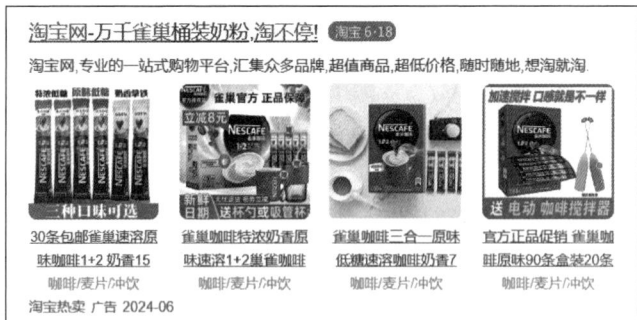

图 5-3　搜索引擎广告

> 运营人员应培养持续、主动学习新的营销技术和工具的意识，以更好地适应市场的快速变化，提升自身的竞争力。

任务实训　为店铺制订营销策略

随着店铺流量的回升，张晓晨意识到仅依靠单一营销渠道吸引到的消费者比较有限。为进一步提升店铺的知名度，促进商品销售，她决定制订一系列营销策略。

【实训要求】

（1）选择合适的营销渠道。

（2）确定合适的营销方法。

【实训步骤】

（1）深入分析店铺情况。首先明确"佳依女装"店铺的独特优势，包括其品牌故事、商品特性及服务优势；然后了解现有消费者群体的相关情况，包括年龄、性别、消费习惯等，以便创作符合其兴趣的营销内容。

（2）确定营销渠道。鉴于"佳依女装"已经在淘宝开设了店铺，可以充分利用淘宝开展营销。此外，鉴于微信、微博、小红书和抖音等社交平台的广泛影响力，可以考虑在这些平台上开展营销，进一步扩大商品和店铺的影响力。

（3）确定电子商务平台的营销方法。淘宝提供多种类型的营销活动，可根据需要开展活动营销；另外，店铺内还有"笔记""讲解""买家秀"等内容渠道，可以发布营销内容进行推广，如发布买家秀征集活动等。

（4）确定社交平台的营销方法。根据社交平台的特征和营销需要选择合适的社交平台，如抖音和小红书。抖音的内容主要以短视频的形式呈现，考虑到内容的价值性和实用性，张晓晨可以制作与店铺促销活动相关的短视频吸引消费者的注意，并在短视频中添加店铺或商品链接。小红书的内容主要以笔记的形式呈现，张晓晨可以考虑与时尚博主或达人合作，邀请他们创作并发布有关穿搭分享、好物推荐等实用的笔记，以吸引潜在消费者。

（5）使用推广工具。若营销效果不佳，可以使用平台提供的推广工具推广营销内容，增加内容的曝光率。在千牛商家工作台中查看其提供的推广工具，其中万相台无界版可以针对商品、消费者和店铺进行不同目的的推广，能满足多种推广需要，可直接使用该工具进行推广。例如，使用万相台无界版的关键词推广功能推广新品。在抖音中可以使用 DOU+推广营销短视频，在小红书中可以使用薯条推广营销笔记。

（6）确定营销策略。整合以上思路，将其整理成方案或以表格的形式呈现，如表 5-1 所示。

表 5-1　店铺营销策略

渠道	营销方法	推广工具
淘宝	开展促销活动；发起买家秀征集活动	万相台无界版
抖音	制作与店铺促销活动相关的短视频，并在短视频中添加店铺或商品链接	DOU+
小红书	发布有关穿搭分享、好物推荐等实用的笔记	薯条

任务二　掌握电子商务平台内营销推广

电子商务平台通常提供了丰富的营销推广工具，张晓晨在摸索千牛商家工作台时发现其有专门的"营销"和"推广"功能选项卡，于是她打算深入研究淘宝的营销推广方法。

一、付费工具推广

为帮助商家提升店铺流量和销售额，电子商务平台通常会提供一些推广工具，包括免费推广工具和付费推广工具。例如，淘宝提供的付费推广工具——万相台无界版，能够通过关键词推广商品，并能精准推广至目标人群，帮助商家实现全链路、全媒体、全数据、全渠道营销。

（一）认识万相台无界版

万相台无界版是阿里妈妈发布的一站式营销投放系统，支持7大营销场景（见图5-4），可一次性触达淘宝的流量资源。万相台无界版有极速版和标准版，其中标准版的功能更全面，支持更细致的设置。下面对使用较多的关键词推广、精准人群推广、消费者运营和活动场景做简要介绍。

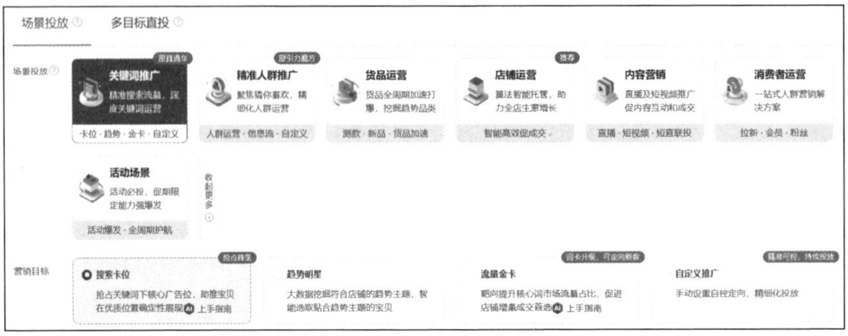

图5-4　万相台无界版的营销场景

1. 关键词推广

关键词推广是升级版的直通车，能使商品精准展现在搜索结果页，无点击不扣费，具有流量精准、操作可控和场景丰富的优势。商家可以根据推广需求选择自定义推广。自定义推广需要手动设置推广计划，支持自主选品、选词等，同时提供多种出价方式，还支持选择投放地域、渠道和时间，具有投放可控、效果更佳的优势。

2. 精准人群推广

精准人群推广聚焦淘宝内的"猜你喜欢"流量，提供精准的人群增长阵地，可以加快目标消费者的成交转化。精准人群推广提供4种解决方案，包括人群方舟、店铺宝贝运营、人群超市和特惠包，可实现促进消费者加购/收藏、首次购买、点击和成交等目标。另外，设置精准人群推广时，系统还将根据优化目标和推广主体，智能推荐种子人群，商家也可自行添加种子人群，如图5-5所示。

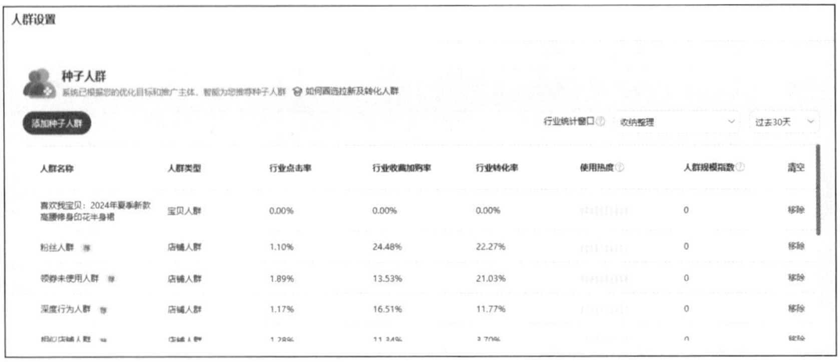

图5-5　自行添加种子人群

3. 消费者运营

消费者运营致力于提供一站式人群营销解决方案，包括拉新快、会员快和粉丝快3个方面。拉新快是让店铺快速获取新客户，会员快主要是快速扩大店铺会员规模，粉丝快是高效提升粉丝数量。

4．活动场景

活动场景联动淘宝平台大型活动（如"6·18""双十一"）及店铺活动节奏，结合活动权益和活动专属氛围，提升店铺全周期投放效率。

（二）新建推广计划

商家可以根据推广需求选择合适的推广方式，推广时需要新建推广计划，添加推广商品并设置出价等信息。以关键词推广为例，为佳依女装自定义推广夏季新款半身裙，推广预算为 7 天 250 元，其具体操作如下。

（1）进入"千牛商家工作台"页面，将鼠标指针移至"推广"选项卡上，选择"推广服务"栏下的"万相台"选项，打开"万相台"页面，单击 立即体验 按钮，打开"万相台无界版"页面。单击页面右上角的 开⏺ 按钮关闭极速版。

（2）将鼠标指针移至页面上方的"推广"选项卡上，在打开的列表中选择"关键词推广"选项，如图 5-6 所示。打开"关键词推广-万相台无界版"页面，单击 新建关键词推广 按钮，如图 5-7 所示。

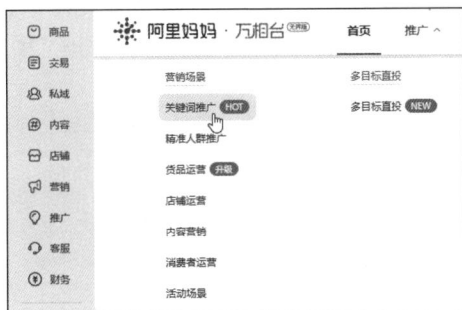

图 5-6　选择"关键词推广"选项

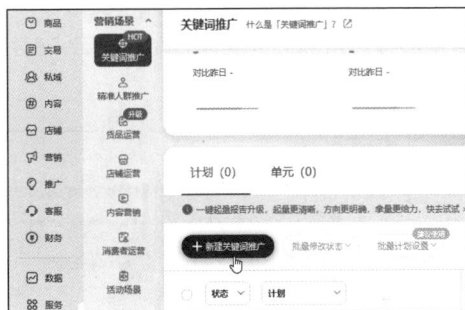

图 5-7　单击"新建关键词推广"按钮

（3）打开推广计划设置页面，选择"营销目标"栏中的"自定义推广"选项，在"选择推广宝贝"栏下单击 添加宝贝 0/30 按钮，打开"添加宝贝"面板，找到需推广的商品后，单击其对应的 添加 按钮，添加成功后，单击 确定 按钮，如图 5-8 所示。

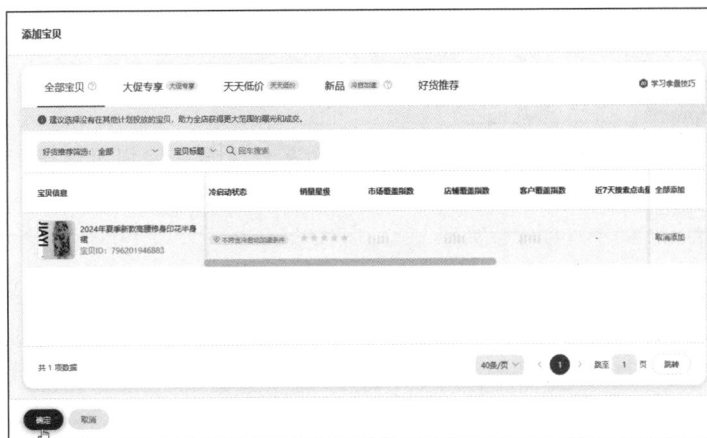

图 5-8　添加推广商品

（4）在"设置预算及出价"栏下设置"预算类型"为"周期预算"，在"周期预算"栏后的文本框中输入"250"，系统将显示预估"成交金额""收藏加购""宝贝点击"，保持"出价方式"栏的默认设置，如图5-9所示。

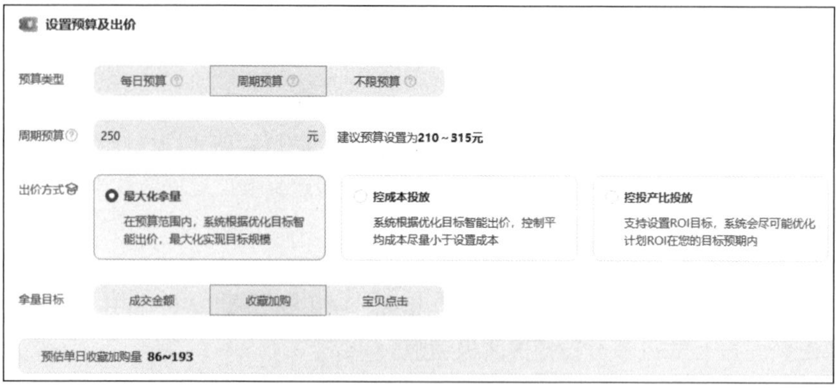

图5-9　设置预算及出价

（5）在"关键词设置"栏中单击选中"添加自选词"复选框，在"词包"下拉列表中选择预估展现量较高的词包，此处单击选中"#半身裙女夏季#"复选框，在"关键词"下拉列表中选择可捡漏的关键词，此处单击"A字裙半身裙"关键词选项对应匹配方案的"精准"选项卡，如图5-10所示。

图5-10　关键词设置

专家指导

展现量指商品被展示的次数。商品获得的展现量与关键词的选择密切相关，如关键词的排名、关键词的搜索量等都是影响商品展现量的重要因素。

（6）在"计划名称"文本框中输入推广计划的名称"关键词推广_夏季新款半身裙"，单击"投放资源位/投放地域/投放时间"超链接，打开"高级设置"面板，保持"投放资源位"和"投放地域"选项卡的默认设置。

（7）单击"投放时间"选项卡，单击选中"自定义投放时间模板"选项，将鼠标指针移至想要设置折扣的起始时间处，按住鼠标左键不放，拖曳鼠标选择投放时间段，此处选择"星期一——星期日:07:30—20:00"时间段,然后依次单击 **确定** 按钮,如图 5-11 所示。单击 **创建完成** 按钮完成计划创建。

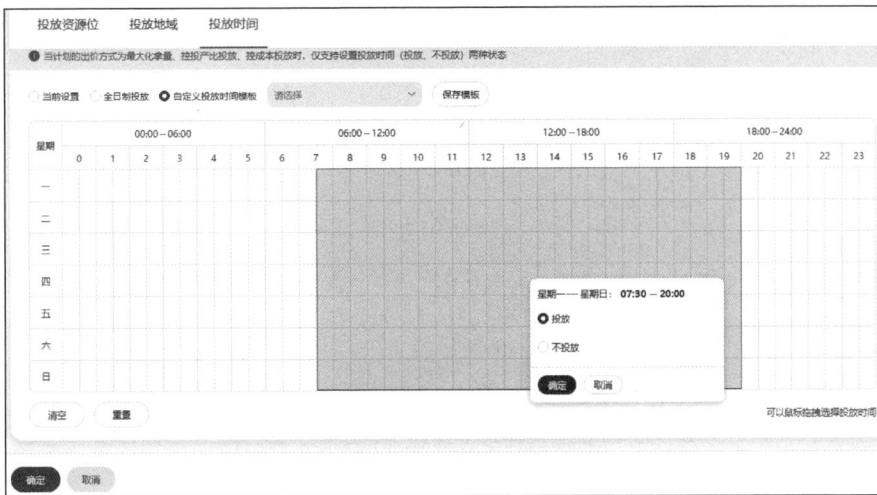

图 5-11　设置投放时间

二、平台内活动营销

电子商务平台通常会安排一系列的营销活动来刺激消费者的购物欲,对商家而言,参加这些营销活动可以为店铺带来更多的流量,是一种非常有效的营销手段。只要满足活动要求,商家即可报名参加活动。淘宝提供多种类型的活动,如根据大促日历开展的活动、竞价活动及营销活动。不同的活动具有不同的针对性,所带来的推广效果也不相同。

(一)根据大促日历开展的活动

根据大促日历开展的活动主要有平台型活动和行业活动两种类型,活动预告一般在活动正式报名开始前 1~4 周开启。若想报名参加这类活动,商家可在登录千牛商家工作台后,进入"千牛商家工作台"页面,将鼠标指针移至"营销"选项卡上,在打开的"营销"列表中选择"活动报名"选项,在打开的"活动报名"页面查看可参与的活动,如图 5-12 所示,选择活动可查看活动参与规则。

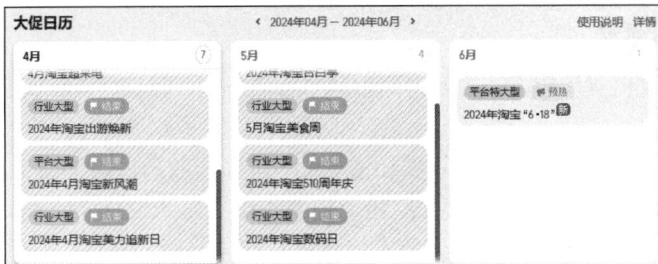

图 5-12　查看可参与的活动

(二)竞价活动

竞价活动主要有官方竞价、五星竞价和营销竞价 3 种类型。竞价商品享"天天低价"氛围标。

1. 官方竞价

官方竞价活动旨在通过平台扶持的官方链接实现商品快速销售。平台精选热门赛道开启招商，商家可以选择具备价格优势的赛道同款商品参与赛道竞价。竞价成功后，会生成一个官方链接（商家只需报价和履约），流量效率有官方链接保障，支持新商新品，助力商家订单增长。

2. 五星竞价

五星竞价的实质是根据商品的价格竞争优劣划分等级（即星级），星级越高，说明该商品当前价格在同款商品中越有优势。

3. 营销竞价

报名营销竞价活动的商品，审核通过后自动成为闪降活动商品，只要商家在报名的对应场次开播，即可获得直播加权流量。

商家若想参与竞价活动，可在"营销"列表中选择"竞价活动"栏下相应的竞价活动，进入相应的竞价活动页面后，可查看可报名的商品，如图 5-13 所示。需要注意的是，报名商品和赛道的品牌+商品+SKU（Stock Keeping Unit，库存单位）规格须完全一致，这样才能判定为和赛道商品是同款商品，从而通过审核。

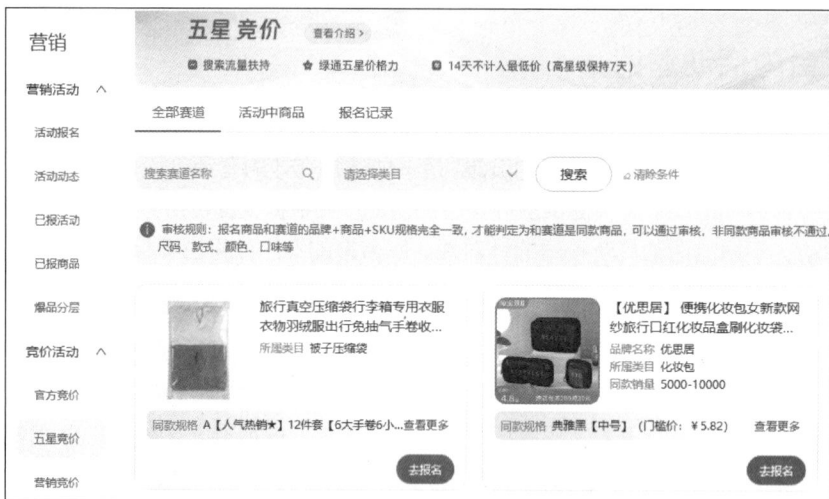

图 5-13　可报名竞价活动的商品

（三）营销活动

淘宝营销活动的类型较多，主要有聚划算、百亿补贴、天天特卖和淘金币等活动。

1. 聚划算

聚划算汇聚了庞大的流量，商家参加该活动，可以获取超过店铺日销量数倍的营销数据，获得更多的收益。聚划算提供单品团、品牌团和主题团 3 种活动团型，商品团是单商品报名参与活动，品牌团和主题团是多商品报名参与活动。图 5-14 所示为聚划算的活动特色。

2. 百亿补贴

百亿补贴是通过平台/商家在供货价基础上给消费者一定比例的让利，从而打造低价商品。参与百亿补贴的商家可享受全域高流量加持，助力品牌快速拉新转化。图 5-15 所示为百亿补贴的活动特色。

图 5-14　聚划算的活动特色　　　　图 5-15　百亿补贴的活动特色

3. 天天特卖

天天特卖携手广大商家,致力于为消费者提供更具性价比的商品和更便捷安心的购买体验。参加天天特卖的活动商品可在全渠道享受面向目标人群的流量扶持。

4. 淘金币

淘金币是淘宝消费者的激励系统和通用积分系统,消费者可通过签到、购物互动游戏等行为获取金币,在提供抵扣的商品交易中使用金币获得折扣,商家在交易中赚取金币,并通过花金币来获得平台流量,提升消费者黏性。

参与这类活动的方法较为相似,商家可在"营销"列表中的"营销场景"栏下选择相应的活动,进入相应的活动页面后,查看可报名的活动,点击报名可查看活动的玩法介绍及报名流程介绍。图 5-16 所示为聚划算单品团活动的报名流程。

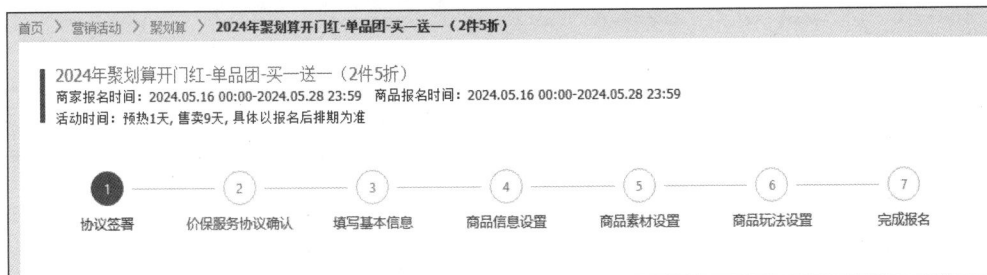

图 5-16　聚划算单品团活动的报名流程

三、移动端营销

移动电子商务环境下,消费者的习惯和需求逐渐发生变化,消费者希望能够随时随地精准地享受到各项个性化服务,这就需要更加精准的营销定位、更加完善的移动营销手段。

(一)移动端营销的特点

相较于 PC 端营销,移动端营销具有如下特征。

1. 便携性

移动端具有极高的便携性,消费者可以随时随地通过智能手机、平板电脑等移动设备查看营销信息,参与营销活动。

2. 精准性

商家根据移动设备收集的消费者数据,可以分析消费者的兴趣、行为、位置等信息,构建精准的消费者画像,并在此基础上制订个性化的营销策略,将营销信息准确地传递给目标消费者。

（二）移动端营销的方式

在移动端开展营销，商家可以采用自主创作内容和合作创作内容两种方式。

1. 自主创作内容

自主创作内容包括视频和图文两种内容形式，其内容多为穿搭分享、优惠分享、热销商品介绍、新品上架等。若要创作视频内容，可使用千牛商家工作台提供的创作模板，如图 5-17 所示，上传素材替换模板内容，还可使用千牛商家工作台提供的视频创作工具一键创作视频。

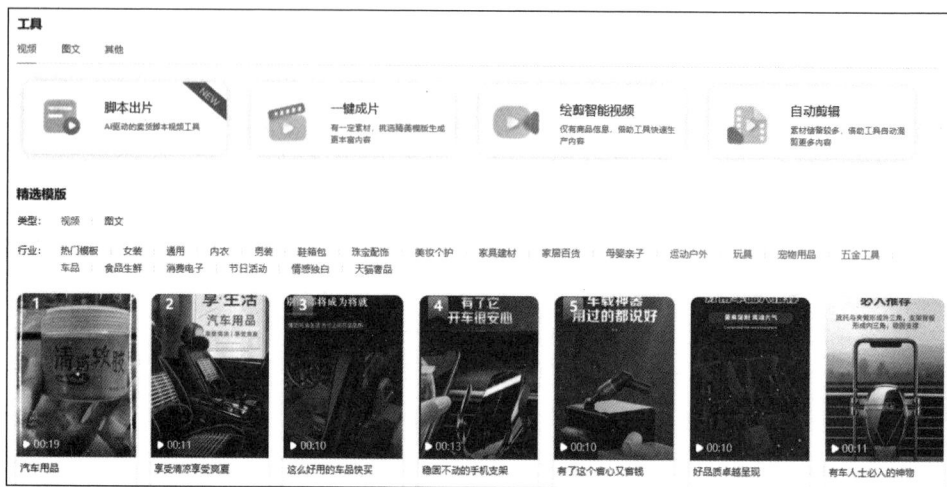

图 5-17　使用创作模板

下面使用"一键成片"功能为某品牌的手机膜创作营销内容，其具体操作如下。

（1）选择"内容/创作工具"选项，在打开的页面中单击"一键成片"选项卡，打开"一键成片"页面，将鼠标指针移至 上传素材 按钮上，在打开的下拉列表中选择"本地上传"选项，如图 5-18 所示。

（2）打开"打开"对话框，选择视频素材（配套资源:\素材\项目五\"手机膜测评"文件夹），如图 5-19 所示，单击 打开(O) 按钮上传视频素材。

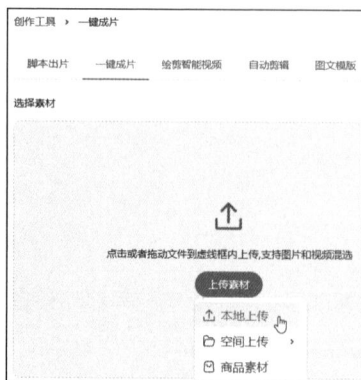

图 5-18　选择"本地上传"选项

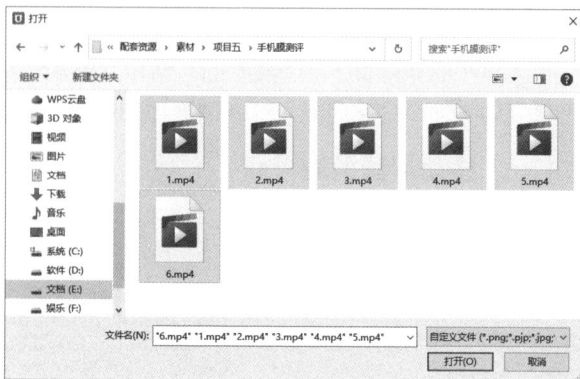

图 5-19　选择视频素材

（3）单击 智能成片 按钮，如图 5-20 所示，页面下方将生成多种视频效果。单击"消费电子"选项卡，将鼠标指针移至图 5-21 所示的视频上，单击 编辑 按钮编辑视频。

（4）在打开的编辑页面右侧可替换视频素材，修改视频效果中的文字和音乐，将鼠标指针移至"视频片段编辑"栏下的第一段视频素材上，单击"替换素材"超链接，在打开的"打开"对话框中选择"2.mp4"（配套资源:\素材\项目五\手机膜测评\2.mp4）选项，使用相同的方法将第 3 段视频素材替换为"5.mp4"（配套资源:\素材\项目五\手机膜测评\5.mp4）视频素材；在"文字编辑"栏中根据商品实际情况修改表述，并删除多余的文字，然后单击 合成并发布 按钮发布视频，如图 5-22 所示。

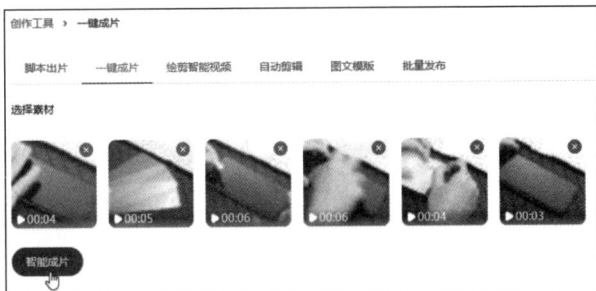

图 5-20　单击"智能成片"按钮

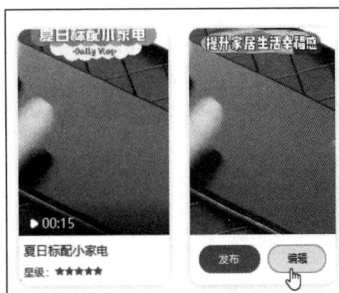

图 5-21　单击"编辑"按钮

图 5-22　修改视频文字并发布

若要创作图文内容，也可使用千牛商家工作台提供的图文模板，替换其中的素材和文字内容进行创作。商家发布的内容将在淘宝 App 首页的"关注"频道进行分发，这会使得店铺的直播、权益、活动和内容更及时、更全面地触达粉丝。

2. 合作创作内容

合作创作内容主要通过发起买家秀征集活动和与达人合作的方式实现。买家秀征集活动主要是消费者发布商品使用评价、知识/经验分享、使用过程/效果展示、生活体验分享等对店铺有价值的内容，提升消费者购买意愿，促进成交转化。商家可自主创建买家秀征集活动，

电子商务运营管理（慕课版 第2版）

或转发平台话题发起买家秀征集活动，征集的内容可获得平台流量扶持。例如，在千牛商家工作台中发起洗发水测评的买家秀征集活动，其具体操作如下。

（1）选择"内容/买家秀征集"选项，打开的页面中将显示平台话题，单击 发起买家秀征集 按钮，如图 5-23 所示，打开"创建买家秀征集"页面，在"活动标题"栏中输入"哪款洗发水值得回购？"。

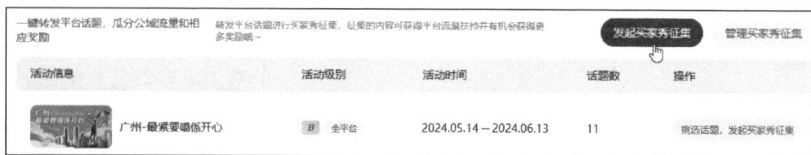

图 5-23　发起买家秀征集

（2）单击"封面头图"栏下的空白部分，打开"选择图片"对话框，单击 上传新图片 按钮，在打开的对话框中上传素材图片（配套资源:\素材\项目五\洗发水.png），打开"裁剪图片"对话框，确认主体完全显示后，单击 确定 按钮，如图 5-24 所示。

图 5-24　裁剪图片

（3）在"参与规则"栏中输入参与规则，如图 5-25 所示。保持"内容类型"栏的默认设置。为了更直观地推广商品，还可将内容与本店商品关联，这里单击选中"内容必须挂载本店商品"单选项，保持"奖项信息"栏的默认设置。单击 提交 按钮提交买家秀征集活动。

图 5-25　输入参与规则

与达人合作需要参与活动的商家挑选申请商品体验的达人，并且按时为挑选的达人发货。达人收到商品后将按照要求完成内容创作。为确保内容创作的质量，商家需要谨慎挑选合作的达人。商家应根据自身商品特性寻找与之相匹配的达人。例如，美妆产品更适合与美容护肤、时尚搭配等领域的达人合作，户外装备则应考虑与旅游探险、运动健身等领域的达人合作。同时，商家还需要查看达人的历史内容创作，了解他们的内容质量、风格及受众反馈。另外，商家还需要查看达人的互动数据，如点赞数、评论量、转发量等，以判断营销效果。

任务实训　使用万相台推广店铺新品

临近"6·18"，张晓晨计划上新一批夏季新品，其中有一件升级改版的连衣裙曾受到众多消费者喜爱，应消费者的要求，她特意加长了这款连衣裙的裙长。如今，张晓晨计划将这条连衣裙推送给老客户。为回馈消费者，张晓晨还计划参与淘宝的"6·18"活动。

【实训要求】

（1）使用精准人群推广。

（2）设置到期不自动续投，周期预算为"1000"元，出价方式为"最大化拿量"。

【实训步骤】

1. 推广商品

（1）进入"万相台"页面，将鼠标指针移至页面上方的"推广"选项卡上，在打开的下拉列表中选择"精准人群推广"选项。打开"精准人群推广—万相台无界版"页面，单击 `＋新建精准人群推广` 按钮。

（2）打开推广计划设置页面，在"计划名称"文本框中输入"计划_老客户推广"，在"选择方案"栏中选择"店铺宝贝运营"选项，在"目标类型"栏中选择"新品飞车"选项，保持"优化目标"栏的默认设置，如图5-26所示。

图 5-26　设置推广计划

（3）在"投放主体"栏下单击 `＋添加新品宝贝 0/20` 按钮，在打开的面板中选择需推广的商品，单击 `添加种子人群` 按钮，在打开的"添加种子人群"面板中单击"宝贝人群"选项卡，找到需推广的商品后，单击其对应的 `添加` 按钮，然后单击 `确定` 按钮，如图5-27所示。

图 5-27　添加推广商品

（4）在"预算类型"栏中选择"周期预算"选项，取消选中"到期自动续投"选项，在"周期预算"文本框中输入"1000"，在"出价方式"栏中单击选中"最大化拿量"选项，保持"高级设置"栏的默认设置，如图 5-28 所示，然后单击 创建完成 按钮完成计划创建。

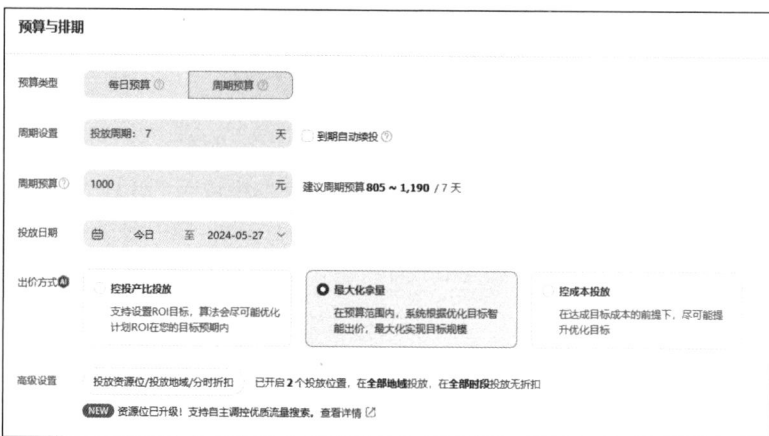

图 5-28　设置推广计划的预算和出价方式

2．参与大促活动

进入"千牛商家工作台"页面，将鼠标指针移至"营销"选项卡上，在打开的"营销"列表中选择"活动报名"选项，在打开的"活动报名"页面选择"大促日历"栏下的"2024年淘宝 6·18"选项，如图 5-29 所示。在打开的页面中单击"6·18"选项对应的 去报名 按钮，如图 5-30 所示，然后根据活动报名流程报名活动。

图 5-29　选择活动

图 5-30　报名活动

任务三　掌握新媒体平台营销推广

近年来，随着新媒体技术的快速发展，微博、微信、抖音、小红书等新媒体平台已成为人们生活中不可或缺的一部分。张晓晨敏锐地洞察到，利用这些平台开展营销推广将带来显著的商业价值。鉴于她父母长期积累的丰富微信好友资源，张晓晨决定运用这一优势，开展有针对性的营销，并计划进一步拓展至其他新媒体平台，以丰富营销渠道，提升店铺影响力。

一、微信推广

商家利用微信进行推广，主要是在开设的微信个人号或微信公众号中发布内容，引导消费者点击商品或店铺网址，甚至主动搜索店铺或品牌名称。

（一）微信个人号推广

微信个人号推广是指商家通过微信朋友圈发布一些有价值的、碎片化的、及时性的内容来传达店铺或商品信息，潜移默化地引导消费者产生购买兴趣。利用微信个人号推广，商家应有较多的微信好友，同时还需要掌握一些推广技巧。

1. 发布高质量内容

发布具有吸引力和有价值的高质量内容，可以吸引消费者的注意力。例如，分享商品优惠信息、商品使用技巧或生活小贴士等，增强消费者的信任感。图 5-31 所示为分享鞋子护理和保养知识的推广内容。

2. 注重互动

一方面要及时回复消费者的评论和私信，另一方面要鼓励消费者点赞、评论和转发朋友圈，在拉近与消费者距离的同时，提高内容的互动性和传播力，如"点赞前 10 名赠送小礼品"。

3. 利用节日

在节假日，如春节、国庆节、中秋节等发布相关营销内容，可以提高内容的关注度。图 5-32 所示为结合春节写作的推广内容。

4. 投放广告

利用微信朋友圈的广告功能精准投放广告，可以提高内容的触达率。

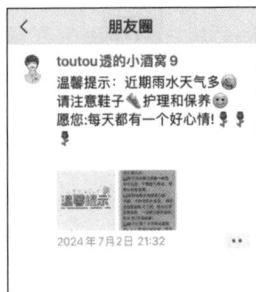

图 5-31　分享知识　　图 5-32　结合春节的推广内容

（二）微信公众号推广

微信公众号推广主要有两种方法，一种是写作微信公众号文章进行推广，另一种是与有影响力的、符合自身店铺定位的、成熟的微信公众号合作进行推广。

1. 写作公众号文章

微信公众号文章主要包括标题和正文两部分，每部分的写作要点如下。

（1）写作标题

要想让微信公众号文章脱颖而出，有吸引力的标题至关重要。可以选择以下几种类型的标题。

- **宣事式标题**。宣事式标题是指直接点明商品宣传意图的标题，适用于折扣促销的活动类文章和产品上新的文章，这类标题能让消费者第一时间了解文章的关键信息，如图 5-33 所示。

- **提问式标题**。提问式标题是指通过提问的方式（如反问、疑问、设问等）引起消费者注意的标题，其能够引导消费者思考问题，并产生阅读全文一探究竟的想法，如图 5-34 所示。提问式标题要从消费者关心的利益点出发，否则较难引起消费者的兴趣。

- **对比式标题**。对比式标题是将当前事物的某个特性同与之相反或性质截然不同的事物进行对比，并通过这种强烈的对比引起消费者注意的标题。此类标题常常通过与行业内不同品牌同质商品进行比较，借助两者之间的差异来突出所推广商品的性能和特点，引导有这类需求的消费者点击文章，从而为店铺引流。例如，"A 款手机测评：B 款手机的劲敌表现对比"。

图 5-33　宣事式标题　　　　　　图 5-34　提问式标题

- **证明式标题**。证明式标题是以见证人的身份阐释商品或品牌好处的标题，既可以是自证，也可以是他证，以此增强消费者的信任感。例如，"达人亲测 | 夏季有 TA，肌肤没烦恼"。

- **号召式标题**。号召式标题一般以动词开头，同时结合店铺优惠券、打折等福利，吸引消费者前往店铺。在写作时要注意用语委婉，避免语气强硬、给消费者居高临下之感。例如，"关注这个彩妆店铺，让你的夏天美出新高度"等。

- **悬念式标题**。悬念式标题侧重于借助某个点引发消费者的好奇和思考，让消费者带着思考去阅读，在其中探索答案。注意标题中一定要带上品牌或商品的关键字，加深消费者印象，如"在百度搜索××品牌汉服，竟然……"。

具体写作时，要注意用精练的词汇概括文章的核心观点或亮点，必要时还可以使用数字、符号等突出重点信息，以引发消费者的阅读兴趣。

（2）写作正文

优质的正文内容可以吸引消费者继续阅读。在写作文章正文时，可以通过故事、问题或相关场景来激发消费者的兴趣。文章的主体部分应条理分明，逻辑清晰。每个段落要围绕一个中心思想展开，可以使用小标题细分内容，以帮助消费者阅读。同时，还可以在文章中插入高质量的图片、图表、动画等内容，以直观地传递复杂信息，增强文章的可读性。此外，还要注意营造消费者的参与感，如邀请消费者参与讨论、投票或回答问题等。最后，结尾段落应回应开头，总结全文要点，同时留下行动号召，如分享文章、关注微信公众号等。

2. 与成熟微信公众号合作

成熟的微信公众号一般拥有相当的关注人数和点击量，合作推广的效果更佳。在选择合作的微信公众号时，其粉丝群体要与店铺目标消费群体高度相关。例如，若商家经营的是服饰鞋包，可以选择与穿搭类微信公众号合作。同时，还要注意评估合作微信公众号的内容质量，可以通过阅读合作微信公众号以往的文章，查看其内容质量、阅读人数、互动情况等进行判断。如果各方面情况比较理想，说明该微信公众号有一定的推广引流能力。

二、微博推广

微博作为一个基于用户关系的信息分享、传播及获取平台，可以将品牌或商品相关的营销信息快速扩散至大量用户，取得较佳的推广效果。

（一）微博的内容类型

与电子商务相关的微博，其内容涵盖多个方面，主要是为了吸引消费者的注意并促进销售。

（1）商品展示与介绍。主要展示并介绍商品或服务的特性、优势和用途，或发布新品上市的预告信息，如图 5-35 所示。

（2）促销与优惠分享。侧重于分享折扣、优惠券、满减活动等促销信息，吸引消费者做出购买决策，同时还可以结合节日、纪念日等时间节点，策划专题促销活动。图 5-36 所示为利用"6·18"活动分享促销与优惠信息。

（3）评价与案例分享。主要分享消费者的使用心得、购买体验和商品评价等，侧面证明商品或服务的优质，增强潜在消费者的信任感。

（4）专业知识分享。分享与商品相关的行业动态、使用技巧、保养知识等，塑造品牌的专业形象，同时为消费者提供实用性内容，如图 5-37 所示。

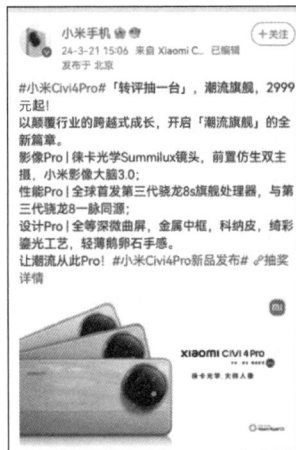

图 5-35　商品展示与介绍　　　　图 5-36　促销与优惠分享　　　　图 5-37　专业知识分享

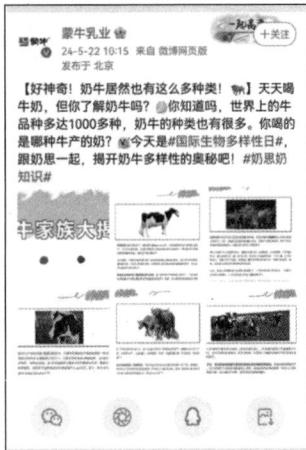

（5）讲述品牌故事与文化。主要是为了传递品牌的核心价值观、历史传承、创始人精神、企业使命和社会责任感等方面的信息，以与消费者建立情感联结，提升消费者的品牌认同感。

其中，商品展示与介绍、促销与优惠分享类型的营销目的比较明确，能够迅速吸引消费者的注意力并促进购买行为，其余 3 种类型则比较含蓄，但能够有效地建立与消费者的情感联结、提升消费者忠诚度。

专家指导

　　微博内容的更新速度快，商家要想持续获得关注，需要定期输出有价值、有趣的内容，以提升消费者的活跃度，确保微博推广效果。

（二）微博推广的技巧

灵活运用微博推广的技巧，可以提高消费者主动分享和传播微博内容的意愿。

（1）利用热点事件。热点事件一般具有较高的关注度和讨论度，密切关注当前的热点事件和流行趋势，巧妙地将这些元素融入微博内容中，可以迅速吸引消费者的注意力并扩大内容的传播范围。

（2）引导互动。一方面可以通过与消费者互动，与其建立更紧密的联系，提高消费者主动传播内容的意愿；另一方面可以直接号召消费者转发、分享内容，促进内容的传播。必要时，可以设置抽奖活动吸引消费者主动传播内容，如图5-38所示。

（3）构建微博矩阵。建立微博矩阵是指在微博上建立多个相关的账号，通过相互转发、互动和关联，扩大内容的影响力。

（4）与KOL合作。KOL（Key Opinion Leader，关键意见领袖）一般拥有大量的粉丝和较高的影响力，与KOL合作推广内容，可以有效扩大内容的传播范围。图5-39所示为借助KOL影响力推广品牌新品的微博内容。

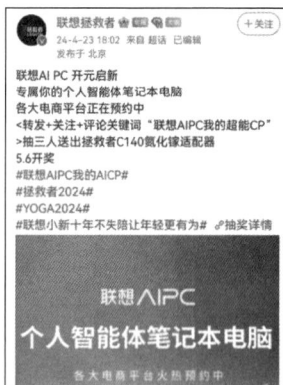

图5-38　引导互动　　　　　　图5-39　与KOL合作

（5）使用推广工具。微博提供的营销推广工具不仅可以提升粉丝数量，还可以推广内容，商家可以针对需要推广的微博内容进行付费推广。

三、抖音推广

抖音是一个短视频平台，具有用户多、流量优质、内容直观生动、商业营销性强的优势。商家主要依靠短视频或直播的形式来推广商品。在保证内容优质的前提下，商家可以灵活使用多种推广方法提高短视频的推广效果。

（一）创作推广短视频

短视频是抖音核心的内容形式，因此可以通过创作优质的短视频进行推广。在创作推广短视频时，首先，要了解目标消费者的兴趣点，以便创作出符合他们喜好的内容。其次，要注重短视频的创意和趣味性，可以应用抖音的特效、滤镜等，提升短视频的吸引力。最后，还可以根据"抖音热榜"中的内容创作短视频，借助热点的强大影响力，迅速引发受众的广泛关注和讨论，进而提升品牌知名度和商品销量。

（二）直播推广

直播是抖音中非常受欢迎的功能，也是一种有效的推广手段。通过直播，商家可以与消费者进行实时互动，还可以直观地展示商品，解答消费者的疑问，营造良好的购物氛围，这更容易激发消费者的购买兴趣。

（三）发起挑战赛

发起挑战赛是抖音中非常流行且有效的推广方式。挑战赛可以激发消费者的参与热情，通过用户生成内容（User Generated Content，UGC）来扩大品牌的影响力。创建挑战赛时，不仅要注意挑战赛的趣味性和参与性，还要设置有吸引力的奖励机制。

（四）达人合作推广

除了自行发布推广短视频，商家还可以与抖音上的达人合作。达人通常拥有大量的粉丝，借助其影响力进行推广可以收获较佳的推广效果。商家可以在抖音中搜索"巨量星图"并注册，然后再发布推广任务。

（五）使用推广工具

抖音提供多种推广工具，如 DOU+、巨量千川等。DOU+可以给短视频内容增加流量；巨量千川支持直播和商品推广。如果希望提升内容的曝光量，可以选择 DOU+；如果希望直接促进商品销售，可以选择巨量千川。例如，使用 DOU+推广某商品的营销短视频，其方法为打开抖音 App，找到需推广的短视频，点击"更多"按钮 ，在打开的面板中点击"上热门"选项。打开"DOU+上热门"界面，在"我想要"栏中选择"点赞评论量"选项。在"我想选择的套餐是"栏中点击"切换至自定义"选项，切换为自定义套餐设置，在"我的推广设置是"栏中点击"投放时长"选项，打开"自定义投放时长"面板，点击"24 小时"选项，点击确认按钮，如图 5-40 所示。点击"投放人群"选项，打开"投放人群"面板，在"性别"栏中选择"不限"选项，在"年龄"栏中选择"不限"选项，点击完成按钮，如图 5-41 所示。设置"投放金额"为"500"，点击 使用新人优惠，一键投放 按钮确认投放，如图 5-42 所示。

图 5-40　设置投放时长	图 5-41　设置投放人群	图 5-42　设置投放金额

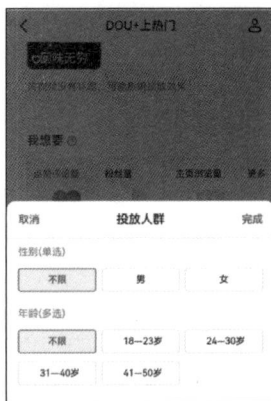

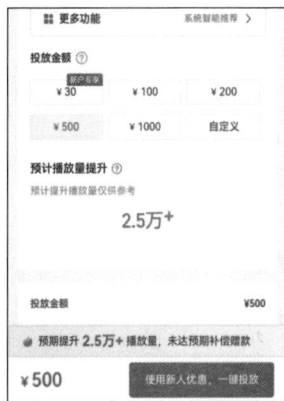

四、小红书推广

小红书是一个备受欢迎的社交电子商务平台，其用户群体广泛、活跃度高，是电子商务营销推广的重要渠道。

小红书依靠内容驱动消费，要借助小红书进行推广，首先需要保证内容优质，然后灵活运用其他推广方法和工具。

（一）创作优质内容

通过创作真实、实用、吸引力强的笔记（如商品评测、使用心得、生活方式分享等），结合高质量图片和视频，自然地植入商品信息，引发消费者兴趣，实现"种草"效果。消费者在小红书上寻找的不仅是产品推荐，更是与自己有相似经历和感受的分享者，这种真实感是小红书内容创作的特点之一。此外，小红书的推荐算法会根据消费者的兴趣和行为来推荐相关内容，创作优质内容能够提高内容在平台上的可见性，使更多消费者有机会看到并互动，进一步增加曝光机会。

（二）合作推广

商家可以与跟品牌定位相符、在小红书上有较高粉丝量的达人合作，或与其他品牌合作，借助其影响力和粉丝群体，提高商品或品牌的曝光度。

（三）借助推广工具

小红书提供多种营销推广工具，商家可以使用薯条推广小红书笔记，或开通小红书聚光平台并使用其电子商务推广功能推广商品和直播间。

任务实训　使用小红书薯条推广新品上新笔记

夏季新品即将上架，为充分引发消费者的期待，张晓晨计划先针对艺术感印花系列的主推商品进行推广。该主推商品是一款法式碎花连衣裙，采用大方领设计，张晓晨打算先在小红书和微博进行推广。因店铺只有女装，张晓晨打算精准推广给女性消费者，两个平台的推广预算分别为 150 元和 100 元，以对比两个平台的推广效果。

【实训要求】

（1）在小红书设置推广目标为"笔记阅读量"，设置推广人群为"女"，年龄为"24~30岁"，金额为"150元"。

（2）在微博设置推广方式为"自定义定向加热"，设置推广性别为"女"，兴趣为"女装"，投放金额为"100元"。

【实训步骤】

1. 小红书推广

在进行小红书推广之前，首先要明确推广的目标，根据目标特点撰写推广内容；根据目标消费者的需求和兴趣，确定内容的主题和风格。然后充分利用小红书的图文特性，选择高质量的图片和吸引人的文案，提升内容的吸引力。具体推广步骤如下。

（1）根据主推商品的特点写作小红书笔记，这里选择以分享新品上新优惠的方式吸引消费者。为激发消费者的购买兴趣，笔记需表明商品的特点。例如，标题为"佳依｜艺术感印花系列上新 9 折"，正文为"Look 1　浓郁夏日气息的碎花裙　两种不同颜色的碎花，带点朦胧的性感　在明快愉悦的夏日，带来独特的清新感　当复古方领遇上法式印花，唯浪漫不可辜负"

（2）打开小红书 App，点击"+"按钮，在打开的界面中选择碎花连衣裙图片（配套资源:\素材\项目五\碎花连衣裙.png），如图 5-43 所示。点击 下一步 按钮，如图 5-44 所示。在标题栏中输入标题"佳依｜艺术感印花系列上新 9 折"，在标题下方输入"Look 1　浓郁夏日气……"，然后适当换行，点击 发布笔记 按钮发布笔记，如图 5-45 所示。

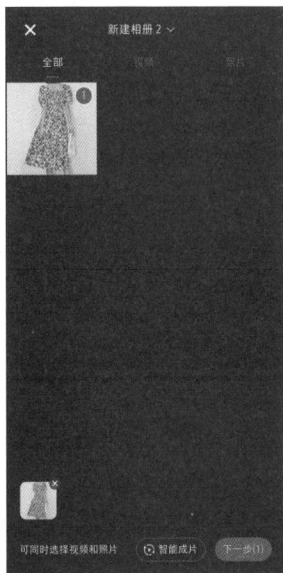

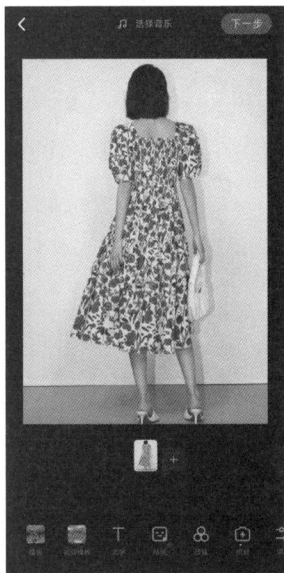

图 5-43　选择图片　　　图 5-44　点击"下一步"按钮　　　图 5-45　发布笔记

（3）返回首页，点击左上角的"更多"按钮☰，在打开的面板中点击"创作者中心"选项，在"创作服务"栏中点击"薯条推广"选项，如图 5-46 所示。

（4）打开"我的薯条"界面，点击需推广的小红书笔记下的 立即推广 按钮，如图 5-47 所示。打开"推广设置页"界面，在"推广目标"栏中点击"笔记阅读量"选项，"推广设置"栏下将显示预计提升笔记阅读量，如图 5-48 所示。

图 5-46　点击"薯条推广"选项　　图 5-47　点击"立即推广"按钮　　图 5-48　推广设置

（5）点击"推广金额"栏中的"150 元"选项，保持"启动时间"和"推广时长"栏的默认设置，点击"推广人群"栏，在打开的"自定义推广人群"面板中点击"自定义人群"

选项，点击 完成 按钮，如图 5-49 所示。

（6）打开"自定义推广人群"面板，设置"特定性别"为"女"，"特定年龄"为"24—30岁"，点击 完成 按钮，如图 5-50 所示。设置完成后，点击 立即支付 按钮，如图 5-51 所示。

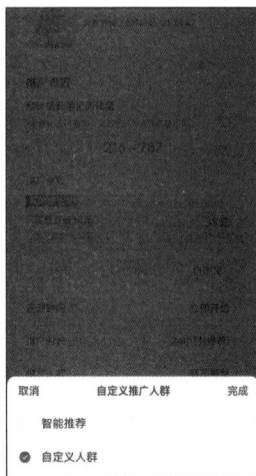

图 5-49　自定义人群　　　图 5-50　设置自定义人群　　　图 5-51　点击"立即支付"按钮

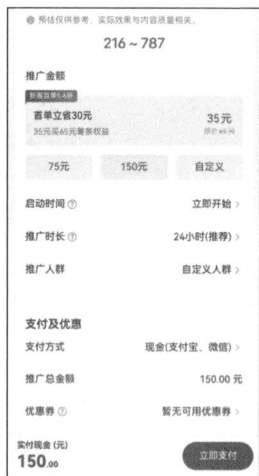

2. 微博推广

微博平台具有较大的影响力和较高的用户活跃度，有利于快速传播品牌信息。通过精准定位目标消费者、制订合适的推广计划，并结合数据分析和消费者反馈持续优化，微博推广能够有效扩大商品或品牌的影响力，促进销售增长。微博推广的具体步骤如下。

（1）打开微博 App，点击 按钮，点击"写微博"选项，在打开的"发微博"界面依次输入标题和正文内容。点击 按钮，在打开的界面中选择碎花连衣裙图片，点击 发送 按钮发送，如图 5-52 所示。

（2）找到发布的微博，点击微博内容右上角的"更多"按钮 ···，如图 5-53 所示。在打开的面板中点击"推广"选项，如图 5-54 所示。

图 5-52　输入微博内容　　　图 5-53　点击"更多"按钮　　　图 5-54　点击"推广"选项

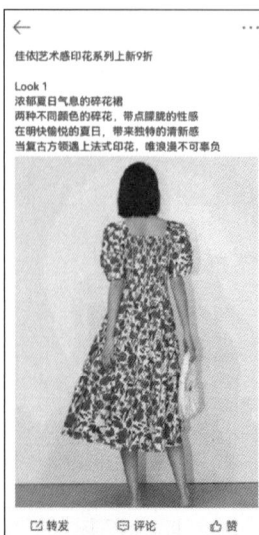

（3）打开"内容加热"界面，点击选中"自定义定向加热"选项，如图 5-55 所示。点击"性别"选项，点击"女"选项，保持地域的默认选择，点击"兴趣"选项，在打开的面板中点击"购物"选项卡，点击"女装"选项，点击 ▬▬▬ 按钮，如图 5-56 所示。设置投放金额为"100 元"，点击 去支付 按钮支付，如图 5-57 所示。

图 5-55　自定义加热　　图 5-56　点击"女装"选项　图 5-57　点击"去支付"按钮

课后练习

1. 选择题

（1）【单选】下列选项中，不属于电子商务营销特点的是（　　）。

　　A. 范围广　　　B. 个性化　　　C. 单一性　　　D. 高效性

（2）【单选】下列选项中，不属于微信公众号常见标题的是（　　）。

　　A. 提问式标题　　B. 反问式标题　　C. 证明式标题　　D. 悬念式标题

（3）【多选】下列选项中，属于万相台无界版营销场景的是（　　）。

　　A. 关键词推广　　B. 消费者运营　　C. 活动场景　　D. 精准人群推广

（4）【多选】下列选项中，属于淘宝营销活动的是（　　）。

　　A. 竞价活动　　B. 百亿补贴　　C. 聚划算　　D. 淘金币

（5）【多选】抖音推广的方法包括（　　）。

　　A. 创作推广短视频　　　　　　B. 使用推广工具

　　C. 直播推广　　　　　　　　　D. 达人合作推广

2. 简答题

（1）简述电子商务营销的策略。

（2）简述移动端营销的特点。

（3）简述微博推广的技巧。

3. 实操题

（1）假设你是某家居店铺的运营人员，店铺近期上新了一款垃圾桶。请你针对该款垃圾桶新建关键词推广计划，营销目标为"自定义推广"，周期预算为"300"，出价方式为"控成本投放"，拿量目标为"成交金额"，投放时间为"8:00—20:00"。

（2）查看大促活动日历，选择合适的大促活动并报名参与。

（3）在微信朋友圈中推广一款防晒帽（配套资源:\素材\项目五\防晒帽文件夹），要求采用生活分享的方式植入广告，并采用图文的形式呈现。帽子有关信息如下。

- UPF 50+防晒等级，宽边设计，帽檐可自由折叠，方便携带的同时提供更全面的防晒覆盖，保护面部、耳朵及颈部。
- 速干材质，轻盈透气，保持头部清爽。
- 可调节扣带，适配不同头围，穿戴稳固且舒适。
- 原价 25.9 元/顶，现价 19.9 元/顶。

（4）在小红书上发布一则推广阳山水蜜桃（配套资源:\素材\项目五\阳山水蜜桃.png）的笔记，要求体现该水蜜桃的如下特点。

- 国家地理标志产品，个头大、色泽艳丽、肉厚、香气浓郁、汁多味甜。
- 富含无机盐、钙、维生素 C 等多种物质。
- 绿色健康，生态种植，使用农家肥。
- 原价 80 元/4 斤，活动价 69 元/4 斤，活动 3 天后截止。

PART 06

项目六
跨境电子商务的运营管理

张晓晨近期托朋友从国外购买了一款护肤品，由于朋友的行程安排原因，她等待了相当长的时间才收到商品。在淘宝上偶然搜索这款护肤品时，她发现可以直接通过天猫国际购买。这次经历让张晓晨深刻感受到跨境电子商务的便捷与高效。同时她也意识到，开设一个跨境电子商务店铺能够进一步拓展店铺的销售范围，实现销售额的增长。

知识目标
- 了解跨境电子商务的特征。
- 掌握跨境电子商务的发展现状。
- 掌握跨境电子商务的物流方式。

技能目标
- 能够掌握跨境电子商务店铺的注册和设置。
- 能够做好跨境电子商务店铺的日常运营。
- 能够做好跨境电子商务的营销推广。

素养目标
- 增强风险意识，规避跨境交易风险。
- 具备跨文化意识，了解并尊重文化差异。
- 增强自主学习意识，提高跨文化沟通能力和服务水平。

引导案例

2024 年 5 月 14 日，阿里巴巴公布 2024 财年（2023 年 4 月 1 日—2024 年 3 月 31 日）第四季度（即 2024 年 1 月—3 月）及全年业绩。财报显示，2024 年 1 月—3 月菜鸟单季营收同比增长 30%，至 245.57 亿元。跨境电子商务物流一直是菜鸟的领先优势和强劲增长动力，2024 财年受益于跨境快递履约服务带来的收入增长，菜鸟营收达 990.2 亿元，较 2023 财年同比增长 28%。

这一强劲的增长主要得益于菜鸟持续构建的全球化网络。过去一年，菜鸟聚焦全球快递、全球供应链及综合物流科技等业务发展，坚定面向全球市场加大物流战略投入，已成为服务全球客户的领先物流网络。

在跨境物流领域，菜鸟继续与速卖通保持紧密合作，进一步增强端到端物流能力。2024 财年第四季度，菜鸟将速卖通"无忧优先"物流拓展至 14 个国家，包括墨西哥、波兰、意大利、葡萄牙等，并将适用范围从服务全托管商家拓展至服务全托管、半托管商家。

此外，菜鸟还联合速卖通增开青岛、成都、天津产业带跨境仓，针对出海品牌、超大件和服饰等推出跨境物流专线，并为大卖、品牌商家提供入仓多平台发货、上门揽收等服务。

菜鸟在海外本地物流领域也取得了显著增长。例如，在西班牙，科尔多瓦、格拉纳达、托莱多 3 个城市的包裹量在 2023 年 8 月到 2024 年 5 月平均增长 86%，截至 2024 年 5 月，菜鸟在西班牙已设有 19 个本地自营配送站点。

在全球供应链领域，菜鸟继续为全球客户打造一站式、差异化的解决方案。例如，针对家居家具、汽车配件、运动器材等出口大件热门品类，菜鸟推出了海外仓专属解决方案，并在国内线下家居家具卖场推出送新取旧、专职客服等增值服务。2024 财年第二季度（即 2024 年 4 月—6 月），菜鸟还正式进军美国集运市场，提供空运、海运两大产品，空运产品从集运仓发货后最快可 5 日达。

菜鸟在 2024 年展现的强劲增长势头，使其跨境电子商务物流领先优势继续扩大，也为全球电子商务企业，尤其是跨境电子商务参与者，提供了宝贵的物流经验，跨境电子商务行业将可能迎来更加广阔的发展空间。

任务一　认识跨境电子商务

尽管张晓晨已经计划进入跨境电子商务领域，但她深知自己对这一领域的了解尚浅。为做好开设跨境电子商务店铺的准备，张晓晨准备深入研究和了解跨境电子商务的相关知识。

一、跨境电子商务的特征

跨境电子商务是指分属不同关境（"海关境界"的简称）的交易主体，通过电子商务平台达成交易、进行支付结算，并通过跨境物流送达商品、完成交易的一种国际商业活动。跨境电子商务是基于互联网发展起来的，网络空间独特的价值标准和行为模式深刻地影响着跨境电子商务，使其不同于传统的交易方式并呈现出以下特点。

（一）全球性

跨境电子商务通过互联网连接世界各地的商家和消费者，互联网的无边界特性消除了空间和时间的限制，实现全球范围内的交易。

（二）无形性

许多跨境电子商务交易涉及数字产品或服务，这些数字产品或服务是以计算机数据代码的形式出现的，是无形的。

（三）即时性

跨境电子商务的信息依靠网络进行传播，其传输速度快，交易双方可以实时交流，交易过程迅速。

（四）无纸化

跨境电子商务主要通过电子化方式进行交易，如电子订单、电子发票、电子支付等。这种无纸化交易方式降低了交易成本，提高了交易效率，并减少了环境污染。

（五）可追踪性

跨境电子商务在议价、下单、物流、支付等交易环节的信息都会有记录，消费者可以实时追踪商品发货状态和运输状态。

二、跨境电子商务的发展现状

我国跨境电子商务的市场规模在经济持续发展、人们生活水平不断提高及国际物流运输便捷性提升等多重利好因素的影响下持续上涨。网经社发布的《2023 年度中国电子商务市场数据报告》显示，2021 年，我国跨境电子商务市场规模上涨至 14.2 万亿元，较上一年度同期增长 13.6%；2022 年，我国跨境电子商务市场规模达 15.7 万亿元；2023 年，我国跨境电子商务市场规模达 16.85 万亿元。

中华人民共和国海关总署（以下简称海关总署）发布的数据显示，2023 年我国进出口总值 41.76 万亿元，同比增长 0.2%；2023 年跨境电子商务进出口总值 2.38 万亿元，同比增长 15.6%，其中出口 1.83 万亿元，增长 19.6%；2024 年前三季度，我国跨境电子商务进出口总值 1.88 万亿元，同比增长 11.5%。

同时，我国出口份额保持整体稳定，根据世界贸易组织的数据，2023 年，我国出口总额 3.38 万亿美元，国际市场份额 14.2%，连续 15 年保持全球第一，整体竞争力依然稳固，并且在增长动能、区域格局等方面有显著提升。

此外，我国还陆续出台一系列政策鼓励和支持跨境电子商务的发展。2023 年 1 月，我国财政部等三部门联合发布了《关于跨境电子商务出口退运商品税收政策的公告》，出台鼓励跨境电子商务发展的增值税、消费税和关税免退补政策。受政策扶持、市场环境改善等利好因素的影响，我国出口跨境电子商务将保持快速扩张的趋势。

三、跨境电子商务的主流平台

跨境电子商务平台是指跨境电子商务活动中买卖双方进行交易的网络场所，通过平台，买卖双方可以进行信息发布、商品查询、交易磋商，以及订单的成交、付款、发货及售后等全链路的市场行为。全球速卖通（AliExpress）、Temu、Shein、亚马逊（Amazon）、Wish、eBay 等都是典型的跨境电子商务平台，以下简单介绍前四个平台。

（一）全球速卖通

全球速卖通简称"速卖通"，是阿里巴巴旗下面向全球市场打造的在线交易平台，可以简单地理解为国际版淘宝。在速卖通上，商家可以将商品信息编辑为在线信息发布到海外，海外消费者查看并购买商品后，速卖通通过国际快递进行货物运输，完成交易。速卖通于2010年4月正式上线，到2024年10月，它已经发展成为覆盖220个国家和地区的全球较大的跨境电子商务交易平台，在俄罗斯、巴西、以色列、西班牙、乌克兰和加拿大等新兴市场中，速卖通是非常重要和受欢迎的购物平台。图6-1所示为速卖通首页。

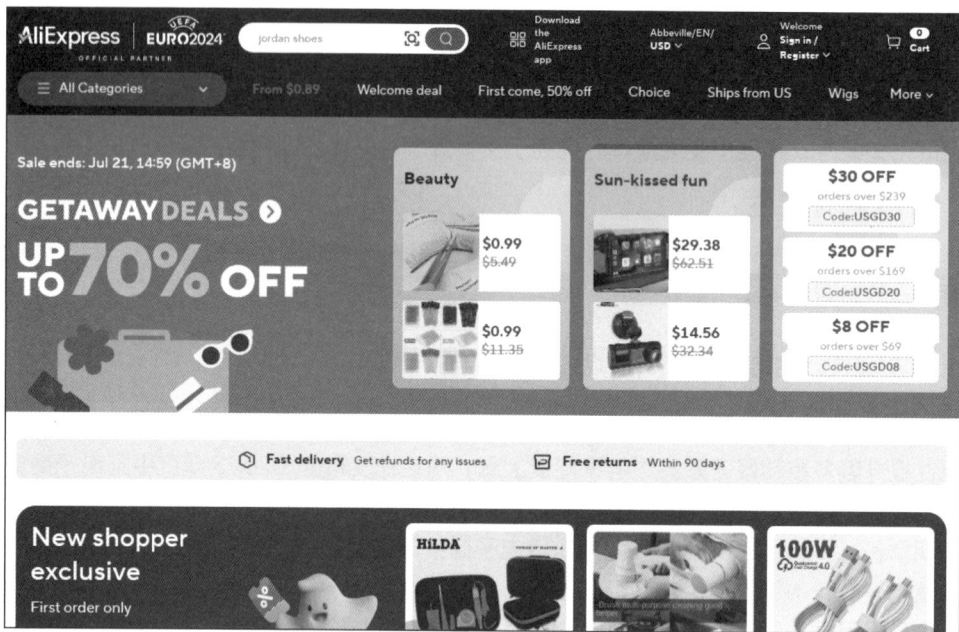

图 6-1　速卖通首页

速卖通具有入驻简单便捷、不懂专业英语也能轻松操作、物流配送全程无忧、报关无须亲自动手、国际支付宝担保交易等优势。满足条件的商家可以成为"中国好卖家"，享受流量支持、营销资源、品牌保护、申诉保障、提前放款和服务升级等多项专属权益。

（二）Temu

Temu是拼多多旗下的跨境电子商务平台，于2022年9月上线。Temu最初面向美国消费者，允许中小型商家通过网站向消费者销售产品。

自上线以来，Temu的发展势头强劲。Temu深知消费者的需求，提供低价、全品类的商品，同时其同类单品价格远低于Shein和亚马逊，价格优势明显。除了低价策略，Temu还推出多项折扣，如"1美分选1""UP TO 90% OFF"，以及免运费策略。在营销方面，Temu采用多渠道营销推广策略，通过社交媒体、内容推广和联盟营销等，吸引大量消费者。Similarweb的数据显示，2023年Temu的网页和移动端流量同比增长超过700%，在月均访问量超过1000万次的网站中，Temu仅次于OpenAI。同时，Temu不断升级业务模式。2022年9月，Temu开启"全托管模式"，由Temu掌控供应链，确保品质。2024年3月，Temu上线"半托管模式"，对商家来说，该模式不仅可以有效提高配送时效，还拥有零广告费、搜索流量加权等优势。图6-2所示为Temu跨境卖家中心页面。

图 6-2　Temu 跨境卖家中心页面

（三）Shein

Shein 成立于 2008 年 10 月，是一家 B2C 快时尚电子商务企业，最初经营婚纱，之后转型经营快时尚女装，提供女性时尚服装、鞋类、配饰等商品，后来也逐渐拓展到男装、童装、美妆产品等多个品类。

Shein 主要面向年轻女性用户群体，具有多方面的显著优势。一方面，基于我国服装的产业链和成本优势，Shein 能够持续为消费者提供低价且品质优良的服装商品。另一方面，Shein 采用小单快反模式（即小批量快速反应），这意味着商家能够根据销售数据和消费者反馈，灵活调整生产计划。这种模式不仅符合时尚界消费者快速变化的需求，还降低了库存积压的风险。另外，入驻 Shein 的商家还拥有无保证金、无入驻费、无推广费、无销售佣金、无国际物流费等优势。图 6-3 所示为 Shein 的全球招商官网页面。

图 6-3　Shein 的全球招商官网页面

（四）亚马逊

亚马逊成立于 1995 年，是较早开始经营电子商务的公司之一。亚马逊一开始只经营网络书籍销售业务，现在则涉及范围相当广泛的商品品类，包括图书、影视、音乐和游戏、数码下载、电子和计算机、家居园艺用品、玩具、婴幼儿用品、食品、服饰、鞋类和珠宝、健康和个人护理用品、体育和户外用品、汽车和工业商品等。图 6-4 所示为亚马逊首页。

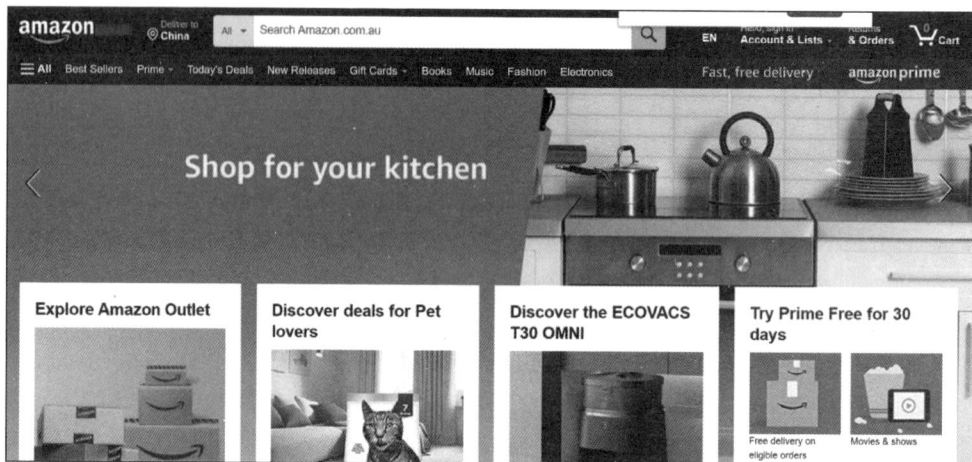

图 6-4　亚马逊首页

2012 年，亚马逊在中国正式推出全球开店项目。亚马逊方面的数据显示，截至 2023 年年底，已有数十万中国商家加入该项目，包括亚马逊美国、英国、法国、加拿大、日本、德国、意大利、墨西哥、西班牙、澳大利亚、印度及新加坡等海外站点已向中国商家开放。亚马逊主要面向企业商家招商，对招商商品的质量要求相当严格，具有较好的质量与品牌保障，因此适合品牌企业入驻，帮助企业开拓全球市场。

> **专家指导**
>
> 亚马逊不仅是跨境电子商务出口平台，还是跨境电子商务进口平台。我国消费者可以在亚马逊海外购购买亚马逊海外网站的在售商品，由亚马逊海外站点直接发货，并通过亚马逊物流配送至我国消费者手中。

任务实训　分析跨境电子商务案例

简单了解跨境电子商务的基础知识后，张晓晨觉得有必要将理论知识应用于实践，以加深理解并提升自身的运营能力。为此，张晓晨决定选取成功的跨境电子商务案例进行深入分析，希望从中提炼出可借鉴的经验和策略。

速卖通是我国较大的跨境出口 B2C 平台，覆盖 220 个不同的国家和地区，图 6-5 所示为速卖通的商家门户页面。针对优质商家，速卖通提供平台支持，如推出"中国好卖家"计划，优质商家将获得营销资源、流量扶持、品牌特权、优先体验、内部交流和专属服务 6 大专属资源（见图 6-6）。目前，速卖通已成为我国中小企业出口产品的重要平台，国内的各种产品借助速卖通直接触达全球消费者，并逐渐品牌化。

图 6-5　速卖通商家门户页面

图 6-6　"中国好卖家"计划的专属资源

物流作为跨境电子商务中不可或缺的关键驱动力，长期以来一直是速卖通优化交易环境、提升消费者满意度的重要着力点。2024 年 1 月 4 日，速卖通联合菜鸟全面上线半托管模式。半托管模式可以帮助商家管理"物流履约"环节，提升物流履约的时效性，同时保留自运营商家的货品和运营优势。

3 月 19 日，速卖通联合菜鸟针对"全球 5 日达"服务进行全方位升级。早在 2023 年 9 月 26 日，速卖通就与菜鸟联合宣布上线"全球 5 日达"国际快递产品，服务国家包括英国、西班牙、比利时、荷兰和韩国 5 个国家，如图 6-7 所示，这 5 个国家的消费者在 Choice 频道购买带有"5-day delivery"（5 日达）标识的商品，便能在 5 个工作日内收到来自我国的商品。此次"全球 5 日达"服务国家新增德国、法国、葡萄牙、沙特阿拉伯、美国和墨西哥等，全托管和半托管商家都可以享受极速的物流履约体验。

图 6-7　"全球 5 日达"国际快线产品

速卖通和菜鸟此次的合作成功促成双赢局面，速卖通凭借其平台优势为菜鸟带来巨大的商家流量，而菜鸟为速卖通提供高效稳定的跨境物流服务，进一步提升消费者的满意度。速卖通物流供应链总经理指出："速卖通全面推行托管模式一周年以来，保持着高速增长，联合菜鸟打造的物流服务正是托管服务的核心优势之一。"

在提升物流效率的同时，速卖通亦不忘加强售后服务保障，推出了一系列如"超时未妥投退款""丢必退""破必退"及"晚必赔"等贴心政策，全方位守护消费者的购物权益。此外，为提供更加个性化的客户服务，速卖通还将在欧洲及墨西哥增设本地客服站点，并招募超过百名本地客服人员，专注于为消费者提供服务，进一步拉近与消费者的距离。同时，速卖通进一步加大海外投入，2024 年 3 月宣布正式签约两名沙特阿拉伯球星成为其在中东地区的代言人，进一步提高其国际影响力。

携手菜鸟，速卖通不断深化在提升履约效率与消费者满意度方面的努力，为商家铺设了一条稳健增长的道路。基于全托管与半托管模式的速卖通 Choice，在菜鸟的强大物流支撑下，成功实现了商品性价比与品质的双重飞跃，并大幅加快了物流速度，优化了消费者的服务体验。速卖通与菜鸟的紧密合作，不仅标志着我国跨境电子商务物流行业迈入了一个全新的发展阶段，更为全球消费者带来了更加便捷、高效、可靠的跨境购物体验。

【实训要求】

阅读案例，分析速卖通的定位、服务内容等，总结速卖通的成功运营经验。

【实训步骤】

（1）分析定位。阅读案例后可知，速卖通专注于 B2C 跨境电子商务，服务于我国中小企业。

（2）分析服务内容。首先，速卖通在平台服务方面为优质商家提供营销资源、流量扶持、品牌特权、优先体验、内部交流和专属服务。其次，速卖通在物流服务方面，与菜鸟联合推出"全球 5 日达"服务。最后，在客户服务方面，速卖通加强售后服务保障，推出"超时未妥投退款""丢必退""破必退"及"晚必赔"等售后服务。

（3）总结成功经验。首先，速卖通通过"中国好卖家"计划等举措扶持优质商家，提升了平台商家的整体质量。其次，速卖通与菜鸟合作推出"全球 5 日达"国际快线产品，大幅提升了物流效率和服务质量。再次，速卖通注重售后服务保障和本地化服务，提升了消费者体验和满意度。最后，速卖通通过积极拓展海外市场，进一步提升了市场竞争力。

任务二　开设与运营跨境电子商务店铺

了解跨境电子商务主流平台后，张晓晨打算结合店铺的实际情况选择合适的跨境电子商务平台，并按照平台要求完成入驻。事后，她开始设置店铺头像和名称，最后着手发布商品。

一、注册并设置跨境电子商务店铺

各个跨境电子商务平台都有其独特的优势，在选择跨境电子商务平台时，商家可以根据自身的发展计划来确定，也可以进入每个跨境电子商务平台查看其入驻要求和规则后再选择。下面以速卖通为例，介绍注册和设置跨境电子商务店铺的事项。

（一）注册速卖通

速卖通只支持以企业身份入驻，提供全托管店铺、海外托管、自运营店铺和 Miravia 店铺 4 种店铺类型，每种店铺的特点和优势如图 6-8 所示。

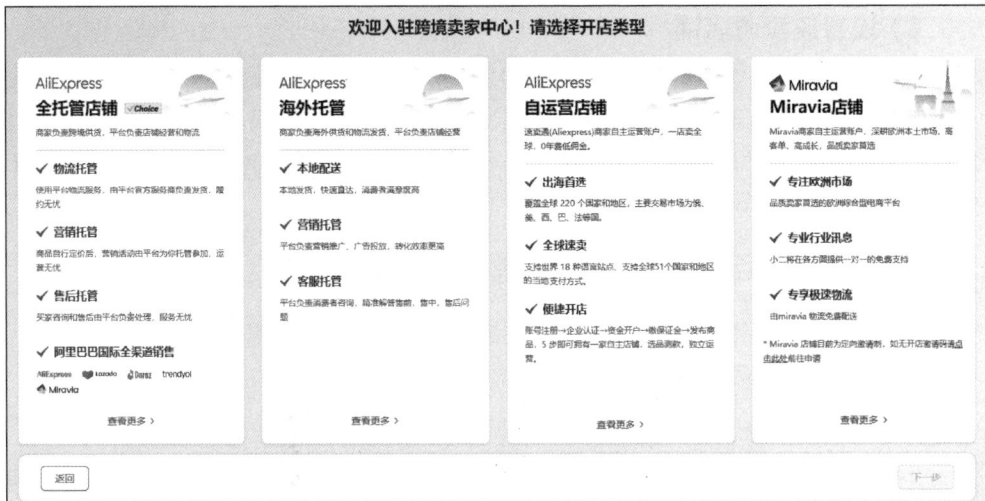

图 6-8　速卖通 4 种店铺的特点和优势

　　注册速卖通前，需要准备好相应的注册资料，包括 4 个方面的内容：一是企业营业执照；二是开店企业的企业支付宝账号或企业对应法人的个人支付宝账号；三是法人、股东的基本信息（含身份证信息）；四是联系邮箱、电话等。准备好入驻所需资料后，就可以申请开通店铺了。这 4 种店铺的入驻流程较为相似，大致为注册账号→认证企业信息→开通资金账户→选择经营类目→缴纳保证金，图 6-9 所示为开通自运营店铺的流程。

图 6-9　开通自运营店铺的流程

（二）设置速卖通店铺

店铺注册成功后，便可以进行一些基础设置，包括设置名称和头像，以提高店铺的辨识度和吸引力。由于速卖通面向全球消费者，在设置名称时，可以使用品牌的英文名称或中文拼音，确保名称易于国际消费者理解和记忆。而头像可使用品牌 Logo 或有代表性的图像，以便消费者快速识别店铺。

二、跨境电子商务店铺的日常运营

要维持跨境电子商务店铺的长期发展，商家还需要承担一些日常运营工作，包括商品管理、订单处理和客户服务等。

（一）商品管理

商品管理工作主要包括发布商品、上下架商品、调整商品价格和库存等。运营人员需要确保商品信息的准确性和完整性，并根据市场需求和销售情况及时调整商品价格和库存。在速卖通发布商品的流程与在千牛商家工作台发布商品的流程相似，主要包括填写商品基本信息→设置价格与库存→上传详情描述→设置包装与物流→进行商品分组等其他设置，如图 6-10 所示。填写完成后，可直接上架商品。在商品管理列表下可看到刚上架的商品，选择相应选项可编辑商品的价格和库存，或者下架商品。

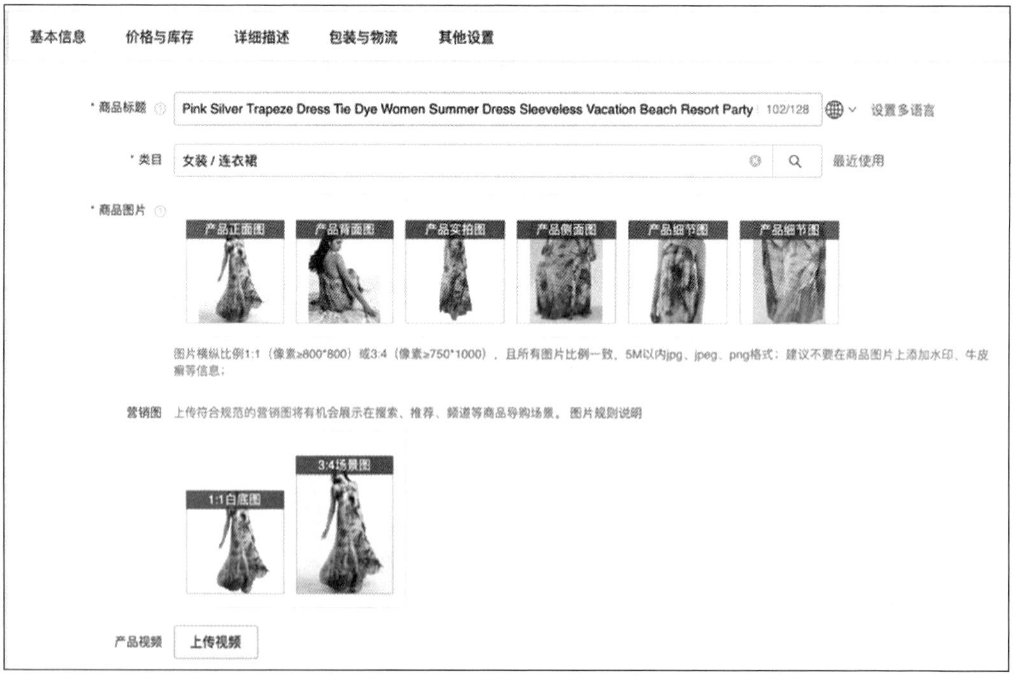

图 6-10　发布商品流程

（二）订单处理

速卖通的订单有未付款、待发货、申请取消、等待买家收货、纠纷中、已完成 6 种状态。商家可以在交易板块查看所有订单，针对未付款的订单，商家可以主动发消息提醒消费者下单，或者给予优惠刺激消费者下单。需要特别注意的是待发货订单和纠纷中订单，待发货订单要在规定的发货期限内发货，否则会计算成交不卖率，影响店铺信誉；纠纷中订单需在 5 日内做出响应操作，否则会影响店铺考核结果。

（三）客户服务

速卖通客户服务的工作内容与普通电子商务平台的工作内容相似，如图 6-11 所示。但由于文化差异，在回复国外消费者时需要注意谨慎用词。第一，在称呼消费者时，一般少用"Dear"，建议用"Dear my friend"/"Dear customer"，或"Dear+名字"。第二，注意情态动词的使用，不用"can""must"等带有命令语气的词汇，建议使用"Should""May""Would""Could"等委婉的词汇。例如，"Dear friend, thanks for your inquiry. Would you please provide the links for your interested products?"

图 6-11　客户服务的工作内容

要想提升服务效率和消费者体验，商家可以掌握一些常见问题的回复话术。

1. 发货时间回复话术

Dear my friend, thanks for your inquiry. Generally, we would arrange your products within 2-3 business days upon receipt of your payment. Thanks for your understanding. Welcome your order. Thank you!

2. 催付话术

Hello dear friend, we really appreciate your order, but we see that you haven't paid for the order, if there is anything I can help you, such as price, size, colour etc. please feel free to contact me. We will ship it in same day when you finish payment and we support free return, if you are not satisfied with the product, you can use free refund to get your money back.

3. 缺货沟通话术

Dear my friend, thanks for your order. However , the product you selected has been out of stock. Would you consider whether the following similar ones are also OK for you: http://www.*******.com/store/product/******. Sorry for the trouble and thanks so much for your understanding.

4. 售后处理话术

Dear friend, we are so sorry to hear that , our colleague did conduct check for every product issued out , it's a pity that it was ignored. Would you please provide picture for the problem to us ? Thanks!

商家要不断提升沟通能力，同时理解并尊重不同文化的商务礼仪与消费习惯，促进有效的跨国界沟通与合作。

三、跨境电子商务店铺的营销推广

随着越来越多的商家通过速卖通拓展海外市场，商家要想提升销售额、扩大品牌影响力，就需要进行营销推广。营销推广的目的是为店铺引流，速卖通的营销推广可以从站内和站外两个方面展开。

（一）站内营销推广

站内营销推广主要是获取站内的流量，包括搜索流量、广告流量和类目排名流量等，主要借助速卖通的直通车工具进行推广。

直通车是按点击付费（Cost Per Click，CPC）的营销工具，当消费者搜索商品关键词时，商家可以通过关键词实时竞价提升商品信息的排名，主动获取精准流量。直通车可以创建商品推广、品牌推广和活动推广。

1. 商品推广

商品推广包括智能投和自己投两种推广模式，智能投由系统选择关键词、人群，商家选择商品、设置预算及出价，自己投则由商家自主选择关键词和人群等。智能投根据营销场景的不同，有智投宝、新品宝和仓发宝3种。

（1）**智投宝**。商家只需要进行选品、确定预算和出价，系统将帮助推广商品在搜索流量下自动匹配精准的关键词，在推荐流量下自动匹配精准的人群，具有智能无忧的优势。

（2）**新品宝**。它是新品专属权益，主要解决新品曝光难的问题，通过为新品提供单独流量通道加快新品曝光。

（3）**仓发宝**。在智选关键词和人群的优势下，针对仓发品在辐射国服务和转化更好的特征，指定国家、地域投放。针对仓发品，使用仓发宝还将享受额外优质流量优先供给。

自己投模式下，商家可以针对推广商品自行选择心仪的关键词、投放人群，并根据流量规模需求和国家转化效果选择投放地域和差异化出价，精细化管理、强控目标流量。图6-12所示为在自己投推广模式下，选择商品并设置投放预算等。同时，商家还可以使用灵犀推荐推广商品。灵犀推荐包含速卖通站内购前/购中/购后多个场景的推荐流量，以个性化推送的方式向合适的消费者展示商品，并按点击扣费。

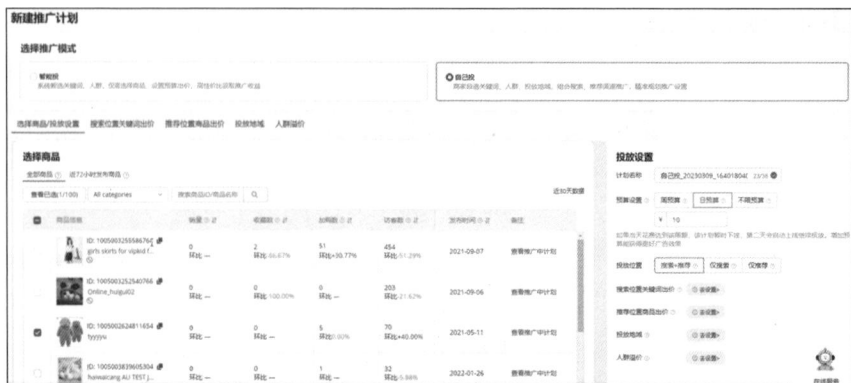

图6-12　自己投推广模式下选择商品并设置投放预算

专家指导

　　商家还可以设置全店管家进一步提升推广效果。全店管家是智投宝的极简版本，设置后可推广全店商品，只需要设置出价和日预算，系统将根据消费者搜索喜好度筛选合适的商品进行推广（可以移除不想参与的商品）。

2. 品牌推广

　　品牌推广主要通过钻展实现。钻展是一款展示类推广工具，通过跨类目的充分曝光，为店铺带来集中性的品牌曝光，适用于有营销活动引流诉求的商家。为最大化推广效果，一般建议在购买钻展的同时，搭配商品推广进行整合推广。

3. 活动推广

　　速卖通为商家提供免费的营销活动资源，商家既可以开展店铺活动，也可以参与平台活动获得曝光。

　　（1）**开展店铺活动**。店铺活动包括单品折扣、满减活动和店铺优惠活动，其实质与淘宝的店铺活动相似，有效地利用这些资源能够帮助店铺提升销量。

　　（2）**参与平台活动**。平台活动包括大促活动和频道活动两种。大促活动根据重要时间节点开展，优惠力度较大，包括"3·28"大促、"6·18"大促、"8·28"大促和"11·11"大促等，相比之下，"11·11"大促活动的流量最大。频道活动主要为 Super Deals 活动，Super Deals 活动享有单品首页曝光（见图 6-13），适用于推广新品。

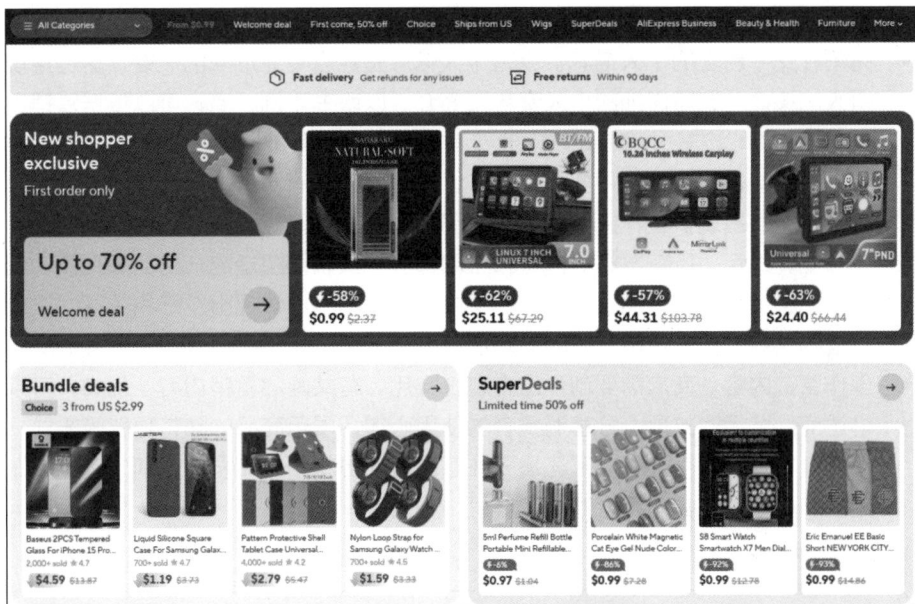

图 6-13　Super Deals 活动

（二）站外营销推广

　　站外营销推广是在速卖通以外的平台进行推广，以获取搜索引擎流量、社交媒体流量和红人推荐流量等。开展站外营销推广可以结合一些工具和方法。

1. 工具推广

　　针对站外流量，速卖通提供相应的营销推广工具，主要包括联盟营销和星合计划两种。

（1）联盟营销。联盟营销集结海量的国外媒体网站和人群，是帮助商家做站外推广引流的效果类广告产品。联盟营销按成交计费（Cost Per Sales，CPS），只有当消费者通过联盟推广的链接进入店铺购买商品并交易成功，商家才需要支付佣金。使用联盟营销需要先加入联盟计划，加入后，店铺的所有商品都将进行联盟推广。

（2）星合计划。星合计划是速卖通官方站外引流工具，是基于脸书、谷歌等全球头部媒体的广告平台，帮助商家精准站外引流，提升店铺流量和转化率。星合计划具有精准投放、全链路数据追踪的优势。

2. 其他推广方法

虽然速卖通本身提供丰富的营销工具和资源，但灵活使用其他站外推广方法能够进一步扩大品牌或商品的知名度。

（1）SNS 营销

SNS（Social Networking Services，社会性网络服务）营销是指利用各种社交网络来建立商品和品牌的群组，然后通过 SNS 分享进行各种营销活动，达到病毒性传播的效果。针对跨境电子商务的特点，SNS 营销主要可以选择广受国际消费者喜爱的国际社交网站，如脸书、推特、Tumblr、YouTube、LinkedIn、Instagram 等。具体可以按照以下步骤开展营销推广。

- 选择合适的社交平台。商家在选择社交平台时，需深入了解不同平台的用户特征、用户活跃度及市场渗透率。例如，如果目标消费者是年轻人，那么选择 Instagram 较为合适。商家还需要考虑平台的广告投放策略、用户互动习惯等因素，以便能够更有效地与潜在消费者沟通。

- 完善社交平台上的个人信息。完善个人信息是建立专业形象的关键。这包括设置吸引人的头像、编写详细的个人资料和简介。以脸书为例，商家可以根据营销目标建立公共主页，该主页就是商家向消费者推广信息的场所，其形式多样，可以是文字、图片、链接、视频等各种与品牌推广、商品促销、消费者关系维护相关的内容。

- 确定营销的基调。营销基调可以体现品牌个性。营销基调应该与品牌形象保持一致，一旦基调确定，所有发布的内容和互动都应一致，以塑造统一的品牌形象。例如，一个温馨、有亲和力的品牌，其社交内容和互动都应体现出友好和关怀，以加深消费者的信赖，塑造独树一帜的品牌形象。

- 创作营销内容。商家需要创作出有趣、实用、有共鸣的营销内容。例如，可以通过讲述商品背后的故事、分享消费者的使用心得、展示商品的独特功能等方式，吸引消费者的兴趣。同时，商家还需要注意内容的更新频率和发布时间，以保持账号的活跃度并吸引更多消费者的关注。

专家指导

不同的社交平台，其消费者的活跃时间不同。据新浪财经网的数据统计，脸书上消费者的活跃时间为工作日的 13:00—16:00；推特上消费者的活跃时间为工作日的 13:00—15:00；Tumblr 上消费者的活跃时间为工作日周一到周四的 19:00—22:00 和周五的 16:00 左右；Pinterest 上消费者的活跃时间为工作日的 14:00—16:00、20:00—23:00 和周末；谷歌上消费者的活跃时间为工作日的 9:00—11:00。商家可在上述这些时间段内发布营销内容。

- **保持互动。** 保持与消费者的互动可以提高消费者的忠诚度。这意味着商家要及时回复消费者的评论、私信等，或主动与消费者互动。同时，还可以发起话题讨论、举办问答或竞赛等活动，提升消费者的参与度。良好的互动有利于树立正面的品牌形象，并促进口碑传播。

（2）电子邮件营销

电子邮件营销（E-mail Direct Marketing，简称 EDM）是在消费者事先许可的前提下，通过电子邮件的方式向目标消费者传递信息的一种推广手段。

电子邮件营销内容丰富，包括电子广告、商品信息、销售信息、市场调查、市场推广活动等，商家在开展电子邮件营销前需要先了解其营销流程。

- **建立电子邮件地址数据库。** 电子邮件营销必须提前获得目标消费者的电子邮件地址，根据这些地址来建立营销的电子邮件地址数据库。商家可以购买第三方邮件地址数据库、共享其他邮件地址数据库，或收集调查问卷或优惠活动中消费者留下的邮件地址。商家还需要对获得的邮件地址进行筛选与分类，提高营销的精准度。
- **撰写邮件内容。** 在写作电子邮件时，要设计吸引人的邮件主题，确保邮件内容既有吸引力又有实用性。内容可以包括新品推荐、优惠券、节日促销、购物指南等。必要时可以根据消费者的购买历史、行为偏好等数据定制不同的邮件内容。

专家指导

在写作电子邮件时，不仅要注意邮件格式和排版，还要注意邮件主题、寄信人、收信人、邮件正文和寄信人签名等信息的齐全，以便将营销信息准确无误地传达给消费者。

- **发送邮件。** 商家可通过邮件发送软件向消费者发送邮件，常见的外贸邮件群发软件有 Expertsender、SendCloud、AMAZON SES、亚云邮件等。发送时需选择合适的发送时间，在消费者的活跃时间发送。

任务实训　在速卖通运营服装店铺

在速卖通开通跨境电子商务店铺后，张晓晨打算先设置店铺的头像和名称。为了解跨境消费者的喜好，张晓晨计划先上架一款热销连衣裙，并对其进行推广，以逐步熟悉并掌握速卖通的运营工作。该款连衣裙为 2024 年夏季新款，采用 A 字版型、V 领设计，白色连衣裙上点缀黑色波点，具有浓浓的法式风情，适合日常通勤。

【实训要求】

（1）设置店铺头像和名称。

（2）体验店铺运营工作。

【实训步骤】

（1）设置店铺头像和名称。进入店铺信息设置页面，上传店铺头像（配套资源:\素材\项目六\服装店铺头像.jpg），修改店铺名称为"JIAYI"。

（2）发布商品。按照填写商品基本信息→设置价格与库存→上传详情描述→设置包装与物流→设置商品分组等的顺序发布热销连衣裙（配套资源:\素材\项目六\热销连衣裙文件夹）。

（3）接待消费者。现有一名消费者发来咨询消息，询问商品发货时间。立即回复消费者，

如 "Dear my friend, thanks for your inquiry. Generally, we would arrange your products within 2-3 business days upon receipt of your payment. Thanks for your understanding. Welcome your order. Thank you!"。

（4）处理未付款订单。消费者询问后并未下单，要主动给予消费者 95 折优惠刺激其下单，消费者确定购买意向后，修改订单价格。

（5）收集更多消费者的偏好数据，新建商品推广计划推广该款连衣裙，具体选择智能投模式下的智投宝选项，设置预算为"10"元，出价为"0.3"元。

任务三　管理跨境电子商务物流

在张晓晨的努力下，她的跨境电子商务店铺渐有起色。随着店铺知名度的提升，越来越多的消费者开始关注并浏览店铺商品，不少消费者还将心仪的商品加入了购物车。为确保消费者下单后及时将商品寄送出去，张晓晨计划先确定好物流方式。

一、跨境电子商务物流的特点

与境内物流运输不同，跨境电子商务物流因需要跨越边境，具有一些显著的特点。

（一）国际性

跨境电子商务物流跨境，涉及不同国家和地区的法律法规、关税政策、物流标准及文化差异，比境内物流更为复杂，需要处理包括跨境运输、清关等多个环节，每个环节都需要专业知识和细致操作。

（二）可控性差

跨境电子商务物流涉及境内外多个环节，部分操作需依赖外部物流合作伙伴。这种复杂性导致物流时效和成本难以完全自主掌控。具体来说，物流时效可能会受到海关清关流程和效率的影响，同时国际运输能力的波动也会影响物流时效和成本。

（三）地域性

跨境电子商务物流的竞争往往集中在经济较为发达、交通便利的地区，如东南沿海地区，而中西部地区竞争相对较小。

（四）高风险

跨境电子商务物流因距离远、时间长、流程复杂，可能存在货物损失、延误、清关问题复杂等多种风险。

二、跨境电子商务的物流方式

目前，跨境电子商务常见的物流方式有邮政包裹、国际快递、专线物流和境外仓储。

（一）邮政包裹

常用的邮政包裹运输方式包括中国邮政小包、新加坡邮政小包和一些特殊情况下使用的邮政小包。相对而言，邮政包裹价格低，但速度较慢。需要注意的是，邮政包裹不运输含电、粉末、液体的商品，运送的周期也较长，通常要 15～30 天。

（二）国际快递

国际快递主要是通过国际知名的四大快递公司，即美国联邦快递（FedEx）、美国联合包裹速递服务公司（UPS）、TNT快递和敦豪航空货运公司（DHL）来进行国际快递业务的邮寄。国际快递具有速度快、服务好、丢包率低等特点，如使用UPS从中国寄送到美国的包裹，最快48小时内可以到达，但价格较昂贵，一般只有在消费者要求时才使用该方式发货，且费用一般由消费者自行承担。

（三）专线物流

专线物流一般是通过专车、航空包舱等方式将货物运输到国外，再通过合作公司去往目的国进行派送，具有送货时间基本固定、运输速度较快和运输费用较低的特点。目前，市面上常见的专线物流产品是美国专线、欧美专线、澳大利亚专线和俄罗斯专线等。整体来说，专线物流能够集中将大批量货物发往某一特定国家或地区，通过规模效应来降低成本，但具有一定的地域限制。专线物流包含4种专线。

（1）**空运专线**。指由国内到某一国家的专一航空航线，是一种包派送、包税的门到门运输服务。空运专线的费用高，适合高价值、易腐败或季节性商品。

（2）**海运专线**。海运专线的承载量大、费用低，运输时效较长，适用于耐久消费品、大宗商品等。

（3）**铁运专线**。主要针对中欧之间的特定路线运输，费用和时效适中，其优势在于平稳安全、中转少、时间准确性高，但受运输地区的限制，适合一些大货运输。

（4）**陆运专线**。利用大型卡车将货物运送到目的国，清关之后，再由当地的物流公司进行派送。

（四）境外仓储

境外仓储是指在其他国家（或地区）建立境外仓库，货物从本国出口，通过海运、陆运和空运等形式运输并储存到其他国家的仓库。当消费者在网上购买所需商品后，商家可以在第一时间做出快速响应，通过网络及时通知境外仓库分拣、包装货物，并且从该境外仓库运送到其他地区或国家，大大减少物流运输时间，保证货物安全、及时和快速地送达消费者手中。境外仓储主要有3种类型。

（1）**平台境外仓储**。商家将商品批量发送至官方平台运营中心，由平台方负责仓储、订单分拣、包装、配送、收款、客户服务与退货处理等一系列工作，其物流仓储费用比较高，压缩了商家的利润。

（2）**第三方境外仓储**。第三方境外仓储主要是由一些货代服务商提供的，服务相对来说比较全面，能够在一定程度上保证商家利润最大化。

（3）**自建境外仓**。自建仓对商家的资金实力会有很高的要求，需要考虑软硬件、仓储管理系统、人员等一系列投入，在海外拥有良好口碑且具备一定消费者群体的商家可以通过自建境外仓来节省物流成本，提高配送效率。

近年来，海外仓储凭借其物流优势，得到国家大力支持。2024年6月8日，《商务部等9部门关于拓展跨境电商出口推进海外仓建设的意见》（以下简称《意见》）发布。《意见》指出，发展跨境电商、海外仓等外贸新业态，有利于促进外贸结构优化、规模稳定，有利于打造国际经济合作新优势。这充分显示出海外仓储的巨大市场潜力，是跨境商家重要的物流方式之一。

　　例如，速卖通通过在全球范围内建立多个境外仓，形成了完善的海外仓储体系。速卖通的境外仓主要分为 3 种类型，第一种是提供全方位仓储管理、订单处理、包装和配送服务的平台官方仓，也称菜鸟官方仓；第二种是与多家知名物流服务商合作，经过严格筛选和认证的认证仓；第三种是商家与其他仓库合作，并进行管理服务的第三方境外仓。图 6-14 所示为速卖通海外仓项目介绍。

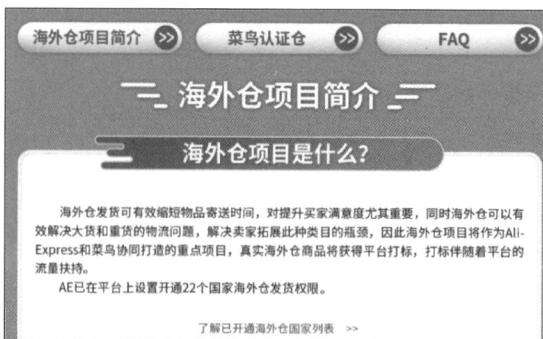

图 6-14　速卖通海外仓项目介绍

三、跨境电子商务的物流配送

　　物流配送的核心是将商品送至消费者手中，商家需要综合考虑运输时效、交货地点和运费情况，选出最优的配送方案。商家在运营跨境电子商务店铺时，可以优先考虑选择跨境电子商务平台提供的配送服务，因为跨境电子商务平台的配送服务覆盖多个国家和地区，并且具有商品多样化、配送速度快、安全有保障、税收合规等特点，既能满足不同国家消费者的需求，又能为商家提供高效的物流配送方案，降低商家的物流运输成本，提升消费者满意度。例如，速卖通提供 6 种物流配送方式，其特点、价格和适用商品有很明显的差别。

（一）经济类物流

　　经济类物流的物流成本低，基本没有物流跟踪信息，只允许线上发货，适合运送价值低和重量轻的商品。若选择此类物流方案，可选择菜鸟超级经济 Global、菜鸟专线经济、菜鸟超级经济等线路。

（二）简易类物流

　　简易类物流是高质量的平邮渠道，只能走少数重点国家，全程可跟踪物流信息，还具有赔付保障。另外，此物流方式对寄送国家及商品金额、重量有一定限制，物流时效略快于经济类物流。一般建议选择无忧物流简易线路。

（三）标准类物流

　　标准类物流的物流渠道丰富，物流成本适中，物流时效较快，是大多数商家的选择，适合 2 千克以内的小包，还可查询全程物流追踪信息。值得注意的是，标准类物流拥有物流纠纷处理、售后赔付一站式的物流解决方案，可保障商家权益。一般建议选择无忧物流标准线路。

（四）快速类物流

　　快速类物流包含商业快递和邮政提供的快递服务，时效非常快，物流成本高，可查询全程物流追踪信息，适用于高价值商品和对商品时效要求较高的消费者。一般建议选择 DHL、UPS 和 FedEx 线路。

（五）海外仓物流

海外仓物流适合已备货到海外仓的商品，其具有较低的物流成本、更快的送货时效、更好的仓储管理经验和更方便的订单处理等优势，且享受平台各种权益。

（六）优选仓物流

优选仓物流是一种端到端的跨境综合供应链解决方案，为商家提供多种物流解决方案，如图 6-15 所示。优选仓物流适合已备货到国内优选仓的商品，加入优选仓能保障订单 24 小时内上网，提升消费者体验。

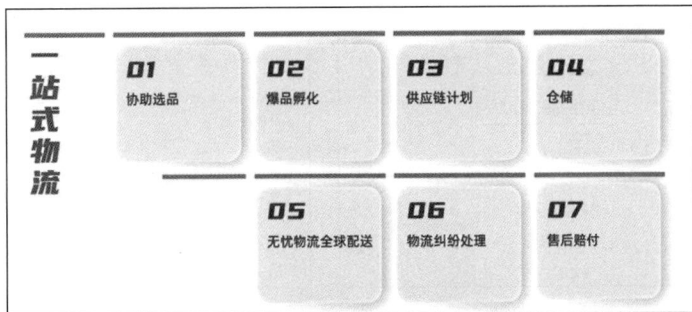

图 6-15 优选仓物流方案

选择好物流配送方案后，商家可以设置相应的运费模板。另外，为鼓励商家提升发货速度，提升消费者购物体验并促进回购，速卖通还推出了 3 种物流项目，一是 72 小时上网极速达服务，二是 AliExpress Plus，三是无忧集运计划。商家加入这些物流项目，商品将享有额外的打标、曝光等权益，可以获取更多流量。

任务实训 为服装店铺设置物流模板

张晓晨开设的跨境服装店铺的目标消费市场主要定位在韩国、泰国、马来西亚、新加坡、英国、瑞士、斯洛伐克、克罗地亚、爱尔兰、以色列和希腊等国家。在了解速卖通提供的物流方案后，张晓晨需要根据服装商品的特点及不同国家和地区的物流需求选择物流配送方式，并设置不同的运费模板。

【实训要求】
（1）选择合适的物流配送方式。
（2）为不同国家和地区设置运费模板。

【实训步骤】
（1）选择物流配送方式。张晓晨的跨境服装店铺刚开设不久，且运营成本不高，可以在兼顾配送速度的基础上，尽量选择价格适中的配送方式。对比速卖通提供的 6 种物流配送方式，标准类物流的物流渠道丰富，价格合适且提供售后服务，适合张晓晨的服装店铺。

（2）明确运费设置思路。店铺的目标消费市场主要是国外的一些国家和地区，分析、对比这些国家和地区的消费情况、物流运输需求，可大致划分出两种运费模板，一种是由商家承担运费的免运费模板，覆盖韩国、泰国、马来西亚、新加坡、英国等国家；另一种是减免

80%运费的标准运费模板，覆盖瑞士、斯洛伐克、克罗地亚、爱尔兰、以色列和希腊等国家。

（3）设置免运费模板。进入物流模板设置页面，选择新建运费模板，选择标准类物流，并选择合适的线路，如"菜鸟无忧物流-标准"，然后选择商品目的地，包括韩国、泰国、马来西亚、新加坡、英国等国家，选择运费计算方式为"卖家承担"，如图6-16所示，设置完成后保存。

（4）设置标准运费模板。同样在"菜鸟无忧物流-标准"线路下，选择商品目的地为瑞士、斯洛伐克等国家，选择运费计算方式为"标准运费"，在"减免百分比"文本框中输入"80"，如图6-17所示，设置完成后保存。

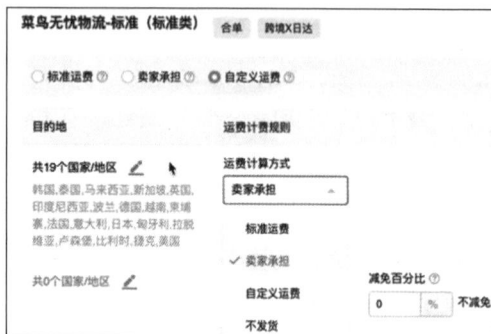

图 6-16 设置免运费模板

图 6-17 设置标准运费模板

任务四　理解跨境电子商务支付

随着店铺运营工作逐渐步入正轨，一日，张晓晨收到一名消费者的咨询消息，该消费者反馈支付有问题，在初步检查支付设置后，张晓晨仍无法确定问题的解决方案。为解决类似的支付问题，张晓晨决定深入学习跨境电子商务支付的相关知识。

一、跨境电子商务支付的含义和特点

跨境支付是借助一定的结算工具和支付系统实现资金跨国或跨地区转移的行为。跨境电子商务支付则主要指两个不同国家或地区之间进行电子商务交易时的支付行为。跨境电子商务支付是跨境电子商务活动中必不可少的环节，它主要面向国际消费者，具有以下显著特点。

（一）全球性

跨境电子商务支付中，资金、货币和支付信息会在不同国家和地区之间自由流动。

（二）支付方式多样

跨境电子商务支付具有多样化的支付手段，涵盖电汇、信用卡支付、第三方支付及其他新兴的数字支付方式，可以满足不同国家和地区消费者的支付习惯和需求。

（三）复杂性

跨境电子商务支付涉及不同国家的货币兑换、外汇管理政策、国际清算系统等，因此流程相对复杂，需要遵守多国的法律法规。

（四）风险性

由于货币兑换的需要，交易双方需面对汇率波动的风险。汇率的不稳定可能会影响最终的支付金额，增加交易的不确定性。

二、跨境电子商务支付的方式

为满足不同国家和地区、不同消费者、不同交易的多样化需求，跨境电子商务同时支持线下和线上两种支付方式。

（一）线下支付方式

在跨境电子商务活动中，由于部分国家和地区电子支付普及程度不够、高价值或定制化交易需要线下支付来确保资金安全和交易可靠性，以及买卖双方可能需要面对面支付现金或支票等需求，线下支付在跨境电子商务交易中仍占据一席之地。跨境电子商务线下支付的方式有多种，可以满足不同场景下的国际交易需求。

1．汇付

汇付又称汇款，包括传统的信汇、电汇和票汇，通过银行系统进行资金转移，适合大额交易，但处理时间较长且费用相对较高。汇付属于商业信用，买方是否按照合同的规定履行付款义务和何时履行付款义务，完全依靠其信用。其中，银行是付款人的代理，只提供服务，不承担付款的责任。

（1）信汇。汇出行应汇款人的申请，将信汇委托书寄给境外汇入行，授权给付一定金额给收款人的一种汇款方式。

（2）电汇。汇出行应汇款人的申请，拍发加压电报、电传给境外的分行或代理人给付一定金额给收款人的一种汇款方式。

（3）票汇。汇款人使用汇票、本票或支票等支付工具，将货款主动支付给收款人的一种汇款方式。

2．信用证

信用证是指银行根据进口人（买方）的请求，开给出口人（卖方）的一种保证承担支付货款责任的书面凭证。这种支付方式安全性高，在信用认证中，银行扮演担保者和结算者的角色，交易风险比较低，但手续烦琐且费用较高。

3．托收

托收指在跨境贸易中，出口方开具以进口方为付款人的汇票，委托出口方银行通过其在进口方的分行或代理行向进口方收款的一种结算方式。托收属于逆汇，因为在托收中，作为结算工具的单据和单据的传送与资金的流动呈相反的方向。另外，托收也属于商业信用。银行完全根据卖方的指示来处理，银行到底能否收到货款，依靠买方的信用。光票托收和跟单托收是常用的托收类型。

（1）光票托收。金融票据不附带商业票据的托收。光票托收主要用于小额交易、预付货款、分期付款及收取贸易的从属费用等。

（2）跟单托收。金融单据附有商业单据或不用金融单据的商业单据的托收。该托收方式对买方比较有利，费用低、风险小、资金负担小，甚至可以取得卖方的资金融通。

（二）线上支付方式

当下，线上支付已经比较成熟。线上支付提供便捷、高效的支付方式，使不同国家和地区的消费者、商家能够随时随地进行交易。在跨境电子商务的线上支付方式中，第三方支付是主要的方式之一。国内第三方支付企业跨境支付主要是通过与境外机构合作实现的，具体的支付方式可以分为购汇支付和收汇支付。

（1）**购汇支付**。一般而言，国内消费者在国外购物网站消费时需要用当地货币结算，这非常不便，而第三方支付工具可以帮助国内消费者直接使用人民币完成支付。这种由第三方支付企业为国内消费者提供的，用人民币购买、用外汇结算的服务叫作购汇支付，如图6-18所示。

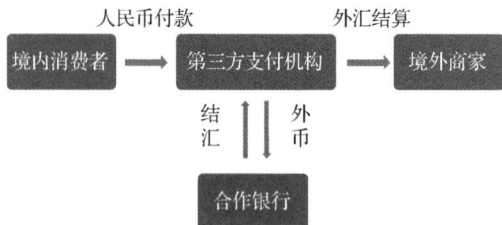

图6-18　购汇支付

（2）**收汇支付**。与购汇支付相反，国内企业在进行出口业务时从外商处收取款项的过程中，国外消费者直接用外币支付，待款项转到国内账户后通过人民币结算。这种由第三方支付企业为国内企业提供的，用外币购买、用人民币结算的结算服务叫作收汇支付，如图6-19所示。

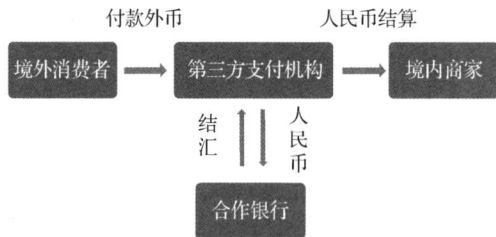

图6-19　收汇支付

三、跨境电子商务的第三方支付平台

目前国际上已经有一批知名的、实力较为雄厚的第三方支付平台，如PayPal和World First。同时，我国也推出了支付宝国际版，满足跨境电子商务商家的交易需求。

（一）PayPal

PayPal是美国eBay公司的全资子公司，于1998年12月成立，是目前国际上最有影响力的第三方支付公司之一，在跨境电子商务支付中具有独特优势，具体主要有3点。

（1）**全面的安全保障**。为用户提供全面的安全保障措施，保障用户和商家的权益及支付安全。

（2）**便捷的支付体验**。简化支付操作流程，为用户提供更便捷的支付方式。

（3）**全方位的解决方案**。可以为商家提供建立外贸网站、营销推广和物流仓储服务，帮助商家提高交易量。

PayPal还是全球化支付平台，为超过200个市场提供服务，支持超过100个币种。图6-20所示为PayPal网站的中文页面。

图 6-20 PayPal 网站的中文页面

（二）World First

World First（万里汇）于 2004 年成立于伦敦，截至 2024 年年底，覆盖国家和地区超过 200 个，累计成交量超过 3000 亿美元。2019 年，World First 正式进入我国，2019 年加入蚂蚁集团，为我国商家提供服务，帮助商家轻松管理多平台收款。World First 的优势主要包括以下 5 点。

（1）**支持多平台接入**。打通国际市场，支持全球多个电子商务平台接入。

（2）**全面的收款币种**。支持美元、英镑、日元、加元、欧元、新西兰元等币种。

（3）**贴心的服务**。本土化程度很高，配有专业的中文服务和专属的客服经理，为商家提供贴心服务。

（4）**注册及开户便捷**。使用支付宝可以快速注册，完成注册后，World First 团队会联系商家完成剩下的开户流程。

（5）**费率低，汇率透明**。在 World First 平台上提现越多，费率越低，商家还可以实时查看交易汇率，汇率透明。

World First 网站的中文页面如图 6-21 所示。

图 6-21 World First 网站的中文页面

（三）支付宝国际版

支付宝国际版是阿里巴巴集团旗下蚂蚁金服专为海外消费者及跨境交易场景设计的支付平台，旨在为全球消费者提供安全、便捷的在线支付解决方案。境外消费者下载、注册并进入支付宝国际版，可绑定主流国际卡组的银行卡，如 VISA、MasterCard、DinersClub、DiscoverCard、JCB 等，获得和境内消费者同样便捷的支付体验。同时，支付宝国际版还提供翻译和汇率换算等工具，支持英文等多语种客服。境外消费者在消费支付时，支付宝国际版可以做到实时换汇，消费者无须再携带现金或者计算汇率。支付宝国际版网站的中文页面如图 6-22 所示。

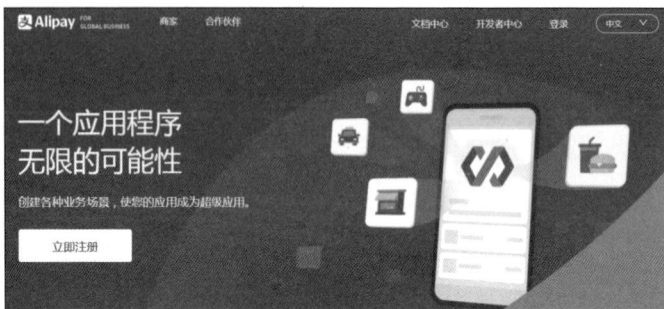

图 6-22　支付宝国际版网站的中文页面

任务实训　体验支付宝国际版

了解到支付宝国际版的便利性后，张晓晨计划亲自体验支付宝国际版的功能，以便更好地服务于她的跨境电子商务店铺。

【实训要求】

（1）注册支付宝国际账号。

（2）体验多种支付方式。

（3）激活支付宝国际账户并提现人民币。

【实训步骤】

（1）注册支付宝国际账号。在浏览器中搜索支付宝国际版，进入支付宝国际版首页，切换语言为"中文"，如图 6-23 所示。单击"登录"超链接，打开登录页面。单击"注册"超链接，在打开的页面中输入邮箱、登录密码等，按照操作提示完成注册，如图 6-24 所示。

图 6-23　切换语言为中文

图 6-24　完成注册

（2）体验支付方式。要想体验支付功能，还需根据操作提示绑定银行卡。绑定完成后，在线下店铺中选择心仪的商品，并选择"Scan"选项，扫描商家的二维码进行支付；然后再选择"Pay/Collect"选项，出示付款二维码支付。

（3）激活支付宝国际账户。登录速卖通商家后台，选择"交易/资金账户管理/支付宝国际账户"选项激活支付宝国际账户，并根据提示绑定国内的支付宝账号。在速卖通上选择心仪的商品，并使用绑定的银行卡支付。

（4）提现。进入提现页面，选择币种账户为人民币后进行提现，然后完善提现信息并提交。

课后练习

1. 选择题

（1）【单选】下列选项中，不属于跨境电子商务主流平台的是（　　　）。

　　A. 速卖通　　　　　B. Temu　　　　　C. 亚马逊　　　　　D. 京东国际

（2）【单选】下列选项中，不属于跨境电子商务店铺日常运营工作的是（　　　）。

　　A. 订单处理　　　B. 客户服务　　　C. 商品管理　　　D. 设置店铺信息

（3）【多选】速卖通站内营销推广的方法包括（　　　）。

　　A. 商品推广　　　B. 活动推广　　　C. 品牌推广　　　D. 电子邮件营销

（4）【多选】跨境电子商务常见的物流方式包括（　　　）。

　　A. 邮政包裹　　　B. 国际快递　　　C. 专线物流　　　D. 境外仓储

（5）【多选】跨境电子商务的支付方式包括（　　　）。

　　A. 汇付　　　　　B. 第三方支付　　　C. 托收　　　　　D. 信用证

2. 简答题

（1）简述 SNS 营销的步骤。

（2）简述速卖通提供的物流方式。

（3）简述常见的第三方支付平台。

3. 实操题

（1）注册速卖通账号，然后填写收货地址。

（2）在速卖通平台上将心仪的商品加入购物车，设置支付方式后下单。

（3）注册支付宝国际账号并绑定银行卡。

PART 07

项目七
直播电子商务的运营管理

张晓晨偶然间看见一场直播，主播真实演示了一款洗衣液的去污效果，其生动的解说与商品直观的清洁效果展示激发了她的购买欲，于是她当即下单。这次体验让张晓晨深刻体会到直播带货的巨大吸引力。受此启发，张晓晨决定结合自己开设服装店铺所积累的专业知识和丰富经验，进入直播电子商务领域。

知识目标
- 了解直播电子商务的特点。
- 掌握直播电子商务的产业链。
- 掌握直播电子商务的类型。

技能目标
- 能够根据直播需求选择合适的直播电子商务平台。
- 能够做好直播电子商务活动的打造和推广工作。
- 能够灵活运用 AI 工具辅助直播工作。

素养目标
- 遵守职业道德和行业规范，避免虚假宣传。
- 树立创新意识，创新直播内容和形式。
- 增强责任意识，策划符合公序良俗的直播内容。

📘 引导案例

　　6月18日是电子商务领域的重要促销时间节点，在这一时间点，各大电子商务平台会推出各种优惠活动以吸引消费者，京东也不例外。2024年，京东于5月31日20点至6月3日24点开展"开门红"活动，通过提供丰富的折扣和优惠，为消费者带来一场购物盛宴。

　　5月31日，京东"6·18"大促活动开启，小米、圣罗兰、宝洁、伊利等诸多品牌的总裁陆续亮相各自品牌所在的京东自营旗舰店直播间或官方旗舰店直播间，华帝、雀巢等部分品牌还邀请艺人为消费者送上丰厚福利。

　　6月3日，京东"6·18"大促迎来"超级直播日"，当天不仅有京东专业的采销团队在直播间为消费者精选低价优质商品，更有众多知名品牌总裁亮相直播间，为消费者带来红包雨、商品1元起等多重福利。在圣罗兰京东自营旗舰店直播间，总裁直播期间1元可买原价为73元的圣罗兰全新藏金奢妍面霜1ml体验礼，共有1000份；在德施曼京东自营旗舰店直播间，当天下单实付满1500元以上可1元买京东原价为1299元的追觅吸尘器；在顾家家居京东自营旗舰店直播间，1元可买原价为99元的抱枕。

　　依托于京东云言犀自研技术，大促期间，有18位品牌总裁数字人作为"京东6·18福利官"现身京东直播间，有上千名数字人在京东直播间直播。他们最快可实现2小时高效开播，凭借超强的带货能力，为商家的直播增量。此前，他们已经助力百威直播间成交转化率提升48%，蔓迪直播间成交转化率达26.3%……

　　据京东6·18开门红4小时战报显示，京东直播观看人数同比增长460%，京东采销直播订单量较2023年"11·11"开门红4小时同比增长300%，越来越多品牌商家通过直播在京东获得增长。

　　京东"6·18"促销活动利用直播电子商务模式，集合品牌总裁、艺人嘉宾和商品资源，为消费者打造了一场低价与品质并重的购物盛宴。通过这场盛宴，京东展示了直播电子商务在提升购物体验、促进商品销售等方面的巨大潜力，由此可见，直播电子商务正逐渐成为推动电子商务行业增长的关键力量。

任务一　认识直播电子商务

　　随着直播的蓬勃发展和消费者需求的变化，直播逐渐成为企业开展运营的重要方式。张晓晨知道，直播电子商务的门槛看似不高，但要实现高效的直播效果还蕴含着大学问。为此，张晓晨决定从头开始，系统地学习直播电子商务的基础知识，丰富知识储备。

一、直播电子商务的特点

　　直播电子商务是通过直播形式达成营销目的的一种电子商务模式，是直播和电子商务相互融合的产物，具有以下鲜明特点。

（一）互动性强

　　通过直播，消费者可以与主播实时互动，如提问、评论等。这种互动性能够有效提升消费者的参与感，促使其做出购买决策。

（二）直观性

直播电子商务通过直播的形式展示商品的外观、质量和使用效果等，消费者可以更好地了解商品的特点和优势。

（三）强 IP 化

主播可以凭借个人魅力、专业知识和独特风格，成功塑造强大的个人 IP（Intellectual Property，知识产权），吸引大量忠实粉丝，形成独特的粉丝经济，为商品销售提供强大的驱动力。

（四）去中心化

去中心化即流量从少数头部主播或大型平台逐渐分散，转移到更多中小主播和平台，中小主播和商家可以直接与消费者互动和交易。

二、直播电子商务的类型

按照直播主体的不同，直播电子商务可以分为商家自播和达人直播两种。

（一）商家自播

商家自播是由商家自主创建品牌或店铺直播账号，在自己的直播间内进行直播带货。商家自播主要销售自家品牌的商品，具有较高的自主性。商家可以灵活安排直播时间、内容和商品组合。同时，因为直接关联到自身品牌，商家往往更加注重品牌形象和服务质量。此外，商家自播能有效降低中间成本，提高利润空间，同时也便于建立与消费者的直接沟通渠道，增强品牌忠诚度。例如，华为、蒙牛、自然堂等品牌的直播为商家自播，直播时主要介绍品牌自身的商品。

（二）达人直播

达人直播是商家与具有一定粉丝基础和影响力的网络达人（如 KOL）合作，利用达人的个人魅力和粉丝群体来推广和销售商品。达人直播通常具有较强的个人品牌效应和较高的粉丝互动率，能够迅速带动商品销量。达人直播的商品来源更加多元化，不仅限于单一品牌，且直播内容往往更注重娱乐性和观赏性，以吸引和保持消费者的兴趣。另外，达人直播一般没有商品库存，比较适合那些没有直接货源的主播。

总体来看，商家自播更注重品牌建设和建立长期客户关系，达人直播则更侧重于短期内的销售额提升。商家在选择时，通常需要根据自身的市场定位、资源条件及营销目标来决定采用何种类型。

三、直播电子商务的产业链

直播电子商务的崛起不仅改变了人们的消费习惯，也催生了一条完整的产业链。商品供应、直播的制作与传播，以及消费者的获取等环节紧密衔接，如图 7-1 所示，共同助力直播电子商务的蓬勃发展。目前，随着直播电子商务行业的演变，直播电子商务产业链也呈现出新的变化。

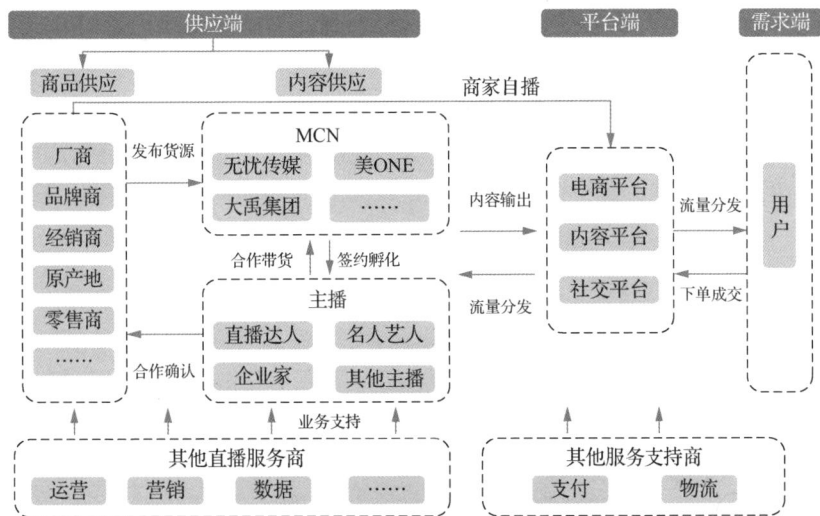

图 7-1　直播电子商务产业链

（一）供应端

供应端主要供应商品和内容，厂商、品牌商、经销商、原产地等通常负责提供直播电子商务销售的商品资源，并提供仓储、物流、售后等服务。MCN（Multi-Channel Network，多频道网络）机构负责主播的招募、培训、内容制作、推广和商业合作，是连接主播与平台、品牌的重要桥梁。主播作为直播电子商务中的核心人物，一方面为供应端输出直播内容，帮助其吸引流量，销售商品；另一方面，在需求端，通过直播输出内容，向消费者分享商品。

艾瑞咨询发布的《2023 年中国直播电商行业研究报告》显示，品牌商的自播趋势逐渐显著，2023 年品牌商自播的市场规模占比为 51.8%，如图 7-2 所示。但在自播过程中，品牌商常因缺乏直播经验等问题导致直播效果不及预期，或需借助外部机构以不断优化店播运营策略。

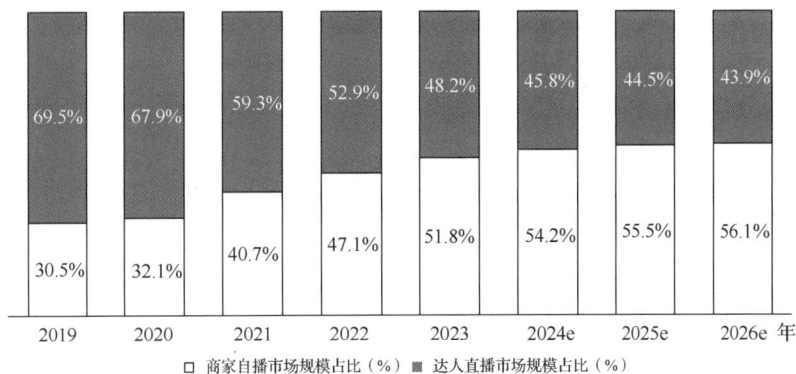

图 7-2　2019—2026 年中国直播电子商务店播与达人播的市场规模占比

（二）平台端

平台端主要由直播服务商和各种平台构成，直播服务商如蝉妈妈提供数据支撑、支付宝提供支付服务等。平台包括电子商务平台（如淘宝、京东、拼多多等）、内容平台（如小红书、哔哩哔哩等）和社交平台（如微博、微信、QQ 等），这些平台为商家提供直播销售的线上场所。

艾瑞咨询发布的《2023 年中国直播电商行业研究报告》显示，近年来，头部直播电子商务服务商率先以产业投资形式赋能产业链上游企业成长，即除资本支持外，同时为上游企业提供营销渠道、消费者趋势洞察及研发与生产建议等增值服务。整体来看，主动以资本形式参与直播电子商务产业链生态构建的主体趋于多元化，行业生态正呈现加速共建态势。

（三）需求端

需求端即最终的消费者，他们通过观看直播，了解商品信息，并进行购买。艾瑞咨询发布的《2023 年中国直播电商行业研究报告》显示，消费者在做出购买决策时会考虑多重因素，对所购买的商品存在多元化需求，因此若品牌商难以精准捕捉消费者需求，会导致直播的销售转化效果不佳。

四、常见的直播电子商务平台

直播电子商务平台是直播销售的主要阵地。常见的直播电子商务平台包括点淘、京东直播、多多直播、抖音直播等，这些直播电子商务平台各有特色，可以满足不同商家的直播需求。

（一）点淘

点淘是淘宝直播官方 App，其依托淘宝这一庞大的电子商务平台，为消费者提供边看边买的购物体验。点淘具有消费者群体庞大、商品种类丰富、供应链完善等优势，但点淘的入驻门槛相对较高，要求商家具备一定的资质和条件，以确保直播内容的质量和消费者的购物体验。图 7-3 所示为点淘的直播页面。

（二）京东直播

京东直播是依托于京东的直播平台，其商品种类丰富，供应链完善、自营及物流服务优质，优势类目为 3C 数码产品和大家电。京东直播强调正品保障和优质服务，注重消费者体验，常举办品牌日、新品首发等直播活动，吸引追求品质的消费者。京东直播的入驻门槛较高，适合有一定实力和规模的商家。图 7-4 所示为京东直播首页。

（三）多多直播

多多直播是依托于拼多多的直播平台，其利用拼多多的拼团模式和低价策略，吸引对价格敏感的消费者。多多直播的内容倾向于实惠好物推荐，其入驻门槛较低，商家、达人、机构皆可入驻。

（四）抖音直播

抖音直播依托于抖音短视频平台，拥有庞大的用户基础。抖音直播的内容形式丰富多样，涵盖娱乐、游戏、教育、电子商务等多个领域。同时，抖音直播通常结合短视频内容进行营销，通过优质内容推动商品的快速传播和销售。抖音直播的入驻门槛相对较低，主播只需要注册抖音账号并满足一定条件即可开启直播。但要想在抖音直播中脱颖而出，主播需要积累一定的粉丝和影响力。图 7-5 所示为抖音直播页面。

图 7-3　点淘直播页面　　　图 7-4　京东直播首页　　　图 7-5　抖音直播页面

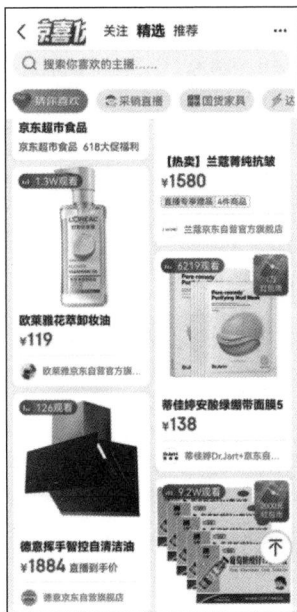

（五）快手直播

快手作为短视频行业较早的探索者，在用户体量及内容传播上有着领先优势，当前拥有超 3 亿的活跃用户。快手直播由快手短视频孵化而来，大众娱乐属性强，用户"平民化"特征明显，以娱乐为主，购物次之。快手直播的入驻门槛相对较低，个人和小微商家都可以申请入驻，这为更多的人提供了创业和展示的机会。

任务实训　选择直播电子商务平台并开通直播功能

鉴于抖音拥有庞大的用户基础、用户活跃度高，同时结合店铺的实际情况，张晓晨最终决定入驻抖音，随后便着手注册抖音账号并开通直播功能。

【实训要求】

入驻抖音并开通直播功能。

【实训步骤】

（1）打开抖音 App，点击"我"选项，在打开的界面点击选中"已阅读并同意用户协议……"单选项，输入手机号码，点击 验证并登录 按钮。

（2）在打开的界面中输入手机接收到的验证码，点击 登录 按钮，完成账号注册并登录。

（3）返回抖音 App 首页，点击"我"选项，点击右上角的 ☰ 按钮，打开侧边栏，点击"设置"选项；打开"设置"界面，点击"账号与安全"选项；打开"账号与安全"界面，点击"实名认证"选项，如图 7-6 所示。

（4）打开"实名认证"界面，确定真实姓名和身份证号，点击选中"已阅读并同意……"单选项，点击"同意协议并认证"按钮，如图 7-7 所示。

（5）在抖音 App 主界面点击"拍摄"按钮 ⊕，在打开的界面下方点击"开直播"选项，如图 7-8 所示。在打开的界面中，点击 开始视频直播 按钮，稍后即可进入直播间开始直播。

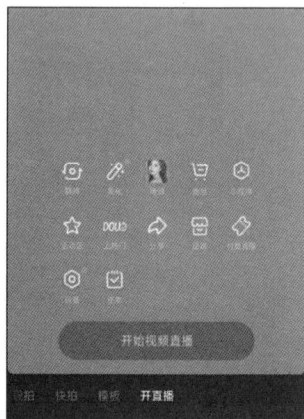

图 7-6　点击"实名认证"选项　图 7-7　点击"同意协议并认证"按钮　图 7-8　点击"开直播"选项

任务二　进行直播间打造

　　直播电子商务活动的顺利开展离不开精心的策划和准备工作。为此，张晓晨特意去学习其他服装品牌的直播经验，她注意到，这些品牌直播的画面质量极高，主播们充满魅力且极具亲和力，同时，直播间的光线和背景设置都十分专业和恰当。她深受启发，于是着手准备自家店铺的直播电子商务活动。

一、配置直播设备

　　直播活动离不开直播设备的支持，直播设备的性能直接影响直播内容的质量，从而影响消费者的视觉和听觉体验。直播的常用硬件设备有计算机、手机、支架、补光灯和话筒，以及其他辅助设备。

（一）计算机

　　计算机主要用于管理直播后台、设计脚本，以及美化图片、剪辑视频等。如果没有特殊需求，使用主流配置的笔记本电脑即可，但接口要足够多，要满足外部设备的连接需求。在选择计算机时，可以参考一些专业网站或行业专家给出的建议，然后根据需求和预算选择。

（二）手机

　　使用手机直播最好准备两部手机，一部手机用于直播，另一部用于查看弹幕（直播过程中实时显示的、由用户发送的评论）。手机直播对手机的 CPU（Central Processing Unit，中央处理器）和摄像头的性能要求较高，手机 CPU 的运行内存应不低于 4GB，摄像头像素不低于 1200 万像素。目前，市面上 2000 元以上的手机一般都能满足直播需求。

（三）支架

　　支架用于固定手机、话筒等设备，以保证直播画面稳定，需根据固定设备的数量和大小选购。支架有不同的类型，但用于直播的主要有自拍杆式支架（见图 7-9）和三脚架式支架（见图 7-10）。

图 7-9　自拍杆式支架　　　　　　　　　　图 7-10　三脚架式支架

其中，自拍杆式支架实际上是一种能进行三脚固定的自拍杆，自拍杆顶部的支架可以固定手机，自拍杆上的遥控器可以操作手机。三脚架式支架能够很好地固定手机，更换顶部的支架型号，还可以固定话筒、平板电脑、摄像机等设备。另外，三脚架式支架还有多机位支架，能够固定多个设备，可用于多台手机的多机位直播。

（四）补光灯

补光灯用于在光线不足的情况下为直播提供辅助光线，以得到较好的光线效果。补光灯大多使用 LED 灯泡，具有光效率高、寿命长、抗震能力强和节能环保等特性。直播中常用的补光灯主要有柔光箱/球（见图 7-11、图 7-12）与环形灯（见图 7-13）两类。

图 7-11　柔光箱　　　　　　　图 7-12　柔光球　　　　　　　图 7-13　环形灯

室内直播需要补充自然光时，可以优先选择柔光箱/球来模拟太阳光对拍摄对象进行补光。如果要拍摄人脸近景或特写，或者需在晚上拍摄，可以选择环形灯，以掩饰人物的肤色瑕疵，起到美颜的效果。另外，环形灯通常与手机一起固定在支架上，以便随时为拍摄对象补充光线。

（五）话筒

话筒是用于收音的直播设备，话筒的收音效果会影响直播间的音质，进而影响消费者的听觉感受。不同价格的话筒，其声音采集的范围及声音传输的稳定性会有一定的区别。一般来说，价格在 200～1000 元、电压为 48V 的话筒就可以满足直播需求。利用手机直播时，常见的话筒有无线领夹式话筒和桌面式话筒。

根据直播需求，还可以配备其他辅助设备，如利用移动电源补充手机电量，使用提词器提示直播重点内容，或使用监听耳机监听直播的声音效果。在选择直播设备时，可根据直播预算和直播需求进行选择。

二、布置直播间场景

除了农产品、户外探险装备等特定商品可能会选择户外场所直播，大部分直播电子商务活动都在室内场所开展。为提升直播的视觉效果，通常需要精心布置直播间。

（一）规划直播间布局

规划直播间的布局就是将直播间划分为不同的功能区，让主播和需要展示的商品出现在直播画面中，其他工作人员及不需要展示的商品不出现在画面中。一般来说，直播间主要可以划分为直播区、商品摆放区、后台区及其他区域。图 7-14 所示为常见直播间的布局规划示意图。

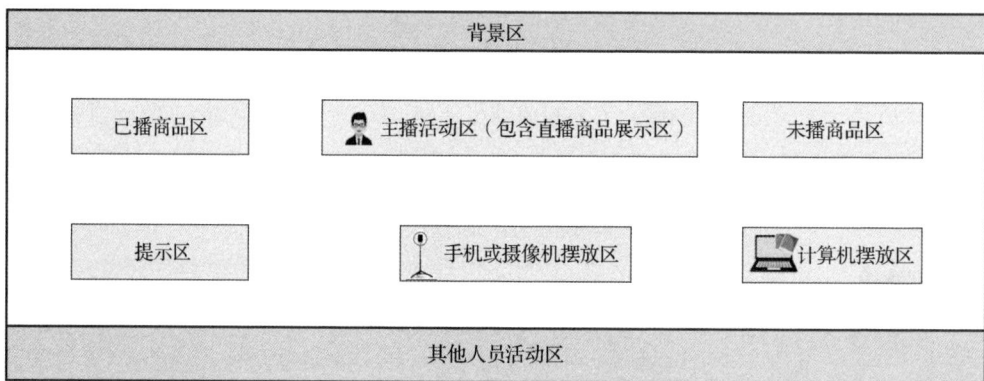

图 7-14　常见直播间的布局规划示意图

（二）直播间背景布置

直播间背景可以打造直播内容的主题氛围和品牌形象，影响消费者对直播间的第一印象。常见的直播间背景有以下几种类型。

1. 自然背景

自然背景多见于室外直播，主要以自然环境为背景，如图 7-15 所示。自然背景不需要添加过多的装饰元素，重点在于呈现与直播间定位、直播内容相契合的场景。例如，销售猕猴桃的室外直播，其直播背景为猕猴桃果树，能带给消费者真实感。

2. 虚拟背景

虚拟背景是一种通过计算机技术来实现不同背景效果的背景，如图 7-16 所示。淘宝直播 PC 版、抖音直播伴侣、快手直播伴侣等直播推流软件都可以设置虚拟背景。设置虚拟背景时，一般采用绿幕作为直播间的实体背景，然后通过直播推流软件将绿幕替换成背景图。

3. 商品摆放背景

商品摆放背景即将商品展示柜或展示架作为直播背景，如图 7-17 所示。这类直播背景不宜展示过多的商品，以免影响消费者的视觉体验。

图 7-15　自然背景　　　　图 7-16　虚拟背景　　　　图 7-17　商品摆放背景

4. 纯色背景

纯色背景很简单，颜色一般以浅色为主，多用墙纸或幕布搭建，消费者可以将注意力放在主播身上，常见于服装类直播。需要注意的是，纯色背景一般不选用白色，因为白色背景会反光，不利于布置灯光。

5. 品牌 Logo 背景

这类背景主要呈现品牌 Logo，简洁直观，可以强化消费者对品牌的印象，适用于多种直播场景。

在布置直播间背景时，要避免使用过多的元素分散消费者注意力。同时要注意直播背景与直播内容的统一性，根据直播主题和直播商品的不同，可以灵活变换直播背景，增强消费者的新鲜感。

（三）直播间灯光布置

直播间灯光对于营造氛围、提高画面质量及改善消费者的观看体验至关重要，尤其是在室内光线不佳的情况下。直播间的灯光可分为主光、辅助光和顶光。

1. 主光

主光是直播间最主要的光源，通常放置在主播正面，略高于头部，以 45°照射下来。这样可以均匀地照亮面部，减少阴影，使主播的脸部轮廓更加柔和自然。

2. 辅助光

辅助光位于主播侧面，较主光弱一些，用于填充主光产生的阴影区域，使得主播面部光线更加均匀。辅助光应与主光相对平衡，避免一侧过亮而另一侧过暗。

3. 顶光

顶光从主播的头顶位置照射，能为直播间的背景和地面增加照明，能够让主播的颧骨、下巴、鼻子等部位的阴影拉长，让主播的面部产生浓重的投影感，有利于主播轮廓的塑造。

直播间的灯光布置是灵活多变的，根据直播需要，可以采用多种布光方法。例如，采用三灯布光法，将一盏环形灯作为主灯，两盏柔光球作为辅助灯；将环形灯放在主播前方，柔光球放在主播两侧且距离相等的地方，如图 7-18 所示。这种布光方法能还原立体感和空间感，多用于服装、美妆、珠宝类直播。

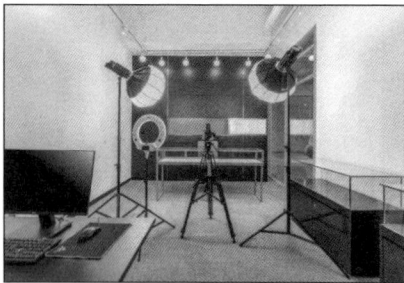

图 7-18　三灯布光法

三、组建直播团队

直播电子商务活动涉及多个环节的工作，包括选品、脚本写作、客户服务等，因此仅依靠个人难以取得较好的直播效果。在条件允许的情况下，商家应当考虑组建一个专业的直播团队，通过明确的分工和合作提升直播效果。通常来说，一个成熟的直播团队包括主播、副播、运营、策划、场控、客服，他们各自承担不同的职责。

（1）**主播**。直播电子商务活动的核心人物，负责直接与消费者互动、展示商品、传递信息，并引导消费者购买。主播需要具备良好的表达能力、亲和力及一定的商品知识。

（2）**副播**。主要负责协助主播进行直播，包括补充商品信息、回答消费者问题、与主播互动等。副播可以减轻主播的压力，使直播更加流畅。

（3）**运营**。负责规划直播商品品类，规划直播商品上架顺序，分析直播数据，进行直播推广引流等。

（4）**策划**。负责直播内容的设计，包括制订直播方案、撰写直播脚本、设计互动环节等。

（5）**场控**。负责直播现场的技术支持与协调工作，包括调试直播设备、监测直播数据、传递临时信息等。

（6）**客服**。负责在直播前后及过程中，快速响应消费者咨询，解答商品相关问题，处理订单、退换货等售后服务。

若商家预算有限，可以组建一个精简的直播团队，至少配备一名主播和一名运营人员。这种直播团队虽能保证直播电子商务活动的正常运作，但号召力较弱，商家可以同步输出优质短视频内容吸引粉丝，待积累一定数量的粉丝后，再逐步扩大团队规模。

素养提升　直播间运营人员、直播营销人员从事网络直播营销活动时，不得发布虚假或者引人误解的信息，欺骗、误导用户；不得营销假冒伪劣、侵犯知识产权或不符合保障人身、财产安全要求的商品；不得虚构或者篡改交易量、关注度、浏览量、点赞量等流量数据。

任务实训　为服装品牌制订直播间打造方案

在抖音开通店铺后，张晓晨便开始筹划直播工作，为确保直播效果，塑造统一良好的品牌印象，她计划精心打造直播间，直播间的直播地点为她父母经营的线下服装店。线下门店有位置、商品优势，并且张晓晨的母亲、父亲具有一定的销售经验，可以尝试由他们 3 人组建一个直播团队，共同保障直播的开展。

【实训要求】

（1）配置合适的直播设备。

（2）合理布置直播间场景。

【实训步骤】

（1）配置直播设备。由于初次尝试直播且直播团队规模较小，准备过多的直播设备不利于节省直播成本，且不便于操作，因此可先准备基础的直播设备。这里选择配备两部手机，一部手机用来直播，一部手机用来看弹幕、评论等内容。为保证直播画面的稳定，还可以使用三脚架固定直播手机。

（2）布置直播间的背景。考虑到场地成本和消费者代入感等因素，可直接在实体服装店铺中的一角开展直播。为深化消费者的品牌印象，可在背景墙上张贴品牌名称，并靠墙摆放一排服装。

（3）布置直播间的灯光。因直播场地空间有限，不宜采用复杂的布光方法，这里直接采用三灯布光法，配置一盏环形灯作为主灯、两盏柔光球作为辅助灯，将环形灯放在前方、柔光球放在两侧。

（4）组建直播团队。此次直播团队共有 3 人，主播可以由形象气质较好且具有女装销售经验的母亲担任，场控由负责店铺日常管理的父亲担任，张晓晨因为对电子商务的相关操作更熟悉，可以负责运营、策划、客服等工作。

（5）制订方案。整合以上内容，生成直播间打造方案，如下所示。

佳依女装直播间打造方案

一、概述

本次直播间打造方案旨在为佳依女装店铺的首次直播提供一个基础且高效的直播环境。考虑到直播成本、场地条件及直播效果，需从直播设备、直播间背景、灯光布置和团队组建等方面进行综合规划。

二、直播设备配置

1. 直播手机：两部，一部用于直播，另一部用于查看弹幕、评论等内容。

2. 三脚架：一个，用于固定直播手机，保证直播画面的稳定性。

三、直播间背景布置

1. 场地选择：在实体服装店铺中选择一角作为直播场地。

2. 背景装饰：在背景墙上张贴品牌名称，并靠墙摆放一排服装，吸引消费者关注。

四、直播间灯光布置

1. 布光方法：三灯布光法。

2. 灯光设备：主灯——一盏环形灯，放在主播前方，提供主要照明；辅助灯——两盏柔光球，放在主播两侧，提供辅助照明，减少阴影。

五、直播团队组建

1. 主播：张晓晨的母亲，负责直播的主要内容和互动。

2. 场控：张晓晨的父亲，负责调试直播设备、监测直播数据、传递临时信息等。

3．其他工作：张晓晨，负责直播内容策划、直播商品品类规划；同时，规划直播商品上架顺序、分析直播数据、进行直播推广引流、提供客服支持等。

六、总结

本方案旨在通过简单的设备配置、合理的背景布置和灯光设置，以及精简的直播团队，为佳依女装店铺的首次直播提供一个既节省成本又高效专业的直播环境，并取得良好的直播效果。

任务三　进行直播营销推广

商家要想取得良好的直播效果，提升商品销售额，有效的营销推广至关重要。在做好直播的前期筹备之后，张晓晨发现自己抖音账号的粉丝数不足，暂时不能开通直播带货功能。思虑再三，她决定发布一系列高质量的短视频来吸引消费者关注。此外，张晓晨也意识到，由于自身品牌的知名度不高，直播销售的效果可能不好。因此，她计划实施一系列宣传推广措施，扩大品牌的曝光度和知名度。

一、开通直播电子商务店铺

要想通过直播销售商品，需要先开通直播电子商务店铺上架商品。开通直播电子商务店铺前，商家需要先了解相应的开通要求。例如，在抖音以达人身份开通直播带货权限，需满足公开账号粉丝数≥1000 的条件。下面以抖音为例，介绍开通直播电子商务店铺的方法。

（1）打开抖音 App，点击"我"选项，点击右上角的 **≡** 按钮，在打开的侧边栏中点击"抖音创作者中心"选项，在打开的界面中点击"全部"按钮 **::**。

（2）打开"工具服务"界面，点击"电商带货"按钮 🛍，打开"抖音电商"界面，点击 立即加入抖音电商 按钮，如图 7-19 所示。

（3）在打开的界面点击选中"个人"单选项，点击 填写带货资质 按钮，如图 7-20 所示。

（4）在打开的界面填写个人信息，点击 提交审核 按钮，如图 7-21 所示。

图 7-19　立即加入抖音电商　　　　图 7-20　填写带货资质　　　　图 7-21　提交审核

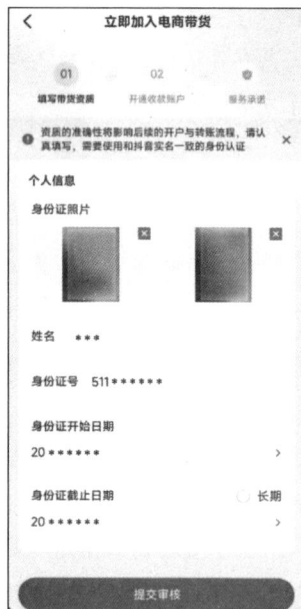

（5）在打开的界面填写收款账户信息，如图 7-22 所示。继续填写微信支付超级管理员信息，点击 提交 按钮，如图 7-23 所示。

（6）等待审核与缴纳保证金。等待后台审核信息，审核通过后，微信账户需根据提示签约确认开户。之后进行服务承诺操作，即缴纳保证金，如图 7-24 所示。缴纳保证金后，即成功开通直播带货权限。

图 7-22　填写账户信息　　　　图 7-23　提交账户信息　　　　图 7-24　缴纳保证金

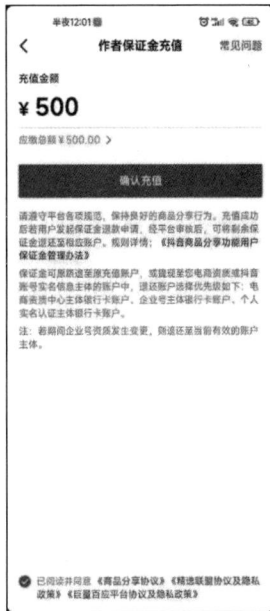

专家指导

在抖音 App 的侧边栏中，个人用户账号将显示"抖音创作者中心"选项。如果用户申请开通了企业号功能或者认证了企业信息，"抖音创作者中心"将显示为"企业服务中心"。

二、创作直播营销内容

直播营销内容不仅能够吸引目标消费者、提升销售转化率，还能够拓宽营销渠道、提升整体营销效果。直播营销内容主要围绕直播脚本和直播预告展开，当下，AI 工具在直播脚本创作中的应用越来越普遍，可以直接借助 AI 工具进行创作。

（一）直播脚本的创作

直播脚本的创作过程是对直播内容的策划过程，通过脚本的创作，主播可以明确直播的目的、时间和各环节流程规划，精确控制每个环节的时间，确保商品的特点和优势得到充分展示。

1. 了解直播脚本类型

直播脚本主要有整场直播脚本和单品直播脚本两种。

（1）整场直播脚本。整场直播脚本是指为一次完整的直播活动所编写的详细规划和内容安排。它包含直播的时间、地点、主题、流程规划、人员分工、时间段等多个部分。在创作整场直播脚本时要确保直播流程的合理性和连贯性、内容的准确性和吸引力。表 7-1 所示为整场直播脚本示例。

表 7-1　整场直播脚本示例

×× 防晒品牌整场直播脚本				
直播时间	2024 年 6 月 18 日 19:00—21:00			
直播地点	第 2 直播间			
直播主题	夏日防晒新选择——×× 品牌防晒直播			
直播流程				
时间段	流程规划	人员分工		
		主播	副播	场控
19:00—19:10	开场预热	自我介绍，与进入直播间的消费者打招呼，强调每日定点开播，剧透今日主推商品	配合主播展示直播间的环境，引导消费者参与弹幕互动	向各平台分享开播链接，确保直播设备正常运行
19:10—19:20	活动剧透	简单介绍本次直播的活动内容和亮点，如优惠折扣、赠品福利、红包活动等	在直播间展示活动海报或相关图片	向各平台推送直播活动信息
19:20—19:50	商品推荐	详细介绍品牌商品的特点、功效和适用人群，并展示实物，回复消费者问题，引导下单	协助主播展示、回复消费者问题	发布商品链接，回复消费者订单咨询
19:50—20:00	福利赠送	宣布第一轮福利活动，如购买指定产品赠送小样或优惠券等	在直播间展示福利详情和领取方式	确保福利活动顺利进行，及时解答消费者疑问
20:00—20:20	红包活动	宣布红包活动规则，引导消费者参与抢红包活动	协助主播发放红包，并在直播间展示红包发放情况	发送红包，收集互动信息
20:20—20:40	商品返场	对之前推荐的商品进行返场介绍，再次强调产品特点和优惠信息	配合主播展示商品实物，引导消费者下单购买	确保直播间互动流畅，回答消费者关于购买的问题
20:40—20:50	直播预告	预告下次的直播主题和亮点，邀请消费者关注并参与	协助主播引导消费者关注直播间	回复订单咨询
20:50—21:00	结尾感谢	总结本次直播内容，感谢消费者，并邀请其关注品牌账号以获取更多优惠信息	同直播预告部分	同直播预告部分

（2）单品直播脚本。单品直播脚本是专门为某一特定商品编写的详细直播指南。在创作单品直播脚本时，要深入理解商品的核心竞争力，寻找其核心卖点，针对目标消费者的痛点提出解决方案，展示商品如何有效解决这些问题，从而达到营销目的。表 7-2 所示为单品直播脚本要点。

表 7-2　单品直播脚本要点

脚本要素	具体内容
商品介绍	商品名称、商品类别、商品外观、商品功能和特点等
品牌介绍	品牌名称、品牌历史、品牌知名度、品牌核心技术等

续表

脚本要素	具体内容
商品核心卖点	商品独特优势或特点
商品使用方法	商品的使用方法和操作流程
商品适用人群	商品的主要适用人群和适用场景

2. 使用 AI 工具创作直播脚本

AI 工具可以直接根据直播的主题和目标，自动生成直播脚本的框架。例如，现有一家服装品牌为推广其新品连衣裙，将在 6 月 18 日 19:00 开展一场直播营销活动，使用文心一言创作一份单品直播脚本，其具体操作如下。

（1）进入文心一言官网，登录账号后进入对话页面，输入直播脚本写作要求，如图 7-25 所示。

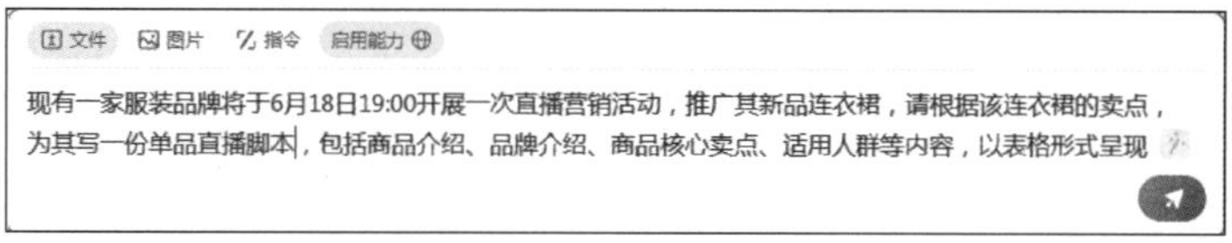

图 7-25　输入写作要求

（2）查看生成的内容，如图 7-26 所示。仔细阅读生成的内容，根据需求删除不需要或不正确的内容，确认无误后保存脚本。

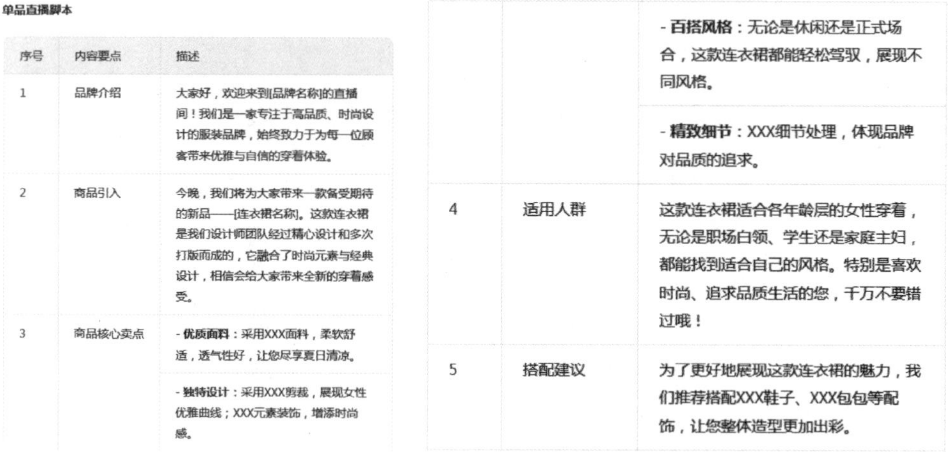
单品直播脚本

序号	内容要点	描述
1	品牌介绍	大家好，欢迎来到[品牌名称]的直播间！我们是一家专注于高品质、时尚设计的服装品牌，始终致力于为每一位顾客带来优雅与自信的穿着体验。
2	商品引入	今晚，我们将为大家带来一款备受期待的新品——[连衣裙名称]。这款连衣裙是我们设计师团队经过精心设计和多次打版而成的，它融合了时尚元素与经典设计，相信会给大家带来全新的穿着感受。
3	商品核心卖点	- **优质面料**：采用XXX面料，柔软舒适，透气性好，让您尽享夏日清凉。
		- **独特设计**：采用XXX剪裁，展现女性优雅曲线；XXX元素装饰，增添时尚感。
		- **百搭风格**：无论是休闲还是正式场合，这款连衣裙都能轻松驾驭，展现不同风格。
		- **精致细节**：XXX细节处理，体现品牌对品质的追求。
4	适用人群	这款连衣裙适合各年龄层的女性穿着，无论是职场白领、学生还是家庭主妇，都能找到适合自己的风格。特别是喜欢时尚、追求品质生活的您，千万不要错过哦！
5	搭配建议	为了更好地展现这款连衣裙的魅力，我们推荐搭配XXX鞋子、XXX包包等配饰，让您整体造型更加出彩。

图 7-26　查看生成的内容

（二）直播预告的创作

直播预告是吸引潜在消费者并提前预热直播活动的重要步骤，通过提前发布直播信息、亮点和优惠活动，能够吸引潜在消费者的注意，激发他们对直播的兴趣。创作直播预告能够增加直播曝光度、提升消费者期待感、促进销售和转化，从而增强品牌形象和认知度，提升营销效果。

1. 直播预告的关键内容

直播预告的关键内容包含直播的信息，通过精心设计和发布预告，能够吸引更多消费者的提前关注，为直播活动的顺利开展打下基础。

（1）**直播主题**。清晰地说明直播的主题或主要内容，突出直播的亮点和特色。

（2）**主播**。简要介绍主播可以增强消费者对其的信任感，如果主播是知名人士或网红，可以特别强调其影响力或粉丝基础。

（3）**直播时间**。明确告知直播的具体开始时间，可以提前设定好预告时间。

（4）**直播平台**。明确说明直播将在哪个平台上进行，提供平台的链接或二维码。

（5）**观看福利**。预告中可以提及观看直播将获得的福利，如专享折扣、赠品、积分等，作为吸引消费者参与直播的动力。

2. 直播预告的形式

直播预告的形式多样，选择合适的预告形式有利于扩大直播的影响力和传播范围。

（1）**文字预告**。简洁明了的文字描述，涵盖其关键内容，可以通过社交媒体、官方网站、邮件等方式发布。

（2）**图片预告**。使用高质量、与直播内容相关的图片作为预告素材，可以在图片上添加关键内容。图 7-27 所示为图片预告。

图 7-27 图片预告

（3）**视频预告**。短视频作为直播预告，展示直播的亮点、特色，是使用较多的一种预告形式。可以在视频中添加关键内容。

3. 使用 AI 工具创作直播预告

使用 AI 工具创作直播营销内容的方法比较简单，一般只需要在对话框中输入写作要求，AI 工具就会根据写作要求生成内容。例如，现有一家防晒品牌计划于 6 月 18 日 19:00 开展一次直播营销活动，为确保直播效果，品牌商计划先进行直播预热。下面先使用通义千问创作直播预告文案，再使用稿定设计的 AI 功能设计直播预告海报，其具体操作如下。

（1）进入通义千问官网，登录账号后进入对话页面，若暂无创作灵感，可以先要求通义千问提供几个备选的写作切入点，如图 7-28 所示。

（2）查看生成的写作切入点发现，"夏日防晒痛点直击"这一写作切入点更能引起消费者的共鸣，这里选择其作为写作切入点。接着设定角色为微博运营人员，明确告知文案的写作切入点、风格、字数等，提出写作要求，如图 7-29 所示。

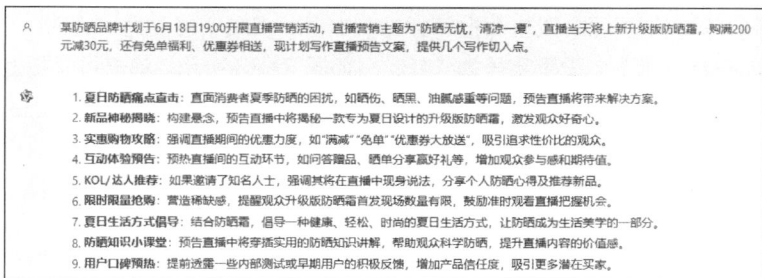

图 7-28　通义千问提供的写作切入点

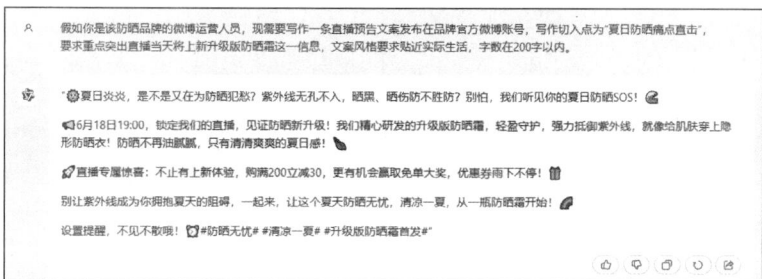

图 7-29　提出写作要求

（3）仔细阅读生成的内容发现"我们精心研发的……夏日感！"这一段内容并未事先提及，存在不妥，这里直接将这段文案删除。同时，将"购满 200 立减 30"修改为"购满 200元立减 30 元"。确认文案无误后，将文案保存至记事本中。

（4）为提升内容的视觉效果，这里使用稿定设计的 AI 功能制作直播预告海报。登录稿定设计，选择"稿定 AI"选项，在"AI 设计"栏下选择"竖版电商海报"选项，如图 7-30所示。

（5）打开 AI 设计页面，分别输入主标题"直播预告"，副标题"6·18 防晒无忧 清凉一夏"，其他文案"满 200 元减 30 元"。将鼠标指针移至"商品图"栏右侧的 图标上，在打开的下拉列表中选择"本地上传"选项，如图 7-31 所示。打开"打开"对话框，上传防晒霜图片（配套资源:\素材\项目七\防晒霜.png）。

（6）单击 开始生成 按钮生成海报，将鼠标指针移至图 7-32 所示的海报上，单击 编辑 按钮。

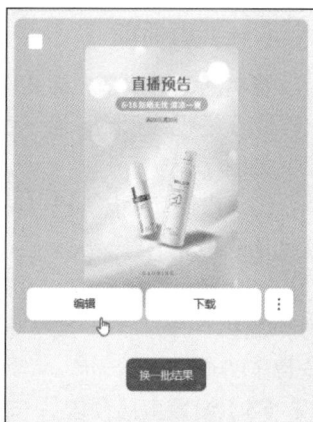

图 7-30　选择"竖版电商海报"选项　图 7-31　选择"本地上传"选项　图 7-32　编辑海报

（7）打开海报编辑页面，双击海报底部的文本框，将文字修改为"WINONA"，设置字体为"思源宋体 中等"，设置字号为"48"，如图 7-33 所示。单击页面右上角的 下载 按钮，在打开的"下载作品"面板中单击 下载 按钮，打开"新建下载任务"对话框，在"名称"文本框中输入"直播预告海报"，确定保存位置后，单击 下载 按钮，如图 7-34 所示（配套资源:\效果\项目七\直播预告海报.jpg）。

图 7-33　设置文字字体、字号

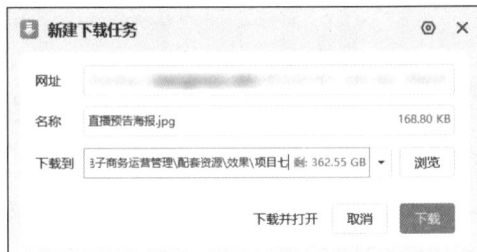

图 7-34　输入名称并下载

> 素养提升
>
> 　　AI 的应用为商家提供了一种全新的创作方式，可以大大提高创作效率。但是用 AI 工具生成内容，实际上是机器按照设计者的预设规则进行操作，不具备人类的创造力和想象力，也难以表达复杂情感和感性思维。所以，AI 工具更多起到的是辅助作用。另外，部分 AI 工具存在学习并复制他人的文章，或者引用他人的作品等问题，因此，利用 AI 工具创作可能存在版权问题。在使用 AI 工具时，最好不要照搬照抄，应当尊重他人版权，避免侵权，保证内容的质量和真实性。

三、直播推广

直播推广是提高直播活动曝光度和关注度的重要手段，在直播的各个阶段都需要进行推广，每个阶段可以采取不同的推广方法。

（一）直播前

直播活动开始前，需要通过多种方法引流，引导消费者观看直播。

（1）**短视频预热**。通过直播账号发布包含直播主题、时间和优惠力度等信息的预告短视频，如图 7-35 所示。

（2）**直播间预热**。已经开展过直播活动的品牌可以提前在直播间中预热，告知消费者下次活动的相关信息。

（3）**账号主页预热**。在直播前，主播可以通过更新账号简介，预告直播主题、时间等信息，如图 7-36 所示，或在账号昵称后添加直播预告信息，让搜索或查看账号的消费者可以一目了然。

（4）**设置直播预告**。一般而言，直播平台提供直播预告功能，设置好直播的时间、主题、封面等，发布后该预告将以图文或文字的形式显示在直播账号主页。

图 7-35　短视频预热

图 7-36　账号主页预热

（二）直播中

直播活动开始后，商家也可以通过各种渠道和方法扩散直播信息，提升直播间的人气，扩大直播活动的影响力。

（1）**分享直播**。通过将直播间链接分享到粉丝群、社交媒体平台等，吸引更多消费者观看直播。

（2）**加热直播**。利用直播平台的付费推广工具加热直播间，提升直播间的人气，如淘宝直播的超级直播、抖音的 DOU+、快手的小火苗等。

（3）**连麦直播**。与其他主播连麦、PK 等提升直播的趣味性，引导双方的粉丝关注对方的账号，也可以吸引潜在消费者观看直播。

（三）直播后

直播活动结束后，继续推广可以维持和扩大直播电子商务活动的影响力。

（1）**分享直播高光片段**。直播结束后，可以将直播中的亮点剪辑成短视频，发布在抖音、微博、微信等平台上，吸引未观看直播的消费者关注，引发其对下一次直播的期待。

（2）**设置直播回放**。很多直播平台都有直播讲解录制功能，直播结束后，可以将直播回放链接分享至其他平台，延长内容生命周期。

任务实训　为服装品牌创作并推广直播营销内容

积累了一定的粉丝后，张晓晨计划于 6 月 18 日 19:00 正式开播，直播主题为"佳依新风尚 首秀来袭"。在此之前，张晓晨打算发布直播预告短视频，了解到 AI 工具的便利性后，她打算使用剪映的一键成片功能创作直播预告短视频。事后，她还打算采用合适的推广方法推广直播活动信息。

【实训要求】

（1）使用剪映创作直播预告短视频。

（2）推广直播预告短视频。

【实训步骤】

1．创作直播预告短视频

（1）打开剪映 App，点击"一键成片"按钮，在打开的界面中选择素材图片（配套资源:\素材\项目七\连衣裙文件夹），如图 7-37 所示，点击 下一步 (5) 按钮，自动生成短视频。

（2）点击"点击编辑"按钮 🖊，如图 7-38 所示。点击"文本"按钮 T，将时间轴定位至起始处，点击 + 添加文字 按钮，在打开的文本框中输入直播主题"佳依新风尚 首秀来袭"，拖曳文本框至合适位置后，点击"确定"按钮 ✓，如图 7-39 所示。

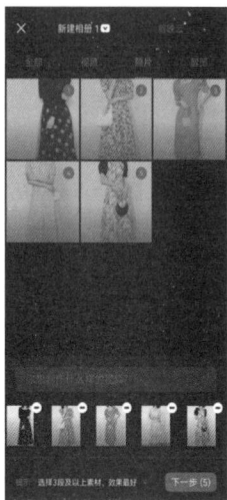

图 7-37　选择素材图片　　图 7-38　点击"点击编辑"按钮　图 7-39　调整文本框位置并确定

（3）点击"调整时长"按钮 🕐，向左拖曳滑动条调整文字播放时长为 2 秒，点击"确定"按钮 ✓，如图 7-40 所示。

（4）将时间线定位至结尾处，再次点击 + 添加文字 按钮，在打开的文本框中输入"6 月 18 日 19:00 佳依直播间 不见不散"，点击"确定"按钮 ✓，如图 7-41 所示。使用相同的方法，向右拖曳滑动条调整文字播放时长为最后 1 秒，如图 7-42 所示。点击 导出 按钮并进行导出设置，导出视频（配套资源:\效果\项目七\直播预告短视频）。

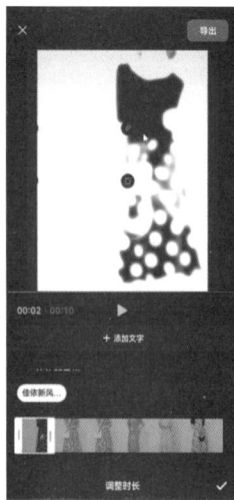

图 7-40　调整时长　　图 7-41　输入文字并确定　　图 7-42　调整文字播放时长

2. 推广直播

（1）一方面，直播主要在抖音开展，因此可直接使用抖音的直播预告功能进行推广；另一方面，可考虑在其他社交平台发布直播预告内容，进一步扩散直播活动，吸引潜在消费者观看直播，如将直播预告短视频发布在微博平台。

（2）首先设置直播预告，打开抖音 App，点击"添加"选项，点击"开直播"选项，点击"更多功能"按钮 ●●●，打开"更多功能"面板，点击"直播预告"选项，如图 7-43 所示。

（3）打开"选择预告"面板，点击 +创新新预告 按钮，打开"新建直播预告"面板。点击"开播时间"选项，在打开的"选择开播时间"面板中设置时间为"6 月 18 日周二 19:00"，点击 确定 按钮，如图 7-44 所示。在"预告内容"栏中输入"佳依新风尚，首秀来袭"，点击 创建预告 按钮，如图 7-45 所示。

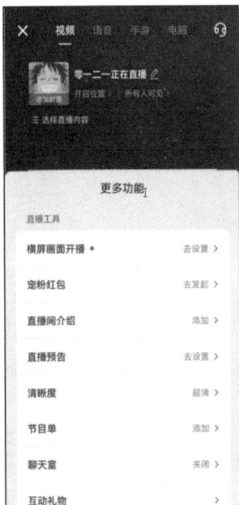

图 7-43　点击"直播预告"选项　　图 7-44　选择开播时间　　图 7-45　创建预告

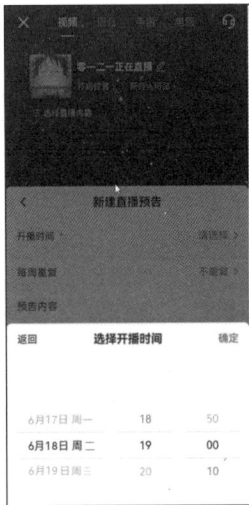

（4）之后将直播预告短视频发布到微博。打开微博 App，点击 ● 按钮，在打开的下拉列表中点击"写微博"选项，如图 7-46 所示；进入"发微博"界面，输入直播预告信息；点击"图片和视频"按钮 ▨，在打开的界面中上传直播预告短视频，如图 7-47 所示，点击 发送 按钮发布微博，如图 7-48 所示。

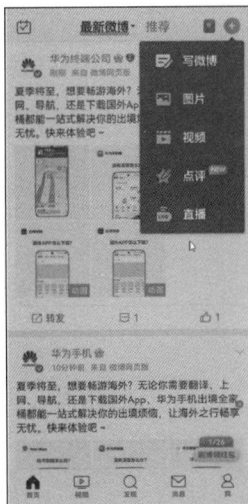

图 7-46　点击"写微博"选项　图 7-47　上传直播预告短视频　　图 7-48　发布微博

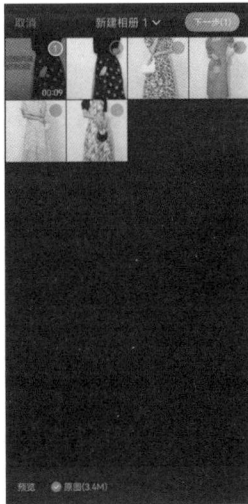

课后练习

1. 选择题

（1）【单选】（　　）是直播电子商务活动的核心人物。

    A. 主播　　　　　　B. 场控　　　　　　C. 副播　　　　　　D. 运营

（2）【单选】下列选项中，不属于直播电子商务产业链供应端的是（　　）。

    A. 厂商　　　　　　B. 经销商　　　　　C. 品牌商　　　　　D. 用户

（3）【多选】直播常用的硬件设备有（　　）。

    A. 手机　　　　　　B. 补光灯　　　　　C. 支架　　　　　　D. 计算机

（4）【多选】一个成熟的直播团队包括主播、（　　）和客服。

    A. 副播　　　　　　B. 策划　　　　　　C. 运营　　　　　　D. 场控

（5）【多选】下列选项中，不属于直播电子商务活动开始前的推广方法的有（　　）。

    A. 短视频预热　　　　　　　　　　　　B. 加热直播

    C. 账号主页预热　　　　　　　　　　　D. 分享直播高光片段

2. 简答题

（1）简述直播电子商务的类型。

（2）简述直播间的灯光类型。

（3）简述直播不同阶段的推广方法。

3. 实操题

（1）李莉是专门种植血橙的农户，随着直播的火热，李莉也准备利用直播销售自家的血橙。请为李莉选择合适的直播平台，并为其开通直播功能。

（2）为李莉的直播制订直播间打造方案。

（3）为李莉开通电子商务店铺。

（4）利用 AI 工具为李莉创作营销短视频（配套资源:\素材\项目七\血橙文件夹），以在正式开播前积累粉丝。

（5）使用推广工具推广营销短视频。

PART 08

项目八
旅游电子商务的运营管理

随着暑假的到来，张晓晨家乡的景点迎来旅游旺季。由于游客数量增多，当地许多景点都采取线上预约门票的方式控制景区人流量，并通过一些技术手段管理景区。游客可通过在线平台预约门票、规划游览路线。随着这些在线平台使用的普及，旅游电子商务的发展也进入了新阶段，张晓晨逐渐意识到旅游电子商务对旅游业发展有着重要作用，因此对其产生了学习兴趣。

知识目标
- 了解旅游电子商务的基础知识。
- 了解常见的旅游电子商务平台。
- 熟悉智慧旅游的技术支持和应用领域。
- 掌握旅游电子商务营销的方法。

技能目标
- 具备操作旅游电子商务平台的能力。
- 能够熟练使用智慧景区平台。
- 能够运用旅游电子商务知识分析相关的运营案例。

素养目标
- 树立主动学习的意识，持续更新旅游电子商务领域的知识和技能。
- 培养关注行业动态的习惯，适应旅游电子商务的变化和发展。
- 培养创新意识，积极探索旅游电子商务的新模式、新技术和新应用。

引导案例

携程旅行网（以下简称携程）创立于1999年，一直致力于为消费者提供酒店预订、机票预订、度假预订、商旅管理等全方位的旅行服务。经过多年的发展，携程成功树立强大的品牌影响力，占据我国在线旅游市场的重要份额。根据QuestMobile的数据，截至2023年3月，携程的在线旅游平台活跃用户规模达到8394.1万人，同比增长53.4%。根据携程官方公布的2024年第一季度数据显示，其净营收达119亿元，同比增长29%。

携程的运营原则是"以客户为中心"，因此其网站和App界面简洁、操作便捷，为消费者提供高效的预订体验。除此之外，携程还不断加大技术投入，利用大数据和人工智能等技术，精准分析消费者需求，提供个性化的旅游推荐和定制服务，大大提高了消费者满意度。

作为一个旅游电子商务平台，携程与全球数千家酒店、上百家航空公司建立了合作关系，能够提供上百种住宿服务和丰富的旅游资源，为消费者提供多样化的选择。同时，携程还通过自营和合作的方式，推出众多独家旅游线路和特色产品，满足消费者的个性化需求。

在品牌营销和建设方面，携程推出会员制度，注册会员可以享受专属福利，如会员专享价格、额外折扣、积分兑换等。另外，携程还通过定期举办促销活动，如打折、返现、团购等，吸引消费者购买。2022年，携程开始倡导可持续旅行，承诺企业的全面可持续运营，推出"LESS可持续旅行计划"；2023年推出"ESG可持续发展战略"，明确了环境友好、社区友好、家庭友好和生态链友好"四大友好"战略，并且发布低碳酒店标准；2024年，携程集团MSCI ESG评级提升至A级，坚持可持续发展与企业战略结合。携程的相关品牌战略既塑造了积极、正面的品牌形象，也推动了旅游业的可持续发展。

从携程的例子来看，旅游电子商务平台的运营，既要拥有丰富旅游资源，又要重视消费者的体验。旅游电子商务运营者需要结合旅游产品本身的特色和品牌定位来制订营销策略，给消费者带来个性化的体验，从而吸引更多消费者的关注。

任务一　了解旅游电子商务

旅游电子商务蓬勃发展，其服务内容也愈发多元化，为更好地把握这一趋势，张晓晨决定先了解旅游电子商务的基础知识，为之后深入学习相关的知识和技能做准备。

一、旅游电子商务的含义和特点

旅游电子商务也称为在线旅游，是利用互联网和电子商务的基础环境，整合旅游资源，为消费者提供旅游相关信息、商品和服务的行业。其涉及的商品和服务主要包括在线度假、住宿预订、机票/火车票预订、商旅、保险等。

旅游电子商务依托互联网具有的成本低、操作便捷、手段丰富等特点，有着与传统旅游业不同的优势。其特点主要体现在以下4个方面。

（一）便捷性

旅游电子商务不受实体店铺营业时间的限制，可以提供24小时不间断的服务，消费者可以随时随地通过旅游电子商务平台查询、比较和预订全球范围内的机票、酒店、景点门票等旅游资源。并且，旅游电子商务平台还提供在线支付、客户服务、定制化服务等功能，不仅可以节省消费者的时间和精力，还可以帮助消费者定制符合个人喜好和需求的旅游产品，为消费者带来极大的便利。

（二）经营成本低

旅游电子商务通过网络平台直接传播旅游信息，突破了传统旅游业中报纸、杂志、电视、广播等媒体的限制，减少了传统旅游业的中间环节，如旅行社、代理商等，降低了中间商的佣金成本。

（三）整合性

旅游电子商务利用网络平台，将传统旅游项目中的景区、酒店、餐饮、交通等单一旅游资源重新组合，不仅提供旅游产品的在线预订和支付服务，还整合旅游过程中的导游服务、接机服务等各种服务，形成更具吸引力和竞争力的旅游产品。

（四）个性化服务

通过大数据、人工智能等技术，旅游电子商务平台能够根据消费者的浏览历史、购买记录、偏好设置等，深入了解消费者的旅游需求和喜好，从而为消费者推荐定制化的旅游产品和行程，以满足消费者的个性化需求。

二、常见的旅游电子商务平台

除携程外，同程旅行、去哪儿旅行、飞猪旅行、途牛旅游网等旅游电子商务平台也在在线旅游行业中占据着较为重要的地位。

（一）同程旅行

同程旅行全称为同程网络科技股份有限公司，成立于 2004 年。同程旅行旗下运营着同程旅行网、同程旅行 App 和同程旅行小程序，为消费者提供机票、酒店、火车票、汽车票、门票、国内外度假线路等全方位的旅游产品预订服务，并且积极布局周边游、长线游、邮轮旅游等业务板块，以满足不同消费者的出行需求。同程旅行注重消费者体验，提供简洁、直观的预订页面和操作流程，以及有竞争力的价格，帮助消费者节省旅行成本。其多元化的旅游产品和个性化的服务，让消费者能够享受到更加便捷高效、个性化的旅游服务体验。图 8-1 所示为同程旅行网的首页。

图 8-1　同程旅行网"火车票"界面

（二）去哪儿旅行

去哪儿旅行（以下简称"去哪儿"）成立于 2005 年，致力于为消费者提供机票、酒店、度假产品、攻略的实时搜索，以及旅游产品团购和其他旅游信息服务。去哪儿洞察到在线旅游市场的消费者需求在不断变化，如消费者对旅游主题和场景的需求变得更加精细化和多样化、对长途旅行的需求增加，其整合了互联网上的机票、酒店、度假套餐及签证等旅游信息，为消费者提供实时、高效的旅游产品价格查询与对比服务，同时还提供定制行程设计，满足消费者日益增长的个性化需求。图 8-2 所示为去哪儿旅行网的首页。

图 8-2　去哪儿旅行网的首页

（三）飞猪旅行

飞猪旅行（以下简称"飞猪"）是阿里巴巴旗下的综合性旅游服务平台。该平台通过整合全球旅游资源和创新技术，为消费者提供国内外交通、酒店住宿、景区门票、旅游度假等多种产品及服务。飞猪的发展经历了多个阶段，包括从最初满足淘宝用户旅游需求，到与支付宝合作提升支付体验，再到成为独立的在线旅游品牌并拓展国际市场。此外，飞猪还建立了有特色的会员制度，会员能够享受多种权益，包括但不限于首住特惠、欢迎水果、免费早餐、延迟退房、酒店会员卡、信用住、里程翻倍、里程抵现等。随着会员制度的更新，飞猪增加了"酒店买贵赔"等权益，以及神州专车接送机权益、森泊门票 0.1 元兑换、租车签证专属折扣等。这一制度为会员提供了更多元化的特权和优惠，使其能够享受到专属的官方会员服务。图 8-3 所示为飞猪旅行网的首页。

图 8-3　飞猪旅行网的首页

（四）途牛旅游网

途牛旅游网（以下简称"途牛"）创立于 2006 年，提供多元化的旅游产品和服务。从 2009 年开始，途牛先后推出多个具有特色的旅游产品，包括牛人专线、牛人严选、瓜果亲子游、乐开花爸妈游、桐画酒店/民宿等。在途牛旅游网站中，还提供专业旅游咨询和专属定制师服务，能够全面解答消费者的旅行线路咨询问题，为消费者设计个性化的旅行路线和行程安排。此外，途牛还打造了一套全品类动态打包系统，该系统赋予消费者较高的自主选择权，让他们凭个人喜好定制、组合出行方式、住宿和玩乐项目等，通过这一系统，消费者还能享受到"打包预订，优惠更多"的价格优势。自 2020 年开始，途牛积极布局直播业务，不断开辟旅游产品在线预售的新路径和新营销模式。在直播运营方面，途牛积极与知名旅游达人合作，借助他们的影响力和粉丝基础吸引更多消费者观看直播，以"短视频+直播+社群+销售"完整的交易闭环，助力目的地及旅游产品"口碑+种草"的品效兼收。途牛官方发布的 2024 年第一季度财务业绩报告显示，途牛在 2024 年第一季度的直播交易额超 4.4 亿元人民币，同比增长高达 71%，可见其直播模式取得了良好的效果。图 8-4 所示为途牛旅游网的首页。

图 8-4　途牛旅游网的首页

三、旅游电子商务的主要类型

旅游电子商务按照不同分类标准有不同的类型，这里按照交易形式分为 4 种类型。

（一）B2B 模式

旅游电子商务 B2B 模式是一种通过互联网平台，连接旅游供应商（如旅行社、酒店、航空公司等）和旅游经营者，实现旅游产品交易、分销和合作的商业模式。旅游电子商务的 B2B 模式主要有以下 3 种。

（1）渠道运营模式。该模式是通过加盟门市的方式聚集供应商和分销商形成分销体系，借助"互联网+"发展渠道运营。

（2）供应商自建分销系统模式。部分供应商自发地建立起分销系统，以吸引与其合作的经销商使用该系统进行查询、下单等操作，实现旅游企业间的共同合作。

（3）**开放平台模式**。在该模式下，平台向众多行业内的供应商和经销商开放，提供一站式服务，其代表是八爪鱼在线旅游网。图 8-5 所示为八爪鱼在线旅游网首页。

图 8-5　八爪鱼在线旅游网首页

（二）B2E 模式

旅游电子商务 B2E（Business to Enterprise）模式是一种针对旅游企业与企业类消费者的电子商务模式。这里的企业类消费者指的是与旅游企业有频繁的业务联系，或常接受旅游企业提供的商务旅行服务的非旅游类企业和机构。通过旅游电子商务平台，企业类消费者可以完成旅游预订、行程管理等任务，减少与旅行社或供应商的沟通成本。而消费者所在的企业可以选择与熟悉的机票代理商、酒店等形成稳定的合作关系，从而享受更加优惠的价格。图 8-6 所示为携程为企业提供的差旅管理平台。

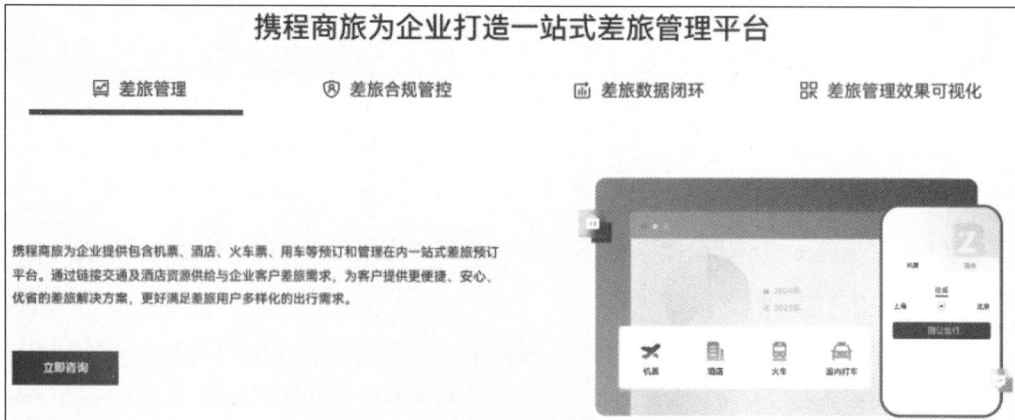

图 8-6　携程为企业提供的差旅管理平台

（三）B2C 模式

旅游电子商务 B2C 模式，指的是旅游企业通过电子商务平台直接向消费者提供旅游产品和服务，包括机票、酒店预订、旅游产品套餐、景点门票等，是一种零售模式。企业可以通过注册和入驻平台来发布产品和服务，平台为企业提供统一的管理后台。消费者可以在平台上根据需求和喜好搜索各类旅游产品，并比较不同企业的产品与价格差异。图 8-7 所示为飞猪上部分企业发布的旅游产品。

图 8-7　飞猪上部分企业发布的旅游产品

（四）C2B 模式

旅游电子商务 C2B 模式，即消费者对旅游企业的电子商务模式。该模式强调以消费者为核心，当消费者提出个性化需求后，旅游企业间会展开竞争，力求提供符合消费者需求的解决方案。此外，消费者还能通过网络平台集结成群体，集体与旅游企业协商价格和服务。C2B 模式的运作主要通过电子中间商进行，如专业的旅游网站、门户网站的旅游频道等。这些电子中间商不仅创建了一个在线中介市场，更搭建了一个信息互动与交流的平台。通过这一平台，消费者能够直接发布需求信息，而旅游企业可以轻松查询这些信息，并与消费者线上沟通，最终双方以自愿的原则达成交易协议。

四、旅游电子商务的现状与趋势

近年来，我国旅游电子商务市场规模持续增长，越来越多的消费者开始体验并参与到旅游电子商务中，旅游电子商务呈现出蓬勃的生机与活力。

（一）旅游电子商务的发展现状

《中国国内旅游发展报告（2023—2024）》指出，相较于 2022 年，2023 年主要节假日旅游人数和旅游收入均有增长，全年呈现出高开稳增的态势。旅游行业当下正呈现出蓬勃发展的态势，这一方面与旅游电子商务市场的发展息息相关，另一方面也体现了消费者日益增长的旅游需求。

1. 旅游电子商务交易规模增加，在线旅游蓬勃发展

根据前瞻产业研究院发布的《中国在线旅游行业市场前景预测与投资分析报告》，2024年第一季度我国在线旅游行业市场规模为 2242 亿元，同比增长 5.97%（见图 8-8）。商务部网站公布的数据显示，2024 年 1—4 月，我国电子商务保持较快增速，其中在线旅游增长 77.6%（见图 8-9）。

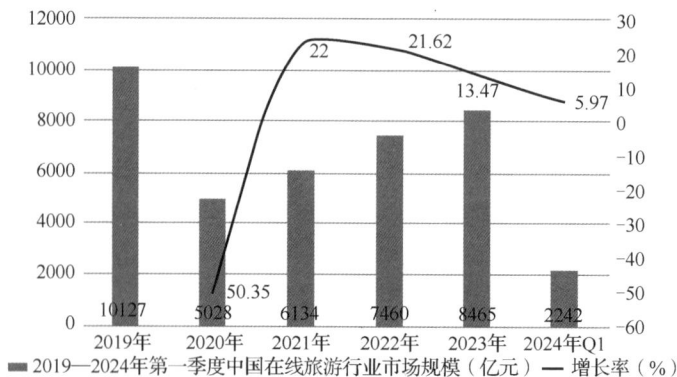

图 8-8　2019—2024 年第一季度中国在线旅游业行业市场规模

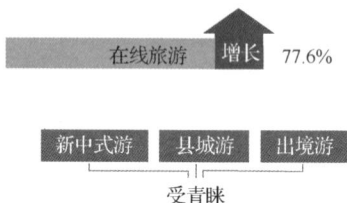

图 8-9　商务部网站在线旅游数据

2. 消费者需求呈现多样化

随着生活水平的提高，旅游消费逐渐从传统的观光旅游向休闲度假、主题旅游、定制旅游等多元化方向发展，消费者对旅游产品和服务的需求日益个性化、差异化。例如，在消费者的文化探索、知识学习、粉丝经济和精神追求等需求下，催生出一系列小众的旅游概念。根据 QuestMobile 的数据显示，个性化、定制化旅游在 2024 年 4 月全网用户关注度上占比达到较高的水平，图 8-10 所示为 2024 年 4 月全网用户内容关注度 TOP6—15 的旅游概念。

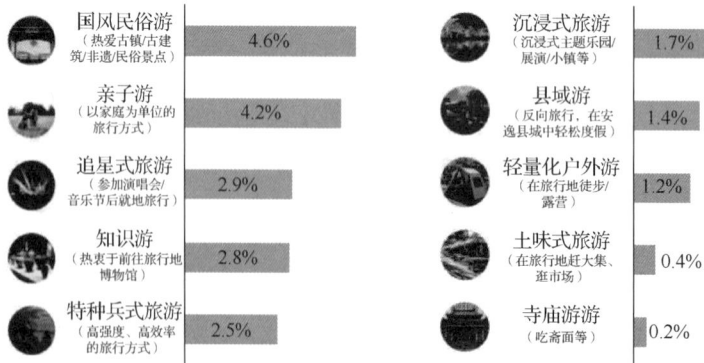

注：内容关注度=浏览旅游概念相关词内容的用户规模/全网用户规模

图 8-10　2024 年 4 月全网用户内容关注度 TOP6—15 的旅游概念

3. 在线旅游平台竞争大

根据 Fastdata 发布的《2024 年中国出境游行业发展趋势报告》，2024 年 7 月，我国在线旅游平台出境游市场份额携程和去哪儿总占比 48.3%，飞猪占比 29.6%（见图 8-11）。携程以其完善的售后服务和品质化保证，打造可信赖的平台；去哪儿整合海量旅游信息，拥有巨大的流量和庞大的用户量；飞猪则通过强化低价优势和比价策略，吸引价格敏感型消费者。这些旅游电子商务平台，通过多年的市场运营和品牌推广，已经积累了大量的用户和良好的口碑，在旅游电子商务市场中占据着重要地位，使得新品牌难以在短时间内与其竞争。

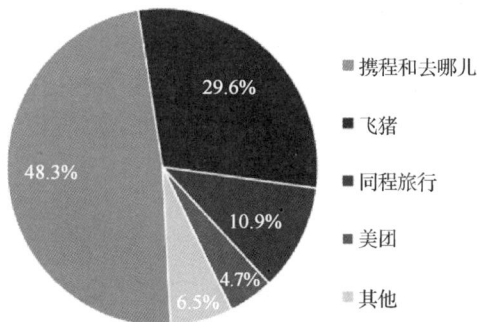

图 8-11　2024 年 7 月中国在线旅游平台出境游市场份额

　　此外，随着市场竞争的加剧，旅游电子商务平台也在产品和服务方面不断推陈出新，但基于类似的市场需求，这些平台提供的功能和服务逐渐出现同质化现象，消费者在不同的平台中能够获得类似的服务，这意味着消费者拥有更多的自主选择权，更愿意基于个人的消费意愿（如消费偏好、个人习惯等）选择旅游电子商务平台，甚至多方比较或随意更换。这也从侧面说明旅游电子商务平台的消费者具有一定的重合性，消费者对旅游电子商务平台的忠诚度有待提升。QuestMobile《2024 年文旅营销洞察报告》显示，2024 年 4 月同时使用携程与去哪儿这两个平台的用户环比增长近 300 万人，整体重合度增长 1.4%，如图 8-12所示。旅游电子商务平台为获得竞争优势，需要不断探索新的商业模式和服务模式，以提供差异化的产品和服务。

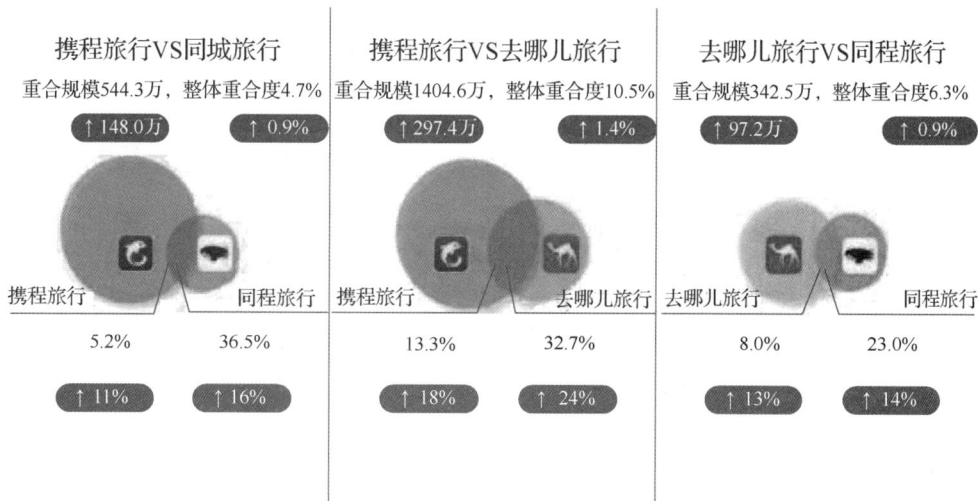

注：1. 整体重合度=A与B的重合用户规模／（A+B）去重活跃用户规模；2.环比变化=2024年4月重合率-2024年3月重合率

图 8-12　2024 年 4 月典型在线旅游平台 App 用户重合度及环比变化

（二）旅游电子商务的发展趋势

在数字化浪潮的推动下，旅游电子商务正迎来前所未有的发展机遇。随着科技的不断进步和消费者行为模式的转变，旅游电子商务已不再是简单的在线交易，而是逐渐演化为一个集信息、服务、体验于一体的综合生态系统，变得更加智能化。这一趋势不仅为消费者提供了更加便捷、个性化的旅行选择，也为旅游企业带来了更广阔的市场空间和更高效的运营方式。

1. 智慧旅游创新发展

随着智能手机的普及和移动互联网的发展，越来越多的消费者通过手机浏览旅游信息、预订和购买旅游产品等，智慧旅游应运而生。智慧旅游以其便捷、智能等优势成为旅游电子商务的重要组成部分，它不断融合新技术，提供更智能、便捷和个性化的旅游服务，不仅可以提升消费者的旅游体验，同时也为旅游企业更好地管理和整合资源提供了机会。当下国家政策也给予了智慧旅游高度的支持，从中央到地方先后出台相关政策文件，深入推进智慧旅游融合创新发展。例如，2024 年 5 月，文化和旅游部等五部门联合印发《智慧旅游创新发展行动计划》，该计划对提升智慧旅游基础设施、加强 5G+智慧旅游协同创新发展、推动旅游公共服务智慧化等有着重要意义。

2. 跨媒介旅行兴起

跨媒介旅行是指通过直播、虚拟现实、增强现实等多种媒介形式，让消费者在无须实际出行的情况下，也能体验到旅游的乐趣和魅力。跨媒介旅行通过整合不同媒介平台、结合互联网技术，打破了传统旅游的时空限制，使得旅游活动更加高效、有创意。

例如，近年来，"直播+文旅"新模式受到消费者的喜爱，图 8-13 所示为 2023 年第一季度对比 2022 年第一季度旅游万粉达人直播数据增速，可见旅游直播间的数量和用户观看量等都呈现上升趋势。《跨媒介旅行：直播+文旅发展研究》报告指出，直播具有生产个体化、传播过程化、营销短链化、应用界面化的突出特性和优势。通过直播的方式向消费者即时在线展示旅游景观，消费者可以通过与主播互动和交流的方式，更全面地了解相关旅游产品，并在主播的引导下"身临其境"地感受旅游产品是否真正符合自身旅游需求。

此外，"直播+文旅"的模式还带动了乡村旅游的发展。2023 年 4 月抖音发布的《乡村文旅数据报告》显示，过去一年，抖音新增乡村内容数超 4.59 亿个，播放量超 23901亿次，有 415 亿次点赞。这些乡村主题的直播让乡土文化在更广泛的领域被看见、被关注，从而成为推动当地旅游发展的关键力量。

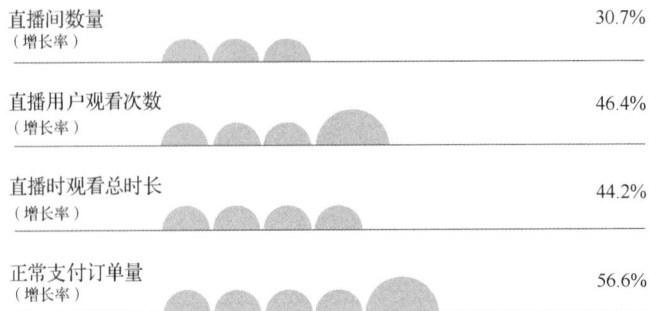

直播间数量 （增长率）	30.7%
直播用户观看次数 （增长率）	46.4%
直播时观看总时长 （增长率）	44.2%
正常支付订单量 （增长率）	56.6%

图 8-13　2023 年第一季度对比 2022 年第一季度旅游万粉达人直播数据增速

3. 出境旅游态势良好

中国旅游研究院发布的《中国出境旅游发展年度报告（2023—2024）》显示，2023年出境旅游人数已超过 8700 万人次（见图 8-14），并预测 2024 年出境旅游人数将达到

1.3 亿人次。出境热门目的地从传统的欧美国家逐渐扩展到亚洲邻国和"一带一路"共建国家。例如，日本、泰国、马来西亚等亚洲国家成为 2024 年端午假期出境热门目的地。同时，消费者也不再满足于走马观花的旅游方式，而是追求旅游产品的灵活度和丰富度，从"打卡游"向"深度游"转变。

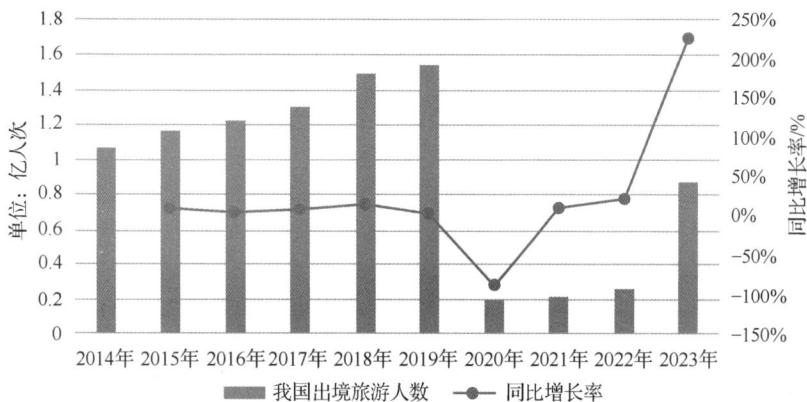

图 8-14　2014—2023 年我国出境旅游人次

在消费者需求的变化基础上，旅游电子商务平台也做出了相应的调整和布局。例如，携程举办了 Envision 2024 全球合作伙伴大会，邀请超 50 个国家和地区的 1600 余名外籍旅游业嘉宾与会，共同探讨中国跨境旅游市场发展机遇。2024 年 5 月，根据携程集团在 Envision 2024 全球合作伙伴大会公布的数据，携程的全球旅游供应链已覆盖 170 多万家酒店、600 多家航空公司，建立起全球超 90000 个旅行社、景区、汽车租赁服务商等合作伙伴在内的旅游生态网络。此外，携程国际版推出的 AI 助手 TripGenie，可支持英语、日语、韩语、西班牙语、法语、德语、意大利语、荷兰语和马来语等多种语言。通过 AI 技术创新，携程能够为消费者提供更好的境外旅游服务，从而在旅游市场中取得优势。

任务实训　体验旅游电子商务网站的主要功能

张晓晨计划暑假和父母一起前往北京旅游，在了解旅游电子商务的知识后，她决定使用常见的旅游电子商务平台购买前往北京的机票并预订酒店等。于是她准备注册一个携程账号，并完成后续的预订。

【实训要求】

（1）注册携程账号并登录。

（2）查看目的地攻略。

（3）在网站中购买机票并预订酒店。

【实训步骤】

（1）注册携程账号。进入携程官网，单击"注册"超链接，进入注册页面（见图 8-15），完成"验证手机""设置密码"等相关信息的填写。注册完成后返回网站首页，单击"登录"超链接，进入登录页面（见图 8-16），填写相关信息完成登录。

（2）查看目的地攻略。在携程首页左侧的功能区中单击"攻略·景点"超链接，在打开的页面顶部的搜索栏中输入"北京"，按【Enter】键搜索。进入页面后，单击"景点"超链接，选择有意向游览的景点（见图 8-17）；单击"游记"超链接，查看其他消费者的旅游项目或推荐（见图 8-18）。

图 8-15　携程注册页面

图 8-16　携程登录页面

图 8-17　北京景点页面

图 8-18　北京游记页面

（3）购买机票。在携程首页左侧功能区中单击"机票"超链接，在打开的页面中输入出发地、目的地、出发日期等信息，单击 按钮查询机票信息（见图 8-19），选择合适的航班，单击 订票 按钮，根据提示信息完成订票操作。

（4）预订酒店。在携程首页左侧功能区单击"酒店"超链接，在打开的页面中输入目的地/酒店名称、入住时间、退房时间、房间及住客等信息，单击 搜索 按钮，查询酒店信息（见图 8-20），选择合适的酒店并根据提示完成预订操作。

图 8-19　查询机票信息

图 8-20　查询酒店信息

任务二　认识智慧旅游

在做旅游攻略时，张晓晨发现北京的景点很多，也很分散，这不利于她规划旅游线路。

随后她在旅游电子商务平台上找到了个性化定制服务，这种服务可以根据他们一家的喜好和时间安排专属定制旅游产品。在定制旅游线路的过程中，张晓晨了解到定制个性化旅游产品其实是智慧旅游的一种应用。由此张晓晨对智慧旅游这个概念产生了好奇，她开始学习与智慧旅游相关的知识，了解它是如何在旅游业中应用的。

一、智慧旅游的含义和特点

智慧旅游也被称为智能旅游，是一种利用云计算、物联网等技术，通过物联网或移动互联网，借助便携终端上网设备感知旅游资源、旅游经济、旅游活动等方面的旅游方式。简而言之，它是一种可以让消费者及时了解信息，从而合理安排旅游计划的旅游方式。

智慧旅游作为旅游业的创新模式，不仅为消费者带来了更加便捷、舒适的旅游体验，也为旅游业的发展注入了新的活力。其特点主要有以下 4 点。

（一）智能化

智慧旅游的智能化主要体现在其利用先进的信息技术，智能化管理和服务旅游活动。智能化管理体现在旅游资源的开发和利用上，通过智能监控、智能调度等手段，实现对旅游资源的合理利用和保护。同时，智慧旅游可以通过收集、分析和利用旅游数据，为消费者提供智慧导览、智能支付、智能客服等智慧化服务。

（二）个性化

智慧旅游通过先进的数据分析技术，能够深入挖掘消费者的个人偏好和需求，为消费者提供个性化的旅游推荐和定制化的旅游方案。例如，消费者可以选择定制的行程安排、个性化的住宿体验、专属的导游服务等，也可以在社交媒体和在线评论中分享旅游经历和感受，智慧旅游系统通过及时收集和分析这些反馈，能够不断优化旅游产品和服务，以满足消费者的个性化需求。

（三）系统性

智慧旅游的系统性体现在通过云计算、大数据等技术手段，实现旅游资源的集中管理和优化配置，从而为消费者提供更加便捷、个性化的旅游服务。智慧旅游平台打破部门间的信息壁垒，实现跨部门的信息资源共享和协同工作，既能提高工作效率，又可以提升服务质量。此外，通过建立统一的数据平台，智慧旅游平台可以实现旅游信息的集中存储和实时更新，确保消费者能够获取最新、最准确的旅游信息。

（四）互动性

智慧旅游平台支持消费者之间的实时互动和社交分享，消费者可以通过平台发布旅游动态、分享旅游攻略、点评景点等。这种社交化的互动方式，不仅丰富了消费者的旅游体验，也为景区和旅游企业提供了更多的宣传和推广渠道。智慧旅游平台还通过在线客服系统和语音助手等技术手段，为消费者提供实时的咨询和帮助。此外，在消费者参观景点时，智慧旅游的虚拟现实和增强现实等技术可以将景点的历史背景、文化内涵等信息以数字化的形式呈现给消费者，还有各种互动游戏和娱乐项目，增加旅游的趣味性和互动性。

二、智慧旅游的技术支持

智慧旅游的快速发展离不开大数据、云计算、物联网等技术。这些技术让旅游资源的配

电子商务运营管理（慕课版 第2版）

置更加合理，让旅游服务的提供更加精准。此外，地理信息与卫星定位技术、旅游机器人也在智慧旅游中有广泛的应用。

（一）云计算、大数据与物联网

云计算为智慧旅游提供超大的数据存储空间，确保数据的安全性和可靠性。通过云计算，旅游机构可以实现数据的共享和交换，提高工作效率。同时，云计算还应用于旅游景点的智能巡检和监控系统中，通过在景点内部布置传感器和监控设备，并将数据实时上传到云平台上，可以实现对景点的人流量、交通状况、安全情况等进行实时监测。此外，该巡检监控系统还能够用于景点保护。例如，南京城墙中华门景区采用云计算技术收集景区数据，整合资源，打造南京城墙文物数据资源库，实现南京城墙全生命周期管理。图 8-21 所示为南京城墙文物数据信息采集及资源管理系统。

图 8-21　南京城墙文物数据信息采集及资源管理系统

大数据通过收集和分析游客的搜索历史、浏览记录、购买行为等数据，能够洞察游客的旅游偏好和需求，进而为旅游企业提供精准的市场分析和预测。通过大数据平台，旅游企业和管理部门可以实时监测景区的游客流量、交通状况、环境质量等关键指标，从而管理和优化资源配置。

物联网技术支持旅游景点实现智能导览，游客可以获取景点介绍、路线规划、导览语音等导览信息。物联网技术还可以应用于旅游设施的智能化改造，如智能客房、智能餐厅、智能景区等。这些智能化设施可以提供更加便捷、舒适、个性化的服务体验，满足游客的不同需求。

（二）地理信息与卫星定位技术

GIS（Geographic Information System，地理信息系统）是在计算机硬件、软件系统支持下，采集、储存、管理、运算、分析、显示和描述整个或部分地球表层空间中的有关地理分布数据的技术系统。GIS 实现地形图与分布图的叠加，可以为游客提供快捷、准确的数据信息。GIS 还可以帮助旅游管理部门数字化管理旅游资源，通过分析旅游资源的空间分布、类型、数量和质量，为旅游规划和开发提供科学依据。

GPS（Global Positioning System，全球定位系统）是一种以人造地球卫星为基础的高精度无线电导航的定位系统。GPS 能够为游客提供实时的导航和定位服务，帮助游客快速找到目的地，规划最佳游览路线。结合 GPS 定位，智慧旅游系统可以向游客推送与当前位置相关的旅游信息，如景点介绍、历史故事、特色美食等。在一些大型国家公园或自然保护区，GPS 技术被用于游客的安全监控和紧急救援。游客在进入景区时会被要求佩戴带有 GPS 定位功能的设备，以便景区管理部门能够实时监控游客的位置和状态。在发生紧急情况时，游客可以通过设备向景区管理部门发送求助信号，获得及时的救援。

（三）旅游机器人

旅游机器人是能够为游客提供导游、咨询、服务等多功能的智能机器人。它们能够自主导航、识别环境、与游客互动交流，为游客提供个性化的旅游服务。机器人导游是旅游机器人常见的应用领域之一。它们可以将多种语言翻译为游客所需的语言，使游客能够更便捷地了解景点的相关信息。此外，机器人导游还可以根据游客的需求和时间，合理安排旅行路线，提供个性化的旅游服务。例如，北京市海淀区文化和旅游局在 2024 年推出"海淀文旅大模型及游客服务智能体"，该智能体具备多角色能力，可以充当"行程规划师""私人讲解员"和"旅行分享家"。图 8-22 所示为海淀智能旅游向导如如。

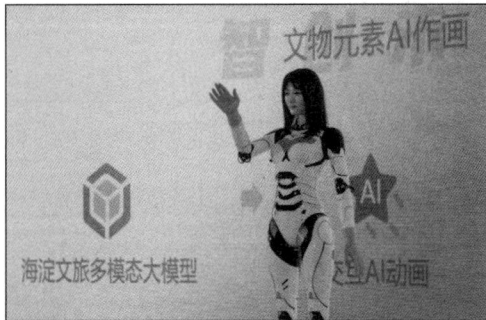

图 8-22　海淀智能旅游向导如如

旅游机器人还可以承担酒店前台接待员的职责，通过人脸识别技术快速识别游客身份，提供个性化的服务。在客房服务方面，机器人可以替代部分工作人员，为游客提供送餐、打扫房间等服务，提高服务效率和质量。

三、智慧旅游的常见应用领域

智慧旅游作为旅游业与现代科技融合的新模式，正在影响着旅游业的多个方面，囊括景区、酒店、旅行社、旅游目的地等旅游产业链上的中间环节。

（一）智慧景区

智慧景区是基于现代科技手段（尤其是信息技术和互联网技术）和科学的管理理论，智能化管理和服务景区的一种新型景区运营模式。

智慧景区通过整合景区内部各个环节的信息，包括游客信息、景区资源信息、服务设施信息等，形成一个完整的信息化系统，实现数据的收集、分析和共享，确保信息的高效流动和互通。同时，智慧景区采用智能化的管理手段，如智能巡检系统、智能安防监控系统等，实现对景区设施和环境的实时监控和管理。

例如，故宫博物院自 2018 年开始采集故宫开放区域的建筑、展厅和服务设施等信息，并推出"玩转故宫"小程序。随后，故宫博物院又推出"玩转故宫"2.0 版本，升级为"智慧开放"项目。小程序不仅拥有在线购票、预约观展、在线购物等多个板块，还进行了无障碍优化升级，将"零废弃""适老化""无障碍"等理念融入服务中。基于位置服务技术，小程序还升级了"游故宫"板块，消费者可以在该功能区沉浸式游览故宫，还可以使用 VR 实景导航、了解当前景点人数、查询基础服务设置等。图 8-23 所示为"游故宫"开放项目。

图 8-23　游故宫开放项目

（二）智慧酒店

智慧酒店是指酒店拥有一套完善的智能化体系，通过数字化与网络化实现酒店管理和服务的信息化。智慧酒店的设计初衷在于满足消费者的个性化需求，提升酒店管理和服务的品质、效率及消费者满意度。它将信息通信技术与酒店管理的各个环节深度融合，不仅能够提升酒店的形象，还能实现酒店资源与社会资源的优化配置和高效利用。同时，其智能化手段能够实现高效节能，如自动调节空调运行模式和灯光亮度，减少能源浪费，因此受到许多环保意识强的消费者喜爱。

例如，未来居科技与小米智能设备合作，通过将小米的智能产品（如小爱音箱、智能开关、智能温控等）融入未来居的智能化解决方案中，实现酒店客房的智能化升级。通过未来居提供的客房管理系统，消费者可以在线上办理入住与退房；通过小米的智能产品，消费者可以根据自己的需求定制房内家居配置和功能。图 8-24 所示为未来居酒店智能化基础功能。

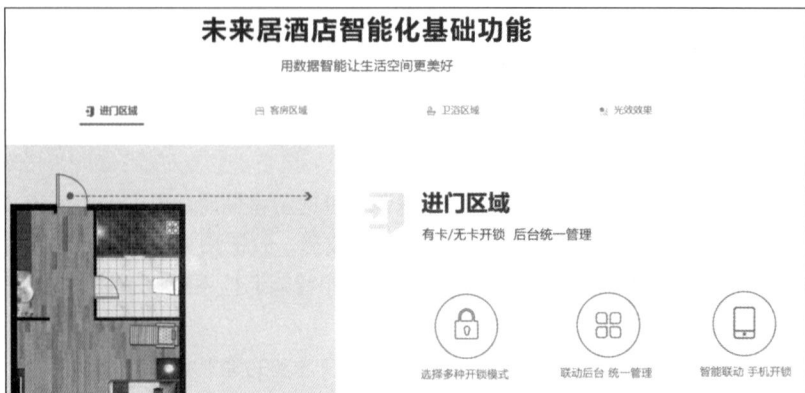

图 8-24　未来居酒店智能化基础功能

（三）智慧旅行社

智慧旅行社是以旅行社信息化建设为基础，利用物联网、互联网等信息技术，将旅游要素配置、旅游产品开发营销和游客管理服务等旅行社业务标准化、数字化和智能化的新型旅游服务机构。智慧旅行社能够将旅游景点、文物古迹、城市公共设施物联成网，实现景区、景点、酒店、交通等设施的物联网与互联网系统的连接和融合，将数据整合为旅游资源核心数据库。此外，智慧旅行社通过旅游舆情监控和数据分析，挖掘旅游热点和消费者兴趣点，从而引导旅游企业策划对应的旅游产品，确定对应的营销主题。例如，常见的旅游电子商务平台就属于智慧旅行社中的一种类型。

（四）智慧旅游目的地

智慧旅游目的地是指利用先进的信息技术手段，整合旅游目的地的资源，为消费者提供更加智能化、便捷化的旅游体验的旅游目的地。智慧旅游目的地不仅为消费者提供传统的旅游服务，还通过技术手段，为消费者提供个性化的旅游推荐、实时的旅游信息、便捷的旅游服务及创新的旅游体验。

例如，汉中市文化和旅游局打造的"游汉中"平台，消费者只需扫描一个二维码，便能轻松访问该平台，享受多维度的旅游服务和旅游目的地信息资讯。同时，平台紧密围绕汉中"绿色循环、汉风古韵"的城市形象，采用清晰且美观的页面布局和图标设计，整体风格简约清新，巧妙融合汉中独有的文化特色，为消费者带来较好的视觉体验。图 8-25 所示为"游汉中"小程序页面。

图 8-25　"游汉中"小程序页面

任务实训　体验智慧景区平台

张晓晨在旅游电子商务平台订好前往北京的机票和酒店后，计划出行的第一站是故宫博物院。在了解了智慧旅游的相关知识后，她决定使用智慧景区平台进行在线购票，并利用其智能导航做好游览规划。

【实训要求】

（1）选择智慧景区平台。

（2）使用智慧景区平台在线购票。

（3）利用智慧景区平台做好游览规划。

【实训步骤】

（1）选择智慧景区平台。因为此处的目的地是故宫博物院，所以这里选择故宫博物院微信小程序进行购票并查询游览路线。

（2）进入小程序购票页面。在微信 App 搜索"故宫博物院"小程序并打开，小程序默认进入推荐页面。在页面下方的功能区点击"游故宫"按钮 🏛，进入"游故宫"页面。

（3）选择购票日期及数量。点击 购票约展 按钮进入"购票观展"页面，点击"购票约展"选项，进入"选择日期和数量"页面，选择好参观日期、参观时间、票种后（见图 8-26），点击 立即预订 按钮。

（4）填写观众信息。进入"填写观众信息"页面，填写姓名、证件类型、证件号码和手机号码后（见图 8-27），点击 确定 按钮，页面会显示验证身份是否通过。身份认证通过后点击 下一步 按钮，若不通过则返回修改。进入"下一步"页面后，选择两馆及展览，选择完成后点击 提交订单 按钮，进入"确认订单"页面。确认订单信息后，点击 提交订单 按钮，完成支付。

图 8-26　选择日期和数量

图 8-27　填写观众信息

（5）规划游览线路。进入小程序页面，在页面下方的功能区点击"游故宫"按钮 🏛，进入"游故宫"页面。"游故宫"功能区提供游览推荐线路，这里点击"深度游览推荐路线"选项，进入"游览路线"页面，如图 8-28 所示。点击 开始游览 按钮，跟随导航进行游览。

图 8-28　深度游览推荐路线

任务三　探索旅游电子商务营销

　　在了解旅游电子商务平台和智慧旅游的应用领域时，张晓晨发现，除了旅游产品本身要具有吸引力，适当的营销也很重要。适当的营销可以建立和维护旅游企业的品牌形象，提高品牌知名度，吸引更多消费者。因此，她打算学习该方面的相关知识，探索旅游电子商务是如何进行营销的，了解哪些旅游产品适合营销。

一、旅游产品营销

　　旅游产品营销是指根据旅游目标市场需求，设计满足消费者需求的产品，并制定消费者认可的价格，结合一系列的市场推广和销售手段，以达到提升产品知名度、吸引目标消费者群体、扩大市场占有率的目的的营销活动过程。

（一）旅游产品营销的特点

　　随着消费者需求的日益多元化和个性化，旅游产品营销不仅要有独特的卖点呈现，更需要精准地触达目标消费者。其特点主要有以下 3 点。

1. 地区差异性

　　由于不同地区的自然和人文资源不同，旅游产品的特色也存在差异。旅游产品营销需要结合不同地区的特点和需求，制订相应的市场营销策略。

2. 多元化

　　旅游产品营销采用多种手段，包括线上营销和线下营销，这种多元化的营销手段能够覆盖更广泛的消费者群体，提高营销效果。此外，旅游产品营销的内容不仅包括产品的基本信息和价格，还包括产品的特色、亮点、文化等。

3. 波动性

　　旅游市场会随着市场需求、竞争环境、季节等因素发生变动，因此旅游产品营销往往需要根据市场规律灵活调整产品组合和价格策略，以适应市场的变化。

（二）旅游产品的线上营销

旅游产品的线上营销是利用互联网和数字媒体平台，广泛吸引潜在客户，增加曝光度，并提高销售的一种营销方式。主要的线上营销方式有以下4种。

1. 搜索引擎营销

优化产品在网站中的内容，或直接投放搜索引擎广告，使其在搜索引擎结果中排名靠前，增加旅游产品的流量和曝光率。

2. 社交媒体营销

通过社交媒体平台发布有关旅游产品的内容，吸引粉丝关注和分享。例如，十里芳菲乡村文旅品牌通过小红书发布各种特色业态和文创产品，如手工艺品、非遗产品等。同时，十里芳菲与小红书合作推出专属优惠活动，如产品优惠套餐、折扣券等，吸引消费者预订旅游产品。

3. 合作推广

与地方政府部门、主流媒体、社交媒体、网络主播等建立合作伙伴关系，共同推广旅游产品和服务。例如，河北省文化和旅游厅与新华社、抖音、东方甄选直播带货平台等建立合作关系，共同推广"这么近，那么美，周末到河北"系列活动，合作期间，河北省客流量显著增加，图 8-29 所示为相关微信公众号文章。

图 8-29　相关微信公众号文章

4. IP 营销

IP 能够帮助旅游产品建立独特的品牌形象，提高产品的知名度和吸引力。通过利用热门 IP 或创造独特的 IP 内容，旅游产品可以吸引目标消费者的注意，激发其购买欲望，如"故宫淘宝"文创 IP。

（三）旅游产品的线下营销

旅游产品的线下营销是指通过传统的、非数字化的方式，直接与消费者互动和沟通，以推广和销售旅游产品的一种营销方式。这种营销方式主要依赖面对面的交流、实体展示和人际传播，通过营造直观、生动的旅游体验来吸引消费者的兴趣和关注。

1. 传统门店推广

在人流密集的区域开设旅游服务门店，提供旅游咨询和旅游产品购买服务。通过门店的实体展示和咨询服务，增强消费者对旅游产品的直观感受。

2. 参加旅游展览

参加本地和国际的旅游展览，展示旅游产品的特色和优势。通过展览与潜在消费者面对面交流，提高旅游产品的知名度和吸引力。

3. 合作推广

与当地景点、酒店、餐饮企业等合作，共同举办主题活动，如传统节日活动、手工艺品展示活动等。通过合作活动，增加消费者的参与感和互动性，提高旅游产品的吸引力。

4. 地推活动

在街头、商场等公共场所举办地推活动，如派发宣传册、举办小型展览等。通过直接与消费者接触，解答疑问，展示旅游产品特色，提高消费者购买意愿。地推活动应注重互动性，吸引消费者参与，可以设置抽奖环节、互动游戏等。

二、旅游服务营销

旅游服务营销是为满足消费者对旅游产品所带来的服务效用的需求，旅游企业采取一系列整合营销策略，以实现预期目标，并达成旅游产品交易的营销活动过程。旅游服务营销不仅是一种商业活动，更是一种以消费者需求为导向，通过创新的服务策略与手段，满足消费者在旅行过程中的各种期望和需求的方法。它通过精心策划的营销活动，提升旅游产品的吸引力，增强消费者的满意度和忠诚度。

（一）旅游服务营销的特点

旅游服务营销的特点主要有以下 5 点。

1. 计划的超前性

旅游服务营销通常需要提前规划市场调研、产品定位、价格策略、促销手段等。这是因为旅游产品往往涉及较为复杂的行程安排和预订流程，需要确保在消费者实际出行前，所有的服务都已经准备就绪。

2. 服务的不可更换性

旅游服务具有一次性的特点，一旦服务完成，就无法进行更换或退货。这就要求旅游服务提供商在提供服务前与消费者进行充分的沟通和确认，确保消费者对行程安排和服务内容有清晰的了解，并在服务过程中提供高质量的体验。

3. 多组织协作

旅游服务营销通常涉及多个组织和机构的协作。例如，旅行社需要与航空公司、酒店、景点等合作，以确保行程的顺利进行。

4. 需求的差异性

目前消费者需求日益多样化，不同的消费者有不同的需求，为满足其不断变化的需求，旅游服务也有差异。通过深入了解消费者的需求和喜好，旅游服务提供商可以为其量身定制独特的旅游行程和体验，以满足消费者的个性化需求。

5. 消费者参与度高

旅游是一种主动消费行为，消费者在选择旅游产品和服务时具有较高的参与度。他们通过各种渠道获取信息、比较选择、提出反馈等，对旅游企业的经营决策和旅游产品的改进有一定的影响力。

（二）打造旅游服务口碑

服务口碑营销是建立品牌认知度和信任度的有效手段，当消费者对旅游服务有积极的评价并向他人推荐时，这种正面的口碑会迅速传播，吸引更多潜在消费者注意。良好的口碑不仅能增加旅游企业或品牌的曝光度，还能让消费者对其产生信任感，更愿意选择该企业或品牌提供的服务，从而提高营销效果。

1. 提供高质量的旅游产品

通过深入研究和了解目标消费者的需求和偏好，为消费者提供满足其需求的优质旅游产品，并不断进行创新和改进，赢得消费者的信任和好评，最终建立良好的品牌形象。例如，与优质的酒店、航空公司、景点等建立合作关系，确保消费者在旅行过程中享受到高品质的服务和体验；开发具有创新性和吸引力的旅游项目，如探险旅游、文化体验游等，以满足部分消费者对新鲜感和独特体验的追求。

例如，金坛茅山旅游度假区以打造"逍遥生活目的地"为目标定位，以"金坛茅山 逍遥江南"为品牌形象，构建主题鲜明、层次丰富、业态多元的六大"逍遥"系列度假产品，包括观光游乐、研学旅居、运动拓展、文博研学、夜游演艺、商务会奖等方面，通过文旅、农旅、茶旅、体旅等多方面的融合，为消费者提供丰富多样的旅游产品和体验。

2. 借助多元化的营销宣传推广渠道

打造旅游服务口碑可以借助互联网中的各种营销渠道，一是可以通过社交媒体平台发布旅游信息、旅游攻略和行程安排，吸引潜在消费者；二是可以利用搜索引擎、新媒体平台宣传推广其服务，提高品牌曝光度；三是可以与旅游博主建立合作关系，借助他们的影响力传播品牌信息，扩大品牌影响力；四是可以组织线下活动，让消费者亲身体验旅游产品及服务，如在景区设置宣传摊位，为消费者提供免费旅游咨询服务和导览服务，树立良好的品牌美誉度，促进品牌口碑传播。

3. 积极参与社交媒体互动

旅游服务提供者应积极与消费者互动，与消费者建立紧密的联系，努力打造亲切友好的品牌形象，树立良好的口碑。具体可以采取以下方式。

（1）社交媒体分享。鼓励满意的消费者在社交媒体上分享他们的旅游经历和感受。

（2）提供奖励机制。提供分享奖励机制，如优惠券、积分等，激励消费者参与口碑传播。

（3）积极回应评论。积极回应消费者的评论，密切关注社交媒体和旅游服务平台上的消费者评论，对正面评论表示感谢，对负面评论积极回应并解决问题。

（三）提供优质客户服务

通过提供优质的客户服务，企业或品牌能够赢得消费者的信任，实现长期稳定的收益。优质的客户服务能够显著增强消费者的旅游体验，当消费者享受到贴心、周到的服务时，他们更容易对旅游企业或品牌产生好感，进而购买旅游产品，企业或品牌因而会提高销售效果，达到营销目的。

1. 制定客户服务标准

制定客户服务标准对于提升整体服务质量和客户满意度有着重要意义，这些标准涵盖了从服务态度到服务流程、从个性化体验到安全保障的多方面要求。旅游企业应当具备专业周到的服务态度、提供全面准确的信息服务，包括景点信息、在线预订、支付、退改等，为客户提供便捷的体验。同时，注重个性化服务，根据客户需求提供定制化的旅游产品和服务。此外，旅游企业应注重安全保障，确保客户在旅游过程中的人身和财产安全。

2. 优化客户服务流程

优化客户服务流程需要深入了解并关注客户的需求和期望。通过市场调研、客户反馈和数据分析等手段，旅游企业可以洞察客户的旅游偏好、预算限制、行程安排等关键信息，从而为客户提供更加精准的服务。此外，企业需要为客户提供友好的界面和便捷的操作流程，一个直观、易用的网站或移动应用能够降低客户的学习成本，提高客户的满意度。同时，还应建立有效的客户沟通和反馈机制，应积极收集客户的反馈和意见，及时响应并解决问题，从而不断提升服务质量和客户满意度。

3. 提升客户忠诚度

提升客户忠诚度可以通过提供独特的价值和体验来增强客户与旅游服务商之间的关系，例如，建立会员制度，为会员客户提供专属优惠、积分兑换等福利，增强客户黏性，图8-30所示的飞猪会员制度就提供有不同等级的会员服务；设立积分系统，客户通过购买产品或服务、参与活动等方式获取积分，积分可用于兑换折扣、礼品或升级服务；为忠实客户提供专属的优惠和折扣，如生日优惠、会员日活动等。

图 8-30 飞猪会员制度

4. 建立客户管理系统

建立一个以客户为中心的信息系统，用于收集、管理、分析和利用客户信息，以支持旅游营销、旅游产品销售和服务等业务流程。例如，通过多渠道收集客户信息，包括客户基本信息、交易记录、反馈意见等，将收集到的信息进行整合，形成统一的客户数据库；通过分析客户的行为、偏好和需求，为旅游企业提供有针对性的营销策略和服务改进建议。

三、旅游目的地营销

旅游目的地营销是指将某个地区或景点作为旅游目的地，通过一系列有策略、有计划的推广和宣传活动，提升该目的地的知名度、吸引力和竞争力的营销活动过程。通过精准的市场定位和品牌塑造，旅游目的地营销能够突出目的地的独特性和优势，结合有效的营销手段还能提升消费者的满意度和忠诚度，为目的地赢得良好的口碑和声誉。

（一）旅游目的地营销的特点

旅游目的地营销是有效提升目的地的知名度和吸引力，让更多消费者了解并产生对目的地的旅游兴趣的方法之一。其特点主要包括以下4个方面。

（1）**整体性**。旅游目的地营销不是关注某个单一的产品或景点，而是全面规划整个旅游目的地，其中涉及多个方面的要素，包括市场定位、品牌形象塑造、产品开发、市场推广、客户服务等。在整个营销过程中，计划的制订、实施、评价与控制都是紧密相连的，形成了一个完整的系统。

（2）**长期性**。旅游目的地营销需要基于深入的市场研究和预测来制订策略。这需要长期观察旅游市场的动态变化，了解消费者的需求和偏好，以及竞争对手的情况。

（3）**可持续发展性**。旅游目的地营销不仅关注短期内的游客增长和收益，更注重长期影响。旅游目的地在营销过程中，会充分考虑对当地社区、文化和环境的影响，确保旅游活动符合社会伦理和道德标准，实现旅游业的包容性增长。

（4）**政策性**。旅游目的地的营销要遵循国家和地方的旅游政策导向。旅游服务提供者需要紧密结合这些政策导向，明确市场定位，突出特色，确保营销活动的有效性和针对性。同时，政策通常会为旅游发展提供一定的支持，如财政补贴、税收优惠等。旅游目的地利用政策支持，制订具有竞争力的营销策略，能够降低营销成本，提高营销效果。

（二）旅游目的地的营销策略

在日益激烈的旅游市场竞争中，旅游目的地只有通过营销策略的差异化定位和创新，才能形成独特的品牌形象和市场定位，从而在竞争中脱颖而出。

1. 目标市场营销策略

旅游目的地目标市场营销战略是对旅游目的地的系统性规划，通过精准的市场定位、创新的营销策略和有效的执行手段，提高旅游目的地的知名度、吸引力和竞争力的一种策略。

（1）**市场定位与目标市场选择**。根据消费者的年龄、兴趣、旅游目的、预算等因素，将市场细分为不同的消费者群体；根据旅游目的地的资源特色、竞争优势及市场需求，选择具有潜力和价值的细分市场作为目标市场。明确旅游目的地在目标市场中的位置，强调其独特卖点，以树立独特的品牌形象。

（2）**产品策略**。根据目标市场需求，结合新技术、新应用开发具有吸引力的旅游产品，如主题旅游、探险旅游、亲子游等，满足不同消费者的需求。

（3）**推广策略**。利用传统媒体和新媒体进行广泛宣传，提高旅游目的地的曝光度和知名度。此外，还可以与旅游代理商、旅行社、酒店等合作伙伴建立紧密的合作关系，共同推广旅游目的地，提高市场份额。

（4）**数据驱动策略**。收集和分析消费者的行为数据、消费数据等，了解消费者的需求和偏好变化，为营销策略的制订和优化提供有力支持。基于数据分析结果，进行精准的市场定位和目标客户选择，制订个性化的营销策略，提高营销效果。

2. 品牌营销策略

品牌营销策略是通过一系列有计划、有目标的营销活动，提升旅游目的地的品牌形象和知名度的一种策略。其目的是吸引更多的消费者前往目的地旅游，促进当地旅游产业的发展。

（1）**品牌定位**。根据目的地的自然资源、文化特色和历史背景，塑造独特的品牌形象。例如，重庆以其独特的地形被称为"山城"，哈尔滨因其寒冷的气候和丰富的冰雪文化被称为"冰城"。

（2）**品牌体验**。提供高质量、有特色的旅游产品和服务，如特色住宿、美食体验、文化表演等，让消费者在旅行中深刻感受旅游目的地的魅力。同时，提升服务人员的专业素养和服务意识，为消费者提供周到的服务，确保其满意。

（3）**品牌维护**。建立危机应对机制，及时处理游客投诉和负面舆情，维护旅游目的地的形象。同时，根据市场变化和消费者需求，及时更新目的地的品牌形象和传播策略。

3. 合作营销策略

合作营销策略是通过不同旅游目的地之间、旅游目的地与相关企业或机构之间的合作，共同制订和执行营销策略，以实现资源共享、优势互补，进而提升旅游目的地的知名度、吸引力和竞争力的一种策略。

（1）**与在线旅游平台合作**。在线旅游平台拥有丰富的机票、酒店等旅游资源，并且拥有庞大的消费者群体和完善的预订系统。旅游目的地可以与这些平台合作，通过平台的宣传和推广，提高目的地的知名度和吸引力。

（2）**与当地企业合作**。旅游目的地可以与当地的企业、景区、酒店等建立合作关系，共同推出优惠活动和特色产品。这种合作方式可以丰富消费者的旅游体验，提升目的地的整体吸引力。

（3）**联合营销**。多个旅游目的地可以开展联合营销，共同推出优惠活动和旅游线路。这种合作方式可以丰富消费者的旅游选择，提升整个旅游区域的吸引力。例如，在 2024 京津冀协同发展"五一"文旅系列推广活动中，三地联合发布 2024 畅游京津冀主题产品，围绕"当日往返游""周末串门游""多日深度游"内容，推出 18 条各具特色的旅游线路。图 8-31 所示为京津冀三地联合文旅推荐路线。

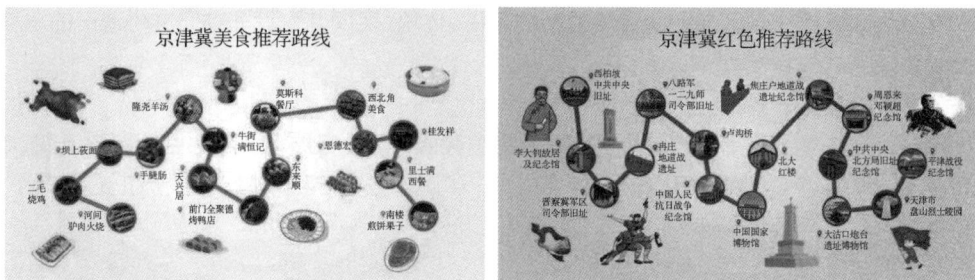

图 8-31　京津冀三地联合文旅推荐路线

四、旅游文化营销

旅游文化营销是指运用旅游资源，通过文化理念的设计创造来提升旅游产品及服务的附加值，以满足和创造旅游消费者的文化需求，并实现交易的一种营销方式。其核心理念在于给消费者和谐的、独特的文化体验，以实现旅游产品价值的最大化和旅游者需求的满足。

（一）旅游文化营销的特点

旅游文化营销不仅能够深度挖掘和展示旅游目的地的独特文化内涵，满足消费者对文化体验的追求，还能促进地方文化的传承与交流。开展旅游文化营销，不仅能够推动旅游业的繁荣，还能促进地方经济的发展，提升旅游目的地或旅游产品的整体形象。其特点主要包括以下 4 个方面。

1. 时代性

旅游文化营销反映时代的新思想、新观念，通过不断适应和追随时代的变化，汲取时代精神的精华，以把握社会需求和市场机会，从而满足不同消费者的需求。

2. 个性化

不同的旅游目的地或旅游产品具有各自独特的文化特色和资源优势，这种特色容易形成个性化标识，给消费者留下深刻的印象。

3. 强调价值属性

文化营销不仅关注旅游产品的本身属性，更关注旅游产品所蕴含的文化价值和精神内涵，传递正面的价值观和社会责任观。

4. 可持续发展性

旅游文化营销通过创新的营销手段，将丰富的文化元素融入旅游产品和服务中，同时倡导尊重和保护当地文化遗产，呼吁社会责任和环境保护，致力于实现旅游业与当地社区、自然环境的和谐共生。

（二）旅游文化的定位

在开展旅游文化营销前，需要先做好旅游文化的定位，明确可以营销哪些文化。常见的旅游文化有以下5种。

1. 地域文化

地域文化指特定地区在长期历史发展过程中形成的独特文化现象和传承，包括该地区的自然环境、历史遗迹、传统艺术、建筑风格等。这种文化类型强调地域的独特性和文化的差异性，为消费者提供独特的旅游体验。

2. 民俗文化

民俗文化是一个地区或一个民族独特的习俗、传统、民间艺术等非物质文化遗产的总称，是人们生活方式的积淀。

3. 历史文化

历史文化主要围绕历史遗迹、古迹、博物馆等展开，旨在展示一个地区的历史演变、文化传承和文明发展。消费者可以通过参观古迹，了解历史事件和人物，感受历史的厚重和文化的魅力。

4. 艺术文化

艺术文化以当地的绘画、雕塑、音乐、舞蹈等艺术形式为主要内容，展现当地文化的独特魅力和创造力。

5. 美食文化

美食文化以当地的特色美食、烹饪技艺和饮食文化为主要内容，让消费者在品尝美食的同时了解当地的饮食文化和传统习俗。

（三）文化资源的挖掘

明确旅游文化的定位后，可以结合自身特色、消费者需求等，深入挖掘文化资源。

1. 结合自身特色

不同的旅游产品有不同的特点，要确定其定位的方向和重点。例如，如果有丰富的地域文化，就要重点挖掘和展示当地的历史文化和传统习俗；如果有丰富的娱乐体验项目，就要注重打造轻松愉快的旅游氛围，提供多样化的文化活动体验。

2. 结合消费者需求

要了解目标消费者的年龄、性别、兴趣爱好、消费水平等信息，分析他们对旅游文化的偏好和需求。通过市场调研和数据分析，找到与消费者需求契合的文化元素，将其作为文化定位的依据。

3. 挖掘文化资源

明确旅游目的地或旅游产品的独特性和优势，这包括对当地历史文化的深入研究，理解其传承和发展的脉络；对当地传统习俗的深入了解，感受其独特的文化魅力；对当地艺术和美食文化的品味，探寻其内在的文化内涵。

（四）旅游文化营销的主要方式

旅游文化营销主要侧重于文化和情感的联结，以创新的方式提升旅游目的地或产品的文化内涵和吸引力，增强消费者的体验和认知。旅游文化营销的主要方式有以下两个方面。

1. 强调文化特色

强调文化特色是一种深度挖掘和传递目的地文化内涵的营销策略，不仅能够使消费者在旅行中感受到与众不同的文化，还能够打造具有独特品牌价值的旅游项目。

（1）开展文化体验活动。组织具有地方特色的文化体验活动，让消费者深入了解当地文化。例如，"只有河南·戏剧幻城"是我国首座全景式沉浸戏剧主题公园。其以沉浸式戏剧艺术为手法，以独特的戏剧"幻城"为载体，包括 56 个空间，每一个空间 4 道门，每一个空间里面又有不同的场景，用棋盘式的格局（见图 8-32）把场地方格化。戏剧城中的各个剧场都拥有独特的剧情和舞台设计，通过专业的舞台剧和沉浸式戏剧艺术课堂，让消费者在体验中了解和学习中原文化。此外，剧场中还有豫剧等非遗项目的表演和体验、河南传统民俗文化元素的展示。图 8-33 所示为戏剧城中一座河南特有的居住文化符号"地坑院"。

图 8-32　"只有河南·戏剧幻城"棋盘式格局

图 8-33　地坑院

（2）将文化元素融入旅游产品。在旅游产品的设计、包装、销售等各个环节中融入文化元素，使消费者在享受旅游服务的同时，也能感受到目的地或产品的文化魅力。例如，推出具有文化特色的旅游产品、文化主题酒店、文化体验游、文化研学游等，满足消费者对文化体验的需求。

（3）深入挖掘文化内涵。深入研究和挖掘旅游目的地或产品的历史、传统、民俗、艺术等方面的文化内涵，确保文化内容真实、准确、有深度。通过对文化的深入挖掘，提炼出文化精髓，为消费者呈现立体、生动的文化形象。例如，西安大唐不夜城以唐朝文化为背景，通过仿唐建筑、表演等形式，重现盛唐时期的繁荣景象，让消费者可以感受唐朝文化的独特魅力。

2. 强调情感联结

情感联结能够增强消费者对旅游目的地或产品的认同感和归属感，进而提升对旅游品牌或企业的忠诚度，实现口碑传播效果。

（1）故事化营销。通过讲述与旅游产品或服务相关的故事来吸引消费者，并激发他们的情感反应。故事化营销不仅能够传递旅游目的地或旅游产品的文化特色和历史背景，还有助于与消费者建立深厚的情感联系。例如，故宫博物院通过讲述故宫的历史故事和文物背后的文化意义，将传统文化与现代审美相结合，引发消费者的文化认同和情感共鸣。

（2）情感化营销。在情感化营销中，目的地或旅游产品与消费者之间的情感联结被强化。消费者不再只是简单地购买旅游产品或服务，而是与旅游目的地、品牌建立一种情感上的联系。情感化营销的成功关键在于深入了解消费者的情感需求，通过巧妙的情感化设计来满足这些需求。在营销过程中，要注重情感化表达，其核心在于建立与消费者之间的情感联结，通过文化元素引发消费者的共鸣和认同。例如，在旅游宣传中强调家的感觉、友情的价值等，让消费者在旅行中感受到归属感和幸福感。

（3）持续的情感维护。旅游文化营销的持续情感维护是一个长期且细致的过程，它不仅要为消费者旅行时提供深刻的情感体验，还要在消费者离开后继续与其建立联系，增强他们对品牌的情感认同和忠诚度。例如，在消费者完成旅行后，主动询问他们的旅行体验，收集反馈，对于不满意的地方及时给予解决和补偿。此外，情感维护还需要注重细节和真诚，要用心对待每一名消费者，为其提供贴心的服务和关怀，让消费者在旅行过程中感受到温暖和愉悦。这种真诚的情感交流能够加深消费者对品牌的信任和喜爱，从而建立长期稳定的情感联结。

任务实训　分析旅游电子商务营销案例

在认识旅游电子商务的营销策略后，张晓晨想了解一下自己对这方面知识的熟悉程度。因此，她在网上搜集了旅游电子商务营销比较成功的案例，打算进一步深入分析。

阅读下面的案例，了解故宫博物院文化营销的特点及营销方法。

故宫博物院作为中国古代皇家宫殿艺术的瑰宝，拥有丰富的历史文化资源。近年来，故宫博物院通过一系列的文化活动和数字营销策略，成功地将传统文化与现代科技相结合，为消费者带来了全新的旅游体验。

故宫博物院通过深入挖掘历史文化内涵，结合现代审美和消费需求，推出一系列富有创意的文化产品。例如，将传统宫廷文化与现代设计相结合，推出一系列文创产品，如宫廷风格的首饰、服饰、文具等。

同时，故宫博物院通过举办主题展览、讲座、演出等活动，让消费者更深入地了解故宫的历史和文化，激发消费者对传统文化的情感共鸣。此外，故宫博物院还提供个性化导览服务，根据消费者的兴趣和需求定制导览内容和路线，让消费者在游览过程中感受到被关注和被尊重，增强消费者与故宫的情感联结。

故宫博物院还积极利用互联网和新媒体平台，开展数字化营销和推广。首先，故宫博物院建立了官方网站和社交媒体账号，实时更新故宫的最新动态和活动信息，与消费者保持紧密互动。其次，故宫博物院利用 VR 和 AR 技术，为消费者提供沉浸式的游览体验。消费者可以通过"故宫博物院"小程序或 VR 设备，身临其境地感受故宫的历史和文化。最后，故宫博物院还推出了在线课程和互动游戏等数字化产品，以吸引更多年轻消费者的关注。

（1）故宫博物院文化营销有哪些特点？

（2）故宫博物院文化营销运用了哪些方法？

课后练习

1. 选择题

（1）【单选】下列旅游电子商务平台中，在直播运营方面最为突出的是？（　　　）

　　A. 携程　　　　　B. 去哪儿　　　　　C. 同程旅行　　　　　D. 途牛

（2）【单选】B2E 模式中，E 代表的是（　　　）。

　　A. 企业　　　　　B. 企业类消费者　　　　C. 员工　　　　　D. 供应商

（3）【多选】下列选项中，属于智慧旅游应用领域的有（　　　）。

　　A. 智慧景区　　　B. 智慧旅行社　　　　C. 智慧酒店　　　　D. 智慧目的地

（4）【多选】下列选项中，不属于旅游产品线上营销的有（　　　）。

    A. 搜索引擎优化　　　　　　　　　　B. 参加旅游展览

    C. 社交媒体营销　　　　　　　　　　D. 传统门店推广

（5）【多选】下列选项中，属于旅游文化营销主要方式的有（　　　）。

    A. 文化体验活动　　　　　　　　　　B. 情感化营销

    C. 持续的情感维护　　　　　　　　　D. 挖掘文化内涵

2. 简答题

（1）简述常见的旅游电子商务平台的特色服务。

（2）简述智慧旅游的主要特点。

（3）简述旅游目的地的营销策略。

3. 实操题

（1）假设你是一名高三学生，高考结束后计划从成都前往厦门旅游，时间为 5 天。请选择合适的旅游电子商务平台，并在平台上购买机票、预订酒店，以及做好旅游攻略。

（2）假设你是一家旅游电子商务公司的营销人员，公司即将推出新的旅游产品，其旅游目的地为西安，需要带领消费者深入体验西安的历史文化、民俗风情和特色美食。为确保新产品的成功推出，并吸引大量消费者，现需要你制订一套有针对性的旅游文化营销策略。

PART 09

项目九
农产品电子商务的运营管理

张晓晨的淘宝店铺运营工作逐渐步入正轨，某日，她在老家闲逛时偶然发现街头的快递站正热火朝天地打包车厘子，她随即与快递站的工作人员交谈起来。了解到这些车厘子先通过农产品电子商务平台销售出去，再直接从田间地头送达消费者手中，她不禁再次感叹电子商务的魅力。为丰富知识储备，张晓晨打算深入了解农产品电子商务的相关内容。

知识目标

- 了解农产品电子商务的作用。
- 掌握农产品电子商务的运营模式。
- 熟悉常见的农产品电子商务平台。

技能目标

- 能够针对不同的农产品采取合适的仓储方法。
- 能够做好农产品的品牌化设计。
- 能够采取多种方法推广农产品。

素养目标

- 具备严格的质量控制意识，了解并遵守食品相关安全法规。
- 坚守诚信原则，确保农产品质量和服务的可靠性。

📖 **引导案例**

　　随着夏季的到来，大量蔬菜瓜果争先上市。据《2024 年中国生鲜行业市场分析报告》显示，2024 年中国生鲜行业市场规模预计将达到 1.2 万亿元。

　　为提升生鲜商品的收货体验，2024 年 5 月 16 日，菜鸟速递推出生鲜平价寄服务，承诺在 48 小时内将商品送至消费者手中，运输成本预估比航空费用便宜一半。5 月 30 日，菜鸟速递特色经济市场负责人接受采访时表示，生鲜寄递市场服务单一、价格偏高，市场需要性价比高的快递产品，从而既保障物流体验，也降低生鲜商品流通成本。实际上，在 2024 年 3 月，菜鸟速递已正式进军生鲜市场，其生鲜寄递服务已覆盖西湖龙井、洛阳樱桃、杭州塘栖枇杷和广东荔枝等多个水果产区。后续，菜鸟速递将全面进入生鲜产区，未来还会增加空运资源投入。例如，被誉为"中国樱桃之乡"的河南洛阳新安县内，已有不少园区引入菜鸟速递，快递揽收服务直接进入田间地头、果园农场，跨省 48 小时内就能送达。

　　菜鸟速递相关负责人表示，菜鸟速递在生鲜领域的优势主要表现在两个方面，一方面是依托于自营体系，实现全链路的稳定分拣和送货上门服务，避免因暴力分拣和配送不当导致的生鲜损坏问题；另一方面，菜鸟速递打造了更具性价比的包装和温控解决方案，确保在覆盖核心区域的线路中，生鲜产品能在 48 小时内送达，让保鲜更有保障。

　　针对"6·18"期间的大促包裹高峰与生鲜寄递高峰重叠的问题，菜鸟速递还建立全流程的绿色通道，特别设置了特殊标识，确保在物流的每个环节都能得到优先处理，包括优先进入、优先处理和优先出库。在配送环节，这些生鲜商品也会得到优先派送，可以全面保证生鲜商品的质量。

　　总的来说，菜鸟速递等物流企业在农产品物流和配送领域的不断发力，可以带动农产品的销售，促进农产品电子商务的繁荣。随着技术的不断进步，未来的农产品物流和配送将更加便捷、高效、环保，为消费者提供更加优质的物流体验。

任务一　认识农产品电子商务

　　农产品电子商务的出现改变了传统的农产品销售方式，不仅拓宽了农产品的销售渠道，更推动了农村经济的发展。张晓晨认为，农产品电子商务与跨境电子商务、直播电子商务在运作原理上相似，只是农产品电子商务更专注于农产品的流通和销售。为证实这一观点，张晓晨计划进行更深入的探究。

一、农产品电子商务的作用

　　农产品电子商务，即在农产品生产、销售、管理等环节全面导入电子商务系统，利用信息技术，进行供求、价格等信息的发布与收集，并以网络为媒介，依托农产品生产基地与物流配送系统，使农产品交易与货币支付能够迅捷、安全地实现。综合来看，其具有以下作用。

（一）加速农业信息的流通

　　农产品电子商务可以使农产品供需双方及时地沟通，实现农业生产与市场需求的对接，让供方依据市场情况调整生产计划、合理定产，从而降低生产方面的风险。

（二）拓宽农产品销售渠道

农产品电子商务通过建立电子商务网上交易平台，使农产品的流通组织化、规模化，并为供求双方提供直接交易的机会。

（三）提高销售效率

通过电子商务平台，农产品可以实现快速交易和配送，缩短了从田间到消费者手中的时间，提高了销售效率。

（四）促进农村经济发展

一方面，农产品电子商务的发展为农村创造了更多的就业机会和收入来源；另一方面，通过电子商务平台，农产品的销售更加便利、高效，增加了农户的收入。

（五）创新农产品营销模式

凭借互联网的优势，农产品电子商务可以非常高效地进行农产品的营销创新、包装设计等。

二、农产品电子商务的运营模式

随着国家政策支持，以及消费者需求和观念的升级，农产品电子商务市场进入高速发展时期，同时形成了丰富的运营模式。

（一）按商业模式分类

按商业模式的不同，目前国内农产品电子商务主要有平台型 POP 模式、垂直电子商务 B2C 模式、线下超市电子商务模式、产地直供/产业链型 F2C（Factory to Customer，从厂商到消费者）模式和垂直电子商务 O2O 模式。

1. 平台型 POP 模式

该模式是指天猫、京东等电子商务企业提供平台吸引农产品商家入驻，并负责监管，而商家依托平台争夺市场，并自行配送农产品。

2. 垂直电子商务 B2C 模式

该模式依托消费升级，平台专注于食品及生鲜农产品领域，自行负责配送，主要覆盖附近区域，典型代表有中粮我买网、天天果园等。

3. 线下超市电子商务模式

该模式主要利用线下门店作为发展基础，进而延伸至线上服务，由超市自行配送或消费者到店自提，如沃尔玛、e 万家（华润）等。

4. 产地直供/产业链型 F2C 模式

在该模式下，所售农产品由农户基地种植，由第三方物流公司负责配送，如沱沱工社等。

5. 垂直电子商务 O2O 模式

在该模式下，商家有线下实体店，还能进行线上线下互动，一般由第三方物流公司负责配送，如许鲜网、爱鲜网等。

（二）按平台模式分类

按平台模式的不同，农产品电子商务可以分为综合电子商务平台模式、垂直电子商务平台模式、物流企业平台模式和传统零售平台模式。

1. 综合电子商务平台模式

该模式由电子商务企业提供平台吸引农产品商家入驻，由平台负责监管，由入驻商家自行负责农产品的配送，平台具有很大的流量优势，主要代表平台是天猫。

2. 垂直电子商务平台模式

在该模式下，平台专注于农产品领域，自行负责经营和配送，配送范围不大，仅限一定区域内，代表平台是沱沱工社等。

3. 物流企业平台模式

在该模式下，平台依托传统物流业务的资源来发展农产品冷链配送，凭借自身的冷链物流配送体系建立冷链物流方面的优势，代表平台是顺丰优选。

4. 传统零售平台模式

该模式是指以传统线下实体门店为依托进行辐射，发展线上服务、拓展营销渠道，商品由平台自行配送或消费者到店自提，代表平台是沃尔玛、大润发等。

除上述分类方式外，还可按经营品类分为全品类模式、多品类模式和单品类模式，按物流配送模式分为第三方物流配送模式、自建物流配送模式、自建＋第三方物流配送模式和众包物流配送模式等。

三、常见的农产品电子商务平台

除了可以入驻淘宝、京东等大型综合电子商务平台销售农产品，商家还可以入驻专注于农产品领域的电子商务平台。

（一）中国惠农网

中国惠农网是由中华人民共和国农业农村部（以下简称"农业农村部"）、中国科学院及湖南惠农科技有限公司联合推出的 B2B 网站，主要为农户服务，为农产品的采购与销售提供渠道。目前，该平台囊括水果、蔬菜、禽畜肉蛋、水产、农副加工、粮油米面、种子种苗、苗木花草、农资农机、中药材十大类目，涵盖 2 万多个常规农产品品种。在该平台上不仅可以开设店铺销售农产品，还可以发布农产品采购信息。同时，该平台还会及时发布最新的农业政策和新闻、农业农村部提供的全国农产品的市场行情，并且为农户们提供关于电子商务知识、农技知识方面的培训。图 9-1 所示为中国惠农网首页。

图 9-1　中国惠农网首页

（二）中粮我买网

中粮我买网是由中粮集团有限公司于 2012 年投资创办的食品类 B2C 电子商务网站，属于中粮集团"从田间到餐桌"的"全产业链"战略的重要组成部分。该网站的主要目标人群是中产消费群体，其致力于打造专业、安全的食品购物网站，努力提供安全优质的食品和高品质的购物体验，使消费者享受到健康饮食和便利快捷的购物体验。该网站依托中粮集团食品专业经验和全球供应链优势，覆盖品类包括进口食品、生鲜果蔬、粮油米面、地方特产、休闲食品、冲调饮料、饼干蛋糕、婴幼食品、酒类、茶叶等，并着力打造以自有品牌、生鲜商品、海外直采为特色的商品组合。

（三）美菜网

美菜网于 2014 年 6 月创立，一直致力于用先进的科技和创新的理念改变我国农业市场的发展状况。不同于面向终端消费者的平台，美菜网所服务的对象是中小餐厅，其始终致力于为全国近千万家餐厅提供全品类、低价、新鲜安全的餐饮食材采购服务，为餐厅提供省时省力、省钱省心的原材料，并对质检、采购、仓储、物流等环节进行科学、精细化的管理。

商家既可以为美菜网供货，也可以在美菜网开店，即直接向中小餐厅销售商品。但货权仍属商家，美菜网只提供包括平台销售、仓储管理、物流配送、收款回款及逆向退货等全流程的服务。入驻美菜网的要求和优势如图 9-2 所示。

图 9-2　入驻美菜网的要求和优势

（四）邮乐农品网

邮乐农品网是由中国邮政集团与安徽省人民政府共同打造的、集线上线下一体化运营的优选农产品直销商城。邮乐农品网以服务"三农"、促进地方经济和社会发展为宗旨，整合全国优质农产品生产加工企业、农村合作社、农产品贸易企业，为广大消费者提供安全、绿色、健康的农产品。图 9-3 所示为邮乐农品网首页。

图 9-3　邮乐农品网首页

任务实训　体验农产品购物

　　张晓晨大部分时间都是在淘宝购买农产品，为感受专门的农产品电子商务平台的购物体验，她决定简单对比几个农产品电子商务平台中蜂蜜的价格，再在价格合适的农产品电子商务平台下单。

【实训要求】

（1）浏览多个农产品电子商务平台。

（2）在合适的农产品电子商务平台购买农产品。

【实训步骤】

　　（1）浏览农产品电子商务平台。农产品电子商务平台较多，为节省购物时间，可对比中国惠农网、美菜网和邮乐农品网这 3 个农产品电子商务平台。

　　（2）在浏览器中搜索中国惠农网，进入中国惠农网首页，在顶部的搜索栏中输入蜂蜜并搜索，在打开的页面中设置蜂蜜的品种、保质期和货品包装等条件，如图 9-4 所示。筛选结果如图 9-5 所示。

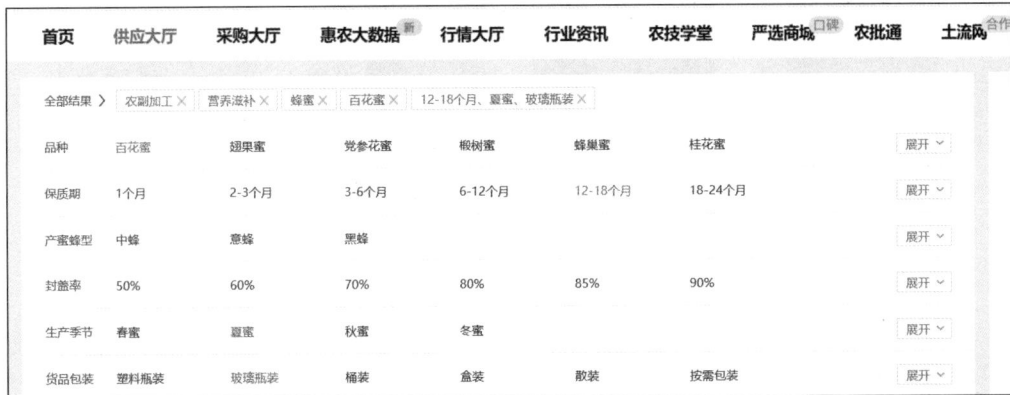

图 9-4　设置蜂蜜筛选条件

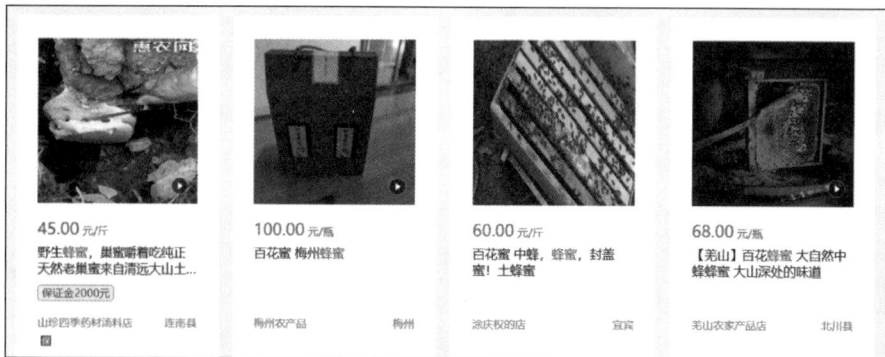

图 9-5　筛选结果

（3）在浏览器中搜索美菜网，发现其主要通过美菜商城 App 和美菜商城小程序销售农产品，且填写收货地址后发现可供选择的农产品较少，这里不予考虑。

（4）在浏览器中搜索并进入邮乐农品网，在顶部的搜索栏中输入蜂蜜并搜索，打开搜索结果页面，在"品牌"栏中选择"不限"选项，在"分类"栏中选择"饮料冲饮"选项，再次在"分类"栏中选择"蜂蜜"选项，如图 9-6 所示。筛选结果如图 9-7 所示。

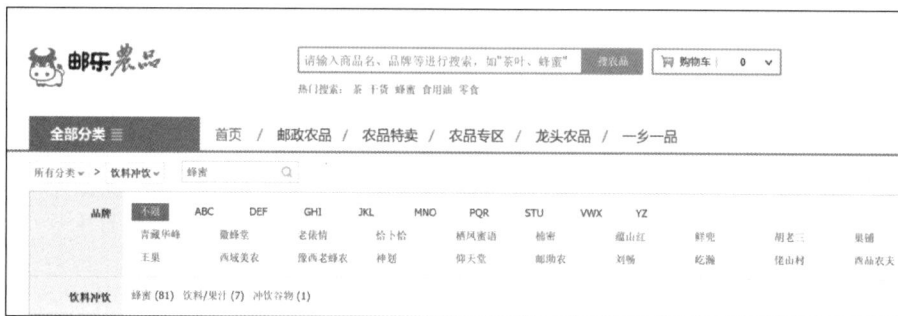

图 9-6　设置筛选条件

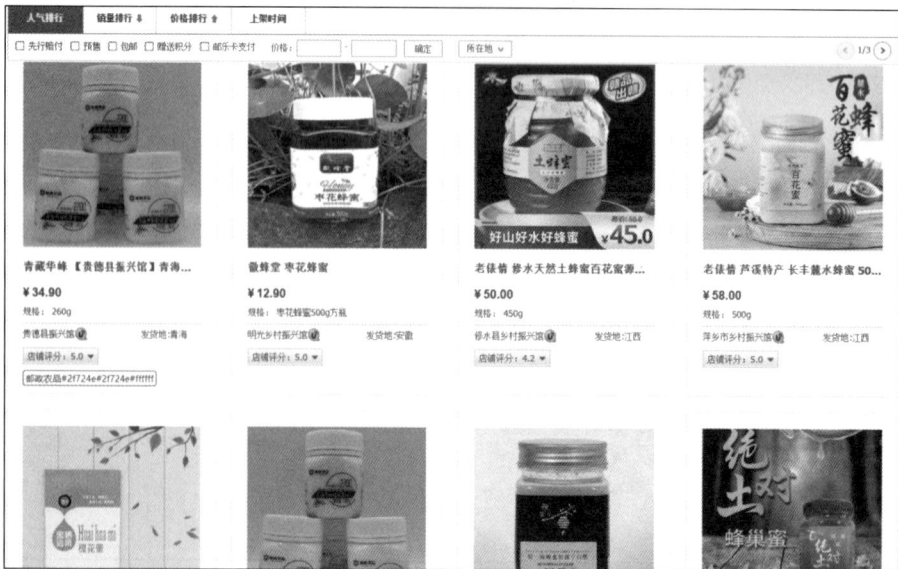

图 9-7　筛选结果

（5）对比两个平台的搜索结果可以发现，中国惠农网有购买数量和重量要求，而邮乐农品网没有限制，因此这里直接选择在邮乐农品网购买。在邮乐农品网的筛选结果页面单击"销量排行"选项卡，选择店铺评分较高、价格合适且为玻璃罐包装的蜂蜜，如图 9-8 所示。

图 9-8　选择蜂蜜

（6）打开商品购买页面，在"配送"栏中选择收货地址，单击 **立即购买** 按钮购买，如图 9-9 所示。

图 9-9　购买蜂蜜

任务二　进行农产品电子商务物流和配送管理

张晓晨了解到，车厘子之所以新鲜速达，归功于背后高效运作的冷链物流体系。从预冷处理、专车运输到全程温湿度监控，每个环节都全方位地保障车厘子的品质。她深刻地认识到，在农产品电子商务领域，优秀的物流配送不仅是连接生产者与消费者的桥梁，更是确保农产品品质和优化消费体验的核心所在。

一、农产品物流

随着消费者对食品新鲜度、品质和安全性的要求日益提高，农产品物流的重要性愈发凸显。

（一）农产品物流环节

农产品从生产地到消费者手中的整个流通过程，涉及多个环节。

1. 采摘与收购

农产品的采摘与收购是物流的起始环节，包括收获、分选和初步处理农产品，以及收购农产品。此阶段需要确保农产品的及时采摘，减少损耗，并且要按照质量标准进行筛选。

2. 加工与包装

根据农产品种类的不同，对农产品进行清洗、分级、切割、冷藏、冷冻或加工等处理，以保证其品质和保存期限。同时，合理包装可以保护农产品在运输过程中的完整性。

3. 储存

为维持农产品的新鲜度和品质，在储存时通常需要采用合适的保鲜措施，如冷藏、气调存储等。

4. 运输

运输是农产品物流中的关键环节，它根据市场距离和需求选择合适的运输方式（如公路、铁路、航空或水运）将农产品从产地运送至零售商、消费者等手中。

专家指导

对于需要低温保存的农产品，如肉类、乳制品、海鲜、蔬菜等，还需要专门的冷链物流服务，包括冷冻加工、冷冻储存、冷藏运输和冷冻销售等，以保证农产品的品质。

（二）农产品物流优化措施

农产品因其季节性、集中上市的特性及易腐性，对物流过程中的保鲜和冷藏技术提出了高要求。然而，当前储存、运输等环节的保鲜、冷藏技术尚显滞后，加之现有的运输工具不能满足农产品物流的需要，导致农产品在物流过程中损耗严重。

1. 加强基础设施建设

冷链物流作为农产品物流的重要组成部分，发展水平直接关系到农产品的质量和安全。目前我国农村地区的冷链物流设施仍有一定提升空间，无法满足农产品在运输过程中对温度、湿度等环境条件的要求，导致农产品在流通过程中损耗严重，品质下降。加强农村地区的冷链物流设施建设，可以提高农产品的储存和运输条件，保证农产品的品质。

2. 提升物流信息化水平

在物流中引入物联网、大数据、云计算等技术，构建一个全面、实时、准确的农产品供应链物流信息平台，可以帮助生产者、物流企业、销售商等各方实时掌握农产品的生产、储存、运输和销售情况，提高物流效率，降低流通成本。例如，物联网技术可以用于监控农产品在运输过程中的温度、湿度等参数，确保农产品的品质安全。

3. 完善冷链物流系统

完善冷链物流系统可以确保全程温控农产品，减少损耗，包括冷冻加工、冷藏储存、冷藏运输、冷藏配送和冷冻销售等。例如，使用冷藏车、冷库、冷冻集装箱等专业设备来储存和运输农产品。

4. 培养物流人才

加强对物流人才的培养和引进，可以提高农产品物流的专业水平和管理效率。物流企业可以通过与高等院校、职业培训机构合作，开设物流管理和运营相关课程，培养具有专业知识和技能的物流人才。同时，还可以定期开展培训，使员工能够及时掌握最新的物流技术和管理理念，提高工作效率和服务质量。

二、农产品仓储

农产品仓储是根据农产品的特性和需求，在仓库中对它们妥善保存和管理，以确保其品质和价值。不同农产品因其特性差异，需要采取不同的储存方法。

（一）农产品仓储的技术

农产品仓储采用多种关键技术来确保农产品的质量、延长保质期并减少损耗。

1. 冷链物流技术

冷链物流技术即将温度控制和监测融入整个运输过程中的技术。通过科学的设计和实施，该技术可以实现对农产品在运输、储存、销售等全过程的温度监测和控制，从而保证农产品的质量和安全，多用于蔬菜、水果、肉类、奶制品等。

2. 冷藏和冷冻技术

冷藏和冷冻技术利用低温来减缓农产品的新陈代谢速度，防止腐败并延长保鲜期。冷藏适用于大多数水果和蔬菜，而冷冻则适用于肉类、鱼类等。

3. 气调储存技术

气调储存技术通过调节储存环境中的氧气、二氧化碳和其他气体的比例，延长农产品的保鲜期，适用于蔬菜、水果等农产品的储存。

4. 真空包装技术

真空包装技术抽取包装袋中的空气，隔绝农产品与氧气的接触，延缓农产品的变质。

5. 物联网技术

物联网技术通过在仓库中布置物联网传感器，实时监测农产品状态、环境参数，实现远程监控和预警。例如，在农产品包装上贴上 RFID（Radio Frequency Identification，射频识别）标签，在冷库出入口处安装阅读器，可以实现自动化的出入库管理，大大提高作业效率。

（二）常见农产品品类的仓储方法

农产品的仓储方法多种多样，根据农产品种类、特性、储藏期限等的不同，仓储方法也有所区别。

1. 谷物类

谷物如小麦、玉米和稻米等，应储存在干燥、通风、阴凉的环境中，避免阳光直射和潮湿。使用单层或双层塑料袋、木板箱或密封塑料桶等包装材料可以有效隔绝湿气和害虫。谷物仓储的关键在于控制温度和湿度，低温密闭存储能有效减缓品质下降，同时，定期检查并采取防虫防霉措施也是必要的。

2. 果蔬类

大多数果蔬都需要冷藏来延长保鲜期，保持其新鲜度。部分果蔬在储存时还需分区对待，以防止其释放的乙烯催熟其他果蔬。此外，适当的包装，如用保鲜膜包裹可以减少水分流失，保持其外观和口感。

3. 肉类

肉类包括鲜肉、冻肉和加工肉制品，通常需要在低温环境中储藏以保持新鲜。冷藏肉类应在 0~4℃的温度下保存，而冷冻肉类则需要在-18℃以下的环境中长期储存。同时，储存时需要定期检查冷库的温度和湿度，确保肉类产品的质量和安全。

4. 乳制品类

乳制品包括液体奶、奶酪、黄油等，它们通常需要冷藏或冷冻保存。液体奶和一些软奶酪应在较低的温度下冷藏，以保持其新鲜度并防止变质。而一些长保质期的乳制品，如黄油，可以在较高的冷藏温度下储存。

5. 干货类

干货类的农产品包括豆类、干果、调味品等，由于已经去除大部分水分，因此可以在干燥、避光、通风的环境中保存，以防止吸湿和霉变。同时，还可以使用密封容器或包装进一步提高储存质量，减少虫害的风险。

三、农产品配送

要将农产品从生产地送至消费者手中，可以采取多种配送方式。随着物流行业的发展和消费者需求的提升，农产品配送模式也在不断创新和完善。

（一）直销模式

直销模式是直接将农产品送至消费者手中。这种模式减少了中间环节，能较好地保证农产品的新鲜度和质量，但可能面临品种相对单一、偏远地区配送时效难以保证的问题。

（二）商超合作模式

商超合作模式即与大型超市或商场建立长期合作关系，由农产品供应商将农产品直接配送至商超，消费者再通过商超购买农产品。这种配送模式的稳定性较强，可以利用商超的影响力覆盖更多消费者。

（三）社区配送模式

社区配送模式即在人口密集的社区设置配送点，由配送点负责周边区域的订单配送。这种模式可以显著提高配送效率，同时配送点还可以进行线下销售，但需要提前备货。

（四）第三方物流配送

第三方物流配送即将农产品交给第三方物流公司进行配送。第三方物流公司通常拥有成熟的配送网络和经验，有助于降低物流成本，提高配送效率和服务质量。

任务实训　选择物流合作伙伴

张晓晨在参观一家羊肚菌种植基地时，发现很多穿着统一服装的工人正在采摘并打包羊肚菌。经过询问后，她了解到打包好的羊肚菌将通过冷链物流运送给全国各地的消费者。张晓晨对冷链物流的了解不多，为积累相关实践经验，她打算以这家羊肚菌种植基地为研究对象，先去了解哪些物流公司提供冷链快递服务，再根据基地的地址，查询并比较不同物流公司的价格。

【实训要求】

（1）根据收货地址查询各物流公司冷链快递的价格。

（2）选择价格适中、服务良好的物流公司。

【实训步骤】

（1）目前主流的物流公司有顺丰速运、京东物流、邮政速递和中通快递，因京东物流主要针对京东，这里不予考虑。因此最终决定考察顺丰速运、邮政速递和中通快递。

（2）进入顺丰速运官网首页，将鼠标指针移至"物流服务"选项卡上，发现其提供冷运服务，包含冷运标快、冷运到店等方案，如图9-10所示。

图9-10　顺丰速运提供的冷运服务

（3）进入邮政速递官网首页，将鼠标指针移至"产品服务"选项卡上，发现其针对生鲜类产品提供"极速鲜"物流方案，但该物流方案属于定制化服务，因此这里也不予考虑。

（4）中通冷链是中通快递集团旗下冷链品牌，进入中通冷链官网首页，发现其提供冷链快运、冷链快递和冷链包装等服务方案。

（5）综上所述，这里主要考察顺丰速运和中通冷链这两家物流公司冷链快递的价格。在顺丰速运官网首页选择"物流服务"选项卡下"冷运服务"栏中的"冷运标快"选项，打开"冷运标快"页面，单击 马上寄件 按钮，登录账号，打开"冷运商家服务平台"页面。

（6）选择"去寄件"选项，在打开的下拉列表中选择"冷运大件下单"选项，在打开的页面中填写寄件人和收件人信息，如图9-11所示。在"托寄物信息"栏下继续完善信息，如图9-12所示。保持"大件产品"和"付款方式"栏的默认设置，在"寄派方式"栏下选择期望上门时间为"明天 09:00—10:00"，如图9-13所示。在"保价"栏下的文本栏中输入农产品的价值为"15000"，在"预估费用"栏下查看预估运费，如图9-14所示。

（7）搜索并进入中通冷链官网首页，注册并登录账号，将鼠标指针移至"产品介绍"选项卡上，选择"冷链快递"选项，如图9-15所示。

图9-11　填写寄件人和收件人信息

图9-12　完善托寄物信息

图 9-13　完善寄件信息

图 9-14　查看预估运费

图 9-15　选择"冷链快递"选项

（8）使用手机扫描打开页面底部的下单小程序。进入下单小程序后，点击"冷链快运"选项，如图 9-16 所示。打开"冷链快运"界面，点击"你从哪里寄"选项，在打开的界面中输入寄件人信息，如图 9-17 所示，点击 确认 按钮，返回"冷链快运"界面。点击"你想寄到哪里"选项，在打开的界面中输入收件人信息，点击 确认 按钮。

（9）返回"冷链快运"界面，点击"物品信息"选项，打开"物品信息"界面，在"物品信息"栏下点击"果蔬"选项，在"温区"栏中点击"冷藏"选项，保持"是否进口"栏的默认选择，在"总重量"文本框中输入"30"，如图 9-18 所示，点击 提交 按钮。

图 9-16　点击"冷链快运"选项

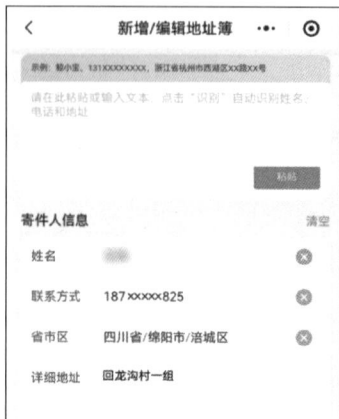

图 9-17　输入寄件人信息

图 9-18　完善物品信息

（10）返回"冷链快运"界面，点击"保价"选项，在"声明价值"栏下输入"15000"，点击 确认保价 按钮，如图 9-19 所示；点击"期望上门时间"选项，选择上门时间为"明天 08:30—10:30"，如图 9-20 所示，界面将显示预估运费，如图 9-21 所示。

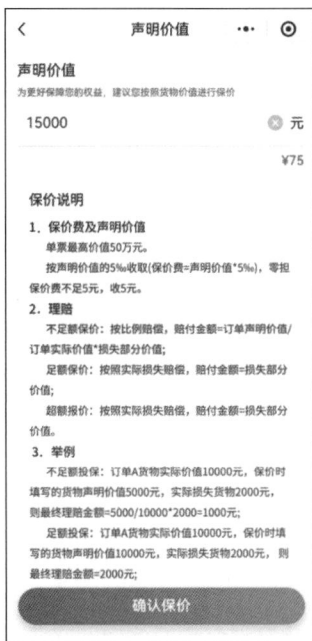

图 9-19　保价

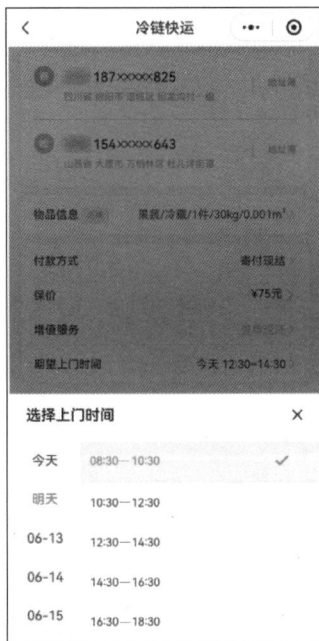

图 9-20　选择上门时间

图 9-21　预估运费

（11）对比顺丰速运和中通冷链的预估费用可知，中通冷链的运费较为优惠，因此选择中通冷链。

任务三　进行农产品电子商务的营销

张晓晨的故乡享有"车厘子之乡"的美誉，在农产品电子商务的推动下，车厘子销往全国，但她发现还有很多车厘子滞销，为帮助农户更好地销售车厘子，她觉得有必要采取一系列措施扩大当地车厘子的影响力。

一、农产品品牌化

一个具有鲜明特色和独特魅力的农产品品牌，不仅能够提升消费者的购买意愿和忠诚度，还能为农产品电子商务营销提供强大的支撑。

（一）农产品品牌定位

在农产品品牌化的过程中，品牌定位是至关重要的一步。一个成功的品牌定位能够凸显品牌的独特性和个性，从而在竞争激烈的市场中脱颖而出。在进行农产品品牌定位时，可以从以下角度出发。

1. 消费群体

根据目标消费群体的特征，如年龄、性别、收入水平、生活方式等确定品牌定位，再通过突出服务的针对性来获得目标消费群体的认同。

2．企业理念

根据企业的核心价值观、使命和愿景进行定位，这种定位方法能传达企业的社会责任感、价值观等，有利于吸引与企业理念相契合的消费者。

3．农产品品质

基于农产品的高品质进行定位，如有机认证、地理标志产品认证等，有助于建立消费者对品牌的信任。例如，如果产地以种植高品质茶叶闻名，品牌可以定位为"高端茶叶引领者"。

4．农产品功能

根据农产品的具体效用进行定位，能够展示农产品对消费者的益处。例如，定位为"儿童成长伴侣"的牛奶，强调富含钙质与维生素 D，助力孩子健康成长。

5．附加情感

通过建立品牌与消费者之间的情感联结来定位。一般通过品牌故事、情怀营销等手段激发消费者的情感共鸣。例如，讲述世代传承的种植技艺，或将农产品与家的记忆、故乡的味道相联系。

6．文化内涵

根据农产品的地域文化、传统制作工艺或民族特色进行定位，强调农产品的文化价值和独特内涵，吸引对文化特色感兴趣的消费者。

（二）品牌名称命名

品牌名称是品牌的标识，是消费者区分不同品牌的依据，因此品牌名称要体现农产品品牌自身的个性和特色。在给品牌命名时，可以采用以下方法。

1．根据地域特色命名

利用农产品的产地特色命名，凸显农产品的地域优势和独特风味，提升品牌认知度。例如，"郫县豆瓣""涪陵榨菜"等。

2．根据农产品特性命名

当农产品具有较突出的功能、特征或功效时，可直接使用农产品特性作为品牌名称，让消费者快速了解品牌农产品的卖点。例如，"小罐茶""皇家稻场"等。

3．使用联想词命名

选取具有积极联想的词汇，提升品牌形象。例如，"福满园"水果品牌，寓意丰收与幸福，容易引起消费者的好感，加深消费者对品牌的记忆。

4．使用创意词命名

采用独特、富有创意的词汇或词组来命名品牌，如蜂蜜品牌"田蜜佳人"、辣椒酱品牌"饭遭殃"等。这种命名方法能够创造新颖、独特的品牌形象，提高品牌辨识度。

5．利用感受命名

通过描述消费者使用农产品的感受和体验，触动消费者的感官和情感，引发购买欲望，如"根儿鲜""饭扫光"等。

（三）品牌标志设计

品牌标志常基于品牌理念和品牌名称进行设计，以具有代表性的图案、色彩、文字的组合传达品牌信息，塑造品牌形象。独特的品牌标志能够提升消费者对品牌的印象，在设计农产品品牌标志时，需要注意以下事项。

1．简洁明了

农产品品牌标志应简洁明了，可以采用简洁的线条、几何形状或文字组合，突出品牌名称或代表性图案。简洁的标志更容易被消费者识别和记忆，降低认知障碍。

2．突出产品特色

品牌标志应体现农产品的独特性，无论是产地特色、农产品种类还是品牌故事，都可以通过特定的色彩、图案或符号来传达，如用麦穗代表小麦，用山形图标寓意高山茶叶。图 9-22 所示为水产品品牌通威鱼的品牌标志，该标志直接使用鱼的形象作为品牌标志，与品牌名称产生直接关联。

3．传达文化内涵

农产品往往与特定的地域文化、种植传统或饮食文化紧密相连，在品牌标志设计中融入这些文化元素，可以增加品牌深度。图 9-23 所示为农产品品牌豫农优品的品牌标志，该品牌标志上部是艺术化的"河"字，下部是艺术化的"南"字，组成鼎的造型，体现了河南的鼎文化。

图 9-22 突出产品特色的品牌标志　　图 9-23 传达文化内涵的品牌标志

4．可扩展

在设计品牌标志时还要考虑标志在不同尺寸、材质上的呈现效果，以及是否能够灵活调整，以适应未来品牌发展的需要。

（四）产品包装设计

精心设计农产品包装，不仅能够更好地保护农产品，还能够传递品牌形象，增强市场竞争力。在设计农产品包装时，可以从设计包装外观、选择包装材料两个方面入手。

1．包装外观设计

在设计农产品包装外观时，通常需要注意以下事项。

（1）合理运用色彩。一方面可以使用鲜明的色彩来吸引消费者的注意，另一方面要注意色彩的选择应与品牌形象和农产品特性相协调，如图 9-24 所示。

图 9-24 合理运用色彩的包装设计

（2）**保持一致**。确保包装设计与品牌的视觉识别系统保持一致，包括品牌标志、色彩和字体，如图 9-25 所示，以树立统一的品牌形象。

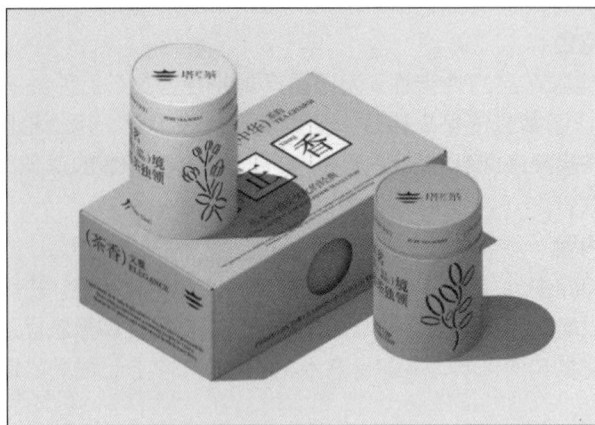

图 9-25　保持一致的包装设计

（3）**加入品牌元素**。为增强消费者对品牌的印象，可以将品牌标志、品牌口号等元素融入包装中。图 9-26 所示的品牌包装便将品牌名称和品牌口号融入了包装设计。

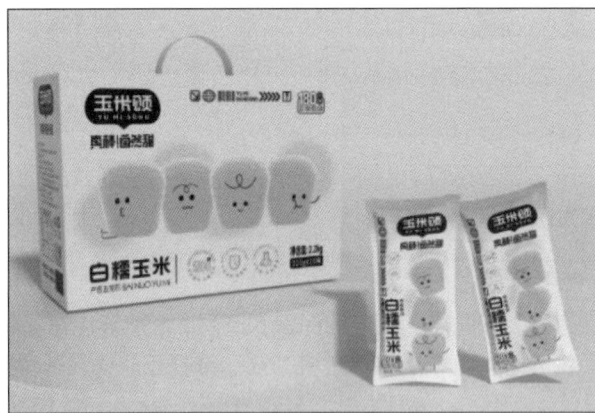

图 9-26　加入品牌元素的包装设计

（4）**创新设计**。采用创新的包装方式，能带给消费者一定的新鲜感，从而使消费者加深对品牌的印象。图 9-27 所示为采用包装盒包装的红米，它不同于大部分农产品品牌使用包装袋包装。

图 9-27　创新设计的包装

（5）融入文化元素。结合农产品的地域特色，将当地的文化元素融入包装设计中，可以使包装更具地域魅力。

2. 包装材料选择

为确保农产品在运输途中完好无损，通常还需要精心选择包装材料。在选择包装材料时，需要考虑以下因素。

（1）**农产品特性**。农产品的种类、形态、保存条件直接影响着包装材料的选择。例如，易腐烂的果蔬可能需要透气性好的包装材料，如泡沫棉，而干燥的谷物则需要防潮防虫的密封包装。

（2）**环保性**。一般应优先选择可以重复使用、易回收和易降解的包装材料，如玻璃瓶、不锈钢罐等，以降低环境污染。

（3）**保护性**。包装材料应具有足够的强度和耐冲击性，以保护农产品在运输和储存过程中免受物理损害。

（4）**成本**。在选择包装材料时，还要注意平衡包装成本与保护效果，选择性价比高的材料，控制包装成本。

（5）**安全性**。确保包装材料符合食品安全标准，无毒无害，不对农产品造成污染。

（五）服务形象设计

农产品的服务形象设计是一个涉及农产品品牌服务人员自身及其服务内容的综合性工作。一方面，农产品品牌服务人员应具备较高的专业素养，这要求其具备丰富的农产品知识，以确保准确传达农产品的核心价值。同时，品牌服务人员作为农产品品牌的代表，其个人形象应专业、可靠、有亲和力，要能给消费者留下良好的个人印象。

另一方面，农产品品牌服务人员的服务能力、服务质量也影响着农产品的品牌形象。这要求农产品品牌服务人员提供高效、准确和及时的服务，为消费者提供全面、细致的农产品咨询和购买指导服务，解决消费者的售后问题，展现专业的服务能力。

二、农产品品牌营销

随着互联网技术的飞速发展和消费者行为习惯的深刻变革，探索并实践农产品营销的创新模式已成为提升农产品市场竞争力、拓宽销售渠道、增强品牌影响力的关键所在。同时，数字经济逐渐融入农产品营销全过程并推动其数字化转型。

（一）农产品营销模式

农产品营销创新模式在当前市场环境下呈现多样化趋势，主要包括以下几种。

1. 农产品+餐饮

将餐饮店作为农产品销售渠道，将农产品体验、消费与互动融入餐饮环境，解决农产品销售与推广的难题，适用于销售土鸡、土鸭、土猪肉、鸡蛋、鸭蛋等当地特色农产品。例如，设立农产品体验中心，并与附近的餐饮店合作，实现双向引流。

2. 农产品+网络直播

利用直播平台如抖音、快手等，现场展示农产品的种植、养殖、收获过程，以及现场品尝、烹饪演示等，提高消费者信任度，促进销售。

3. 农产品+微商

利用微信朋友圈推广和销售农产品。通过发布农产品的种植、成长、采摘等详细信息及图片，让消费者实时了解农产品的情况，建立信任感，并促进销售。

4. 农产品+电子商务

通过线上电子商务平台展示与推广农产品，结合视频直播、农产品溯源和私人订制等功能，吸引消费者下单购买。

5. 农产品+众筹

通过众筹平台预先销售农产品，解决农产品的前期资金问题，同时测试市场需求，减少库存风险。

6. 农产品+可视农业

依靠互联网、物联网、云计算、雷达技术及现代视频技术，将农产品生产过程呈现在公众面前，让消费者放心购买。图 9-28 所示为通过网络平台查看农产品生产信息。

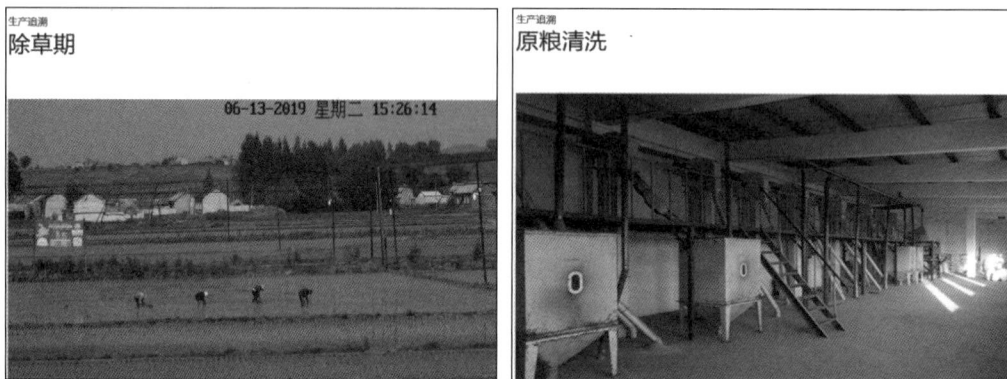

图 9-28　通过网络平台查看农产品生产信息

7. 农产品+社群

通过微信群、QQ 群、抖音群等社群，分享农产品故事、种植知识，或发起团购、促销等活动促进销售。

8. 农产品+认养

消费者通过互联网平台预付一定金额，认养农产品，如蔬菜、水果、家禽等。在认养期间，消费者享有这些农产品的收获权，并可以实时了解农产品的生长情况。例如，摩豆农场通过科技手段，将农地、农舍与全国各地的认养人连接。消费者可以在摩豆农场 App 上认养猪、鸡或者果树等，乡村农户负责饲养，消费者通过监控设备就能观察农产品成长的全过程。

9. 农产品+直销店

在城市中心或社区开设直销店，提供农产品试吃、体验活动，结合线上线下营销，打造一体化的购物体验。

　　农产品电子商务竞争激烈，持续的创新思维能够帮助农产品品牌在众多竞争对手中脱颖而出，这包括农产品创新、营销方式创新、服务模式创新等，农产品品牌需要不断探索新的增长点。

（二）数字经济时代农产品营销创新

在数字经济蓬勃发展的新时代，农产品营销正迎来前所未有的创新机遇。随着云计算、大数据、人工智能等技术的广泛应用，农产品营销不再局限于传统的销售模式，而是向着数字化、智能化、个性化的方向迈进。

1. 农产品全品类营销

农产品营销通过数字化技术，实现对自然资源和种类资源的高效集成和精准整合，推动农产品智慧育种、精深加工和品类研发，还催生了更多农产品新品类，以及全品类营销新模式。

例如，河南省国家地理标志产品信阳毛尖通过"数字制茶"推进全品类精深加工。一方面，推动数字精深加工设施迭代，信阳毛尖建设智慧茶庄、茶叶研发中心及茶叶智能化生产线等。另一方面，革新精深加工方式，信阳毛尖利用机器视觉、图像识别等技术优化自动杀青、可视化冷萃等茶叶精深加工方式，实现内含物精准提取，开发药茶、冷泡茶、速溶茶粉、茶酒、茶拿铁、茶叶籽油及茶花等全品类组合。

2. 农产品全渠道营销

全渠道营销指的是农产品通过线上线下所有可能的销售渠道进行销售，包括实体店铺、电子商务平台、社交媒体、直播带货、社区团购等。利用数字技术，可以整合这些销售渠道，实现库存共享、订单同步、数据统一管理，提高营销效率和消费者满意度。

例如，广东省国家重点龙头企业温氏食品集团股份有限公司（以下简称"温氏股份"）运用物联网、智能传感器等数字技术，基于"公司+农户"模式在温氏肉鸡场、农户等主体间构建利益联结机制，推广 AI 养殖系统、农管宝平台等促进农户智慧养殖、经销商精准采购。此外，温氏股份还设立国家企业技术中心等科研平台，构建"政银企村共建"养殖小区，打造"一村一品"。

3. 农产品智能化营销

依托于大数据、AI、物联网等技术，商家能够精准制订和执行营销策略，实现智能化营销。例如，通过分析消费者行为数据，进行个性化推荐；利用智能算法预测市场需求，优化库存管理；利用物联网技术监控农产品生长环境，确保农产品质量。智能化营销让农产品营销变得更加高效、精准，降低运营成本，提高营销效果。

例如，洛川美域高生物科技有限责任公司运用数字技术推动供应信息可视化呈现。一是因地制宜建设洛川京兆智慧果园、上花塬有机农庄等苹果现代化生产基地，以及 1.5 万吨苹果气调冷库和 5.0 光电智能分选线，实现苹果标准化生产并严控供应质量；二是通过人工智能、3D 图像等技术展示苹果供应过程中产地自然环境、智慧加工过程、营养健康标签等食品质量信息，实现智能化质量线索可供性。

4. 农产品全媒体营销

在数字经济时代，社交媒体、短视频、直播等新媒体形式成为农产品营销的重要渠道。通过制作精美的图片、视频和直播内容，吸引更多消费者关注农产品。同时，全媒体营销还能够与消费者实时互动，收集其反馈信息，更好地了解消费者需求和市场变化。

例如，黑龙江省国家重点企业北大荒集团子品牌"北大荒"积极探索直播带货营销新模式，通过在抖音、微博等社交媒体上举办北大荒"年货节""新品发布会""基地户外直播"等主题活动，并推出粉丝折扣、会员福袋等多元促销方式，鼓励消费者做出购买决策，促进农产品销售。

5. 农产品沉浸式营销

沉浸式营销通过 VR、AR 等技术，为消费者创造身临其境的体验，使他们能够"亲身体验"农产品的种植环境、生产过程和使用场景。例如，通过 VR 技术让消费者仿佛置身于果园中，了解农产品的种植过程，增强对农产品的信任感。这种营销方式可以加深消费者与品牌的情感联结，提高消费者的品牌忠诚度和购买意愿。

例如，福建省国家地理标志产品宁德大黄鱼运用仿真模拟等数字技术再现农产品蕴含的历史故事。宁德市政府主导建设大黄鱼博物馆，运用数字孪生等技术向消费者科普"海祭启航""夜捕黄鱼"等大黄鱼开渔风俗和特色文化，践行大黄鱼"国鱼计划"，塑造消费者多维感官体验。

综上所述，数字经济时代下，农产品营销创新围绕全品类、全渠道、智能化、全媒体、沉浸式等方面，深度融合数字技术，不断拓展市场边界，提升营销效能，为农产品行业带来了全新的发展机遇。

三、农产品电子商务的市场推广

农产品推广是提升农产品品牌知名度、增强市场竞争力、扩大市场份额的重要手段。在推广农产品时，可以采取以下推广方法。

（一）社交媒体推广

农产品品牌可以在微博、微信、抖音等平台上定期发布农产品品牌相关的内容，包括农产品介绍、种植过程、营养知识等，还可与 KOL 合作扩大传播范围。图 9-29 所示为某农产品品牌发布在小红书的相关介绍笔记。

（二）直播推广

一方面，农产品品牌可以通过直播展示农产品的生长环境、采摘过程，提升消费者的信任度；另一方面，农产品品牌可以邀请知名主播进行直播带货，利用其影响力快速增加销量。图 9-30 所示为某茶叶品牌的直播推广活动。

图 9-29　社交媒体推广

图 9-30　直播推广

（三）线上线下融合推广

一方面，农产品品牌可以在农产品原产地附近和目标市场开设专卖店，利用实体店面展示农产品特色；另一方面，农产品品牌可以在淘宝、京东等电子商务平台开设店铺，通过在线销售提升品牌曝光度。例如，茶叶品牌小罐茶在淘宝、抖音等平台都开设了线上店铺，还在线下多个城市开设了实体店铺。

（四）举办或参与相关活动

农产品品牌可以举办或参与农产品相关的文化节、美食节、健康饮食论坛等活动，邀请消费者亲身体验，增强与消费者的互动。

任务实训　针对农产品进行品牌化设计并推广

思索过后，张晓晨打算从"车厘子之乡"这一地域特色入手，针对车厘子进行品牌化设计，并采取合适的推广措施推广车厘子。

【实训要求】

（1）针对车厘子进行品牌化设计。

（2）推广车厘子品牌。

【实训步骤】

（1）确定车厘子品牌的核心价值和市场定位。考虑到车厘子的高品质和产地的独特性，可以定位为高端、天然、健康的精品水果品牌，强调产地的自然环境优势，如充足的阳光、肥沃的土地和纯净的水源，以此吸引注重生活品质和食品安全的消费者。

（2）根据车厘子自身的特点或产地文化特色，设计一个富有故事性和记忆点的品牌名称，如"果香故里"或"红运果缘"等。

（3）设计一个既能体现车厘子形态美，又体现地域特色的品牌标志。例如，将车厘子的形状与当地标志性自然景观相结合，如山川、阳光等元素。色彩上，可以使用代表车厘子的深红色作为主色，辅以代表自然与生态的绿色，形成鲜明的品牌视觉印象。

（4）设计产品包装。因车厘子的保质期较短，一般需要采用泡沫棉单独包装每一颗车厘子，这里可以只设计外包装。为保护车厘子，一般使用包装箱包装。为体现品牌特色，深化消费者对品牌的印象，可在包装箱上添加品牌名称和品牌标志，并详细列出车厘子的基本信息，包括产地、品种等。

（5）为确保给消费者留下良好的整体形象，还需进行服务形象设计，因客服与消费者沟通较多，这里可主要设计客服的服务形象。一方面，客服需全面了解车厘子的产地、品种、保质期、保存方法等内容，以解答消费者的疑问；另一方面，客服还要有良好的服务能力，能够及时、准确地回复消费者的咨询，保证消费者的服务体验。

（6）采取多种方法推广车厘子品牌。因品牌的知名度较低，可以先创作车厘子种植环境、采摘过程、食用展示等内容的短视频，展示车厘子的高品质，增强消费者的信任感。同时在电子商务平台开设店铺，通过参与电子商务平台的促销活动，扩大影响力。

课后练习

1. 选择题

（1）【单选】下列选项中，（　　　）不是按商业模式分类的农产品电子商务运营模式。

A. 垂直电子商务 B2C 模式   B. 传统零售平台模式

C. 线下超市电子商务模式   D. 平台型 POP 模式

（2）【单选】下列选项中，不属于专注于农产品电子商务运营的平台是（   ）。

A. 淘宝   B. 美菜网   C. 中国惠农网   D. 邮乐农品网

（3）【多选】农产品的物流环节包括（   ）。

A. 采摘   B. 运输   C. 包装   D. 种植

（4）【多选】在进行农产品品牌定位时，可以从（   ）角度出发。

A. 消费群体   B. 产品功能   C. 企业理念   D. 附加情感

（5）【多选】农产品营销创新模式包括（   ）。

A. 农产品+网络直播   B. 农产品+可视农业

C. 农产品+社群   D. 农产品+电子商务

2. 简答题

（1）简述农产品电子商务的作用。

（2）简述农产品仓储采用的技术。

（3）简述农产品品牌名称设计的方法。

3. 实操题

（1）在中国惠农网中浏览农产品，将心仪的农产品加入购物车并购买。

（2）某水产品牌计划寄送一批新鲜的小龙虾，寄件地址为重庆市南川区幸福新农村，收货地址为湖北省宜昌市西陵区夜明珠街道，查询各物流公司冷链快递的价格，并确定最终合作的物流公司。

（3）刘悦来自贵州省遵义市潭县，该地处于云贵高原向湖南丘陵和四川盆地过渡的斜坡地带，地形起伏大，地貌类型复杂，盛产优质茶叶。潭县的茶叶外形扁平、色泽翠绿、香气清芬悦鼻、滋味醇厚爽口、回味甘甜、汤色黄绿明亮、叶底嫩绿匀整。请为其设计品牌名称、品牌标志和茶叶包装，并采用合适的方法推广品牌。